方法としての国学

江戸後期・近代・戦後

叢書 新文明学3

New Philosophies of Japanese Civilization

川久保 剛
Kawakubo Tsuyoshi
星山 京子
Hoshiyama Kyoko
石川公彌子
Ishikawa Kumiko
著

北樹出版

刊行にあたって

ニヒリズムを超える思想の復権へ——新文明学の試み

今日ほど「思想」が力を失ってしまった時代はない。と同時に、今日ほど「思想の力」が必要とされている時代もない。

「思想」とは、時代を生きるための実践の指針であり、現実を見据えるための座標軸である。また「思想」に関わるとは、できるだけ物事を深く根源的に考えることであり、出来事を総合的に解釈すると同時に、その生の実践に身を浸すことである。そのような「思想」が今日見えなくなってしまっている。

「大きな物語」やイデオロギーの終焉が唱えられて以来、社会や人間についての言説は、一方で著しく専門化して権威主義的となり、他方では不必要に論争的で乱暴な物言いへと傾斜してゆく。それが「思想」を見失わせると同時に、実践の卑俗化と生の俗悪化を導いている。

現代ほどニヒリズムに浸食された時代はない。と同時に、現代ほどその克服が求められている時代もない。

ニヒリズムとは価値の崩壊であり、生の衰弱である。ゆえにニヒリズムとの戦いにおいては、「思想の復権」は不可欠である。そしてそのためには、われわれの生きているこの社会を、総合的に、価値的に、つまり「思想的」に把握する試みがなければならない。その試みをわれわれは「新文明学」と呼んでおきたい。

今日、西欧近代に始まる近代文明は、グローバリズム、技術主義、大衆民主主義などを伴って世界化している。この途方もない、そして次々に押し寄せてくる巨大なうねりのなかで、生を救いだし、精神の平衡を保つためには、この時代を力強く把握するための骨太な知的営みこそが求められるであろう。叢書「新文明学」は、そのための試行であり挑戦なのである。

平成二十五年八月

佐伯啓思　京都大学教授
藤井　聡　京都大学教授

はじめに

日本は現在、グローバル化の潮流といかに向き合うか、という問題に直面している。いいかえると、ナショナリティをどう評価するか、という問いを突き付けられている。グローバル化のみを重んじて、ナショナリティを軽んじるのも、また、その逆に、ナショナリティを固守してグローバル化への対応をおろそかにするのも、賢明ではないであろうし、現実的には取り得ない選択肢であろう。

結局のところ、グローバル化とナショナリティとの間での葛藤を引き受けながら、新たな統一のあり方を模索していくほかはない。

そのためには、日本の国柄・アイデンティティを再確認し、それを国民の間で共有化していく作業が不可欠となる。

そして、それを踏まえる形で、保守すべきものと、変革すべきものを見極め、一つひとつの政策を誤りなく、あるいは誤りを最小限にとどめる形で打ち出していく構えが求められよう。

つまり、明治以降の先人たちの歩みを、わたしたちもまた、自己の課題として引き受けていくほかないのだ。そこに、日本の宿命がある。

本書では、こうした状況認識を共有しながら、江戸後期・近代・戦後を画する国学者たちの思想を再検討した。

祖先のためにも、子孫のためにも、そして現在を生きる人々のためにも、わが国の存立に向けた経綸が確立されねばならない。

そのためには、その基盤となる思想が問われねばならない。

本書はもとより、そうした歩みに向けた共著者それぞれの一里塚に過ぎない。読者諸賢の御叱正・御教示を乞う次第である。

川久保　剛

目次

方法としての国学

江戸後期・近代・戦後

序章

江戸時代の国学者
――「日本」のあるべき姿を追究

星山京子

1　新思潮としての国学

現代はグローバル化の時代といわれる。海外の職場で働く人、国際結婚をする人、新たなチャレンジや自己表現を求めて外国へ渡る人、祖国の政治的混乱や戦乱などによる難民など、グローバルな人の移動も加速化している。多国籍企業、企業の海外進出も進んでいる。ものや人だけではない。グローバル化進展のなかで文化、価値観は多様化、さらに近年はインターネット、メディアの普及により、日本に居ながらにして、世界各国の情報・知識が入手可能な時代である。人・もの・情報が国境や地域を越え、グローバルに行き交っているのが、世界の現状である。

一方、私たちは日々、膨大で多様な情報と知識の波にさらされている。目の前に一台のスマートフォンとネット環境があれば、すぐさま誰でも自由にインターネット情報にアクセスできる状況は非常に便利である。しかし便利には違いないが、大量の情報や知識があまりに氾濫しすぎて、何が真実なのか、何が自分にとって重要でどれを選びとるべきか、困惑する場合も多いだろう。まさにこれが、グローバル化がもたらす問題点の一つである。

こうした現状は、国学が誕生し、世に浸透していった江戸時代後期の社会状況に似ている。江戸時代中期以降、徐々に進行していた貨幣経済の発展は封建制の弛緩をもたらし、農民層の階層分化を生み、没落を余儀なくされた貧民層が江戸をはじめとする都市に大量流入した。当時の江戸はすでに人口百万を超す世界でもまれにみる大都市であり、多種多様な職業や日雇い仕事等、幅広い労働市場が開かれていたからである。

さまざまな商業活動に従事することで経済的実力をつけた町人層は、徐々に社会で影響力を持つようになり、以前は上流階級の特権であった文化活動や学問活動に参入するようになる。参勤交代のためもあり、徳川幕府が街道や宿駅、旅籠の整備などに尽力した結果、国内交通網が発達した。泰平の世の恩恵を受け、生活に余裕が出てきた庶民は講を組織したり、名所見物やお伊勢参りなどの寺社参詣へおもむいた。街道筋は旅人でわき返り、さまざまな人・もの・情報が流入したのである。とくに将軍のお膝元である江戸は、日本各地の文化や情報が集まる総合文化センターのような活気あふれる場所であった。

同時に人々の教育熱・学習熱も高まった。全国各地で儒学、国学、蘭学、石門心学などの私塾が急増し、藩境や身分・世代を超えて学生が相集い、ともに学びながら各地の情報を交換した。庶民の自立を目指す市井の思想集団である石門心学を学ぶ講舎や懐徳堂なども設立された。商売をし、財を得ることを卑賤の行為と見下す風潮があるなか、町人はこうした自らの日常の営みを肯定、ポジティブな意義を与えたのである。

儒教内部の改革も行われた。江戸時代、儒学は官学として幕府の庇護を受け、日本社会に定着、人々の教養や思考の基本的枠組みを形成するものとして発展した。しかし、一七世紀末から一八世紀初頭になると荻生徂徠（一六六六～一七二八）や伊藤仁斎（一六二七～一七〇五）は、観念的な朱子学や後世の恣意的解釈を批判、儒学の経典を純粋に解釈することで、古の聖人の教えを理解しようとする新たな学派（古学派）を成立させた。

一八世紀後半になると、深刻の度を増しつつあった欧米列強の日本沿岸への接近は、一部の知識人に危機感を抱かせ、人々に西洋への関心を一層喚起し、蘭学興隆の契機となった。かつては権力者のトップシークレットであった世界地図も民間に流布した。洒落本、黄表紙などの戯作文学、茶道、舞踊、和歌、俳諧など数々の遊芸が庶民のものとなり、大流行した。江戸時代後期はさまざまな学問思想や価値観が氾濫する社会だったのである。

こうした混沌とした時代において、「日本」とは何か、「日本文化」とは何か、外国の影響を受ける前の日本人オリジナルの精神とは何か、原点に立ち戻って考えてみようとした人たちがいた。国学者である。国学者は、儒学が学問界、思想界の主流であることや、「知識人」とは儒者を指し、聖人を生んだ中国を「中華」（世界の中心）と敬意を払い、日本は東夷（東方の異民族に対する蔑称）と自嘲する当時の日本国内の風潮に対し、強い不満を持つことで誕生した新思潮であった。

国学者は多数いるが、代表的な人物として契沖（一六四〇～一七〇一）、荷田春満（一六六九～一七三六）、賀茂真淵（一六九七～一七六九）、本居宣長（一七三〇～一八〇一）、平田篤胤（一七七六～一八四三）が挙げられる。国学という名称自体は幕末維新期に広められたものである。国学者の多くは「国学」という名称は用いず、「古学」と称した。国学とは多様性を持った学問思想であり、国学者一人ひとりの研究方法や具体的な思想内容は各自異なり、単純な一つの学統学派と定義するには問題があるので、彼らを「その時代を代表する国学者」ととらえた方がよい。

国学の文献学的方法論を確立したとされる契沖は、万葉集について「此集を見るは、古の人の心に成りて、今の心を忘れて見るべし」（『万葉代匠記』）と、古語を学ぶこと、古代人の心になることの重要性を説いている。国学者の共通項を述べるとするならば、外来文化や儒学思想の影響を享受する前の古代日本こそ、日本人の原郷（理想郷）であり、日本の古典に即して、日本独自の伝統や思想を考究した点にある（篤胤の場合、特定の古典に即して物事を明らかにしようとする傾向は希薄になる）。

国学者は、古代日本には素直で純粋な至善の精神が存在したがゆえに、究極の価値があると考えた。一八世紀中期、江戸で活躍した賀茂真淵は、易姓革命によって王権簒奪がくり返され、世が乱れた中国の文化的影響を受けた結果、日本人の心にも「さかしら」が生じ、世が治まりにくくなった、と説いた。古代日本は「まうけず、つくらず、しひず、をしへず」（『歌意考』）とも世は治まっていたのであり、「古への歌を学びて、古へ風の歌をよみ、次に古への文を学びて古へ風の文をつらね、次に古事記をよくよみ、次に日本紀をよくよみ、続日本紀ゆ下御代つぎの史らをよみ、式、儀式など、あるひは諸の記録をも見、かなに書る物をも見て、古事、古言の残れるをとり、古への琴、ふえ、衣の類ひ、器などの事をも考へ」（『邇飛麻那微』）と述べているように、万葉集を中心とした古典の研究から、外来の影響を受ける以前の虚飾のない至善の心への回帰を志向した。教育者としても優れていた真淵は江戸で塾を開き、多くの門人を育てた。

2　本居宣長の古典研究――「古き良き日本」へのあこがれ

真淵の薫陶を受けた本居宣長は、大著『古事記伝』四四巻を執筆した国学の大成者として有名である。宣長は「古学」とは「すべて後世の説にかゝはらず、何事も、古書によりて、その本を考へ、上代の事を、つまびらかに明らむる学問」（『うひ山ふみ』）とし、三五年もの長い歳月を費やして、古事記全文の緻密な注釈作業を行った。古代人の姿、古代日本社会のありよう、古代日本において人々はどのような精神や価値観を持ち、どのようにして生きていたのかを明らかにしようとした。

宣長は若年期から古都・京都をこよなく愛し、和歌や源氏物語などの雅な世界を好んだ。二三歳から五年間、医学と儒学を学ぶため京都に遊学、京都の生活を謳歌した。宣長の強烈な尚古趣味を表す一つの史料がここにある。「端原氏城下絵図」（図序-1）である。宣長一九歳の時に自らの手で描いた絵図であり、端原氏という貴族が治める架空の町が描かれている。ここに住む住民も、端原氏も元号もすべて架空である。当時の京都図をモデルにして描いたとされ、端原氏や住民の系図まで記され、細かい箇所まで精緻を極めて描かれている。

商人の町、伊勢松阪の木綿商の家に生まれ、家業を継ぐことを期待されていたが、宣長の性質は商売に向かず、学問を好んだ。人が現在の風潮や、価値観に強い不満や絶望感を感じる時、過去を一種のユートピア（理想郷）とし、これにあこがれ、今の時代に再生されることを願うことはいつの時代にも、そして日本以外の国々にも普遍的にみられる現象である。「端原氏城下絵図」は江戸での商人修行から帰った後に制作されたと推測されており、家業を担う責務から逃れたいと切望する現実逃避のあらわれであるともとれる。宣長は、現実から離れ、ありもしない仮想世界、自分が

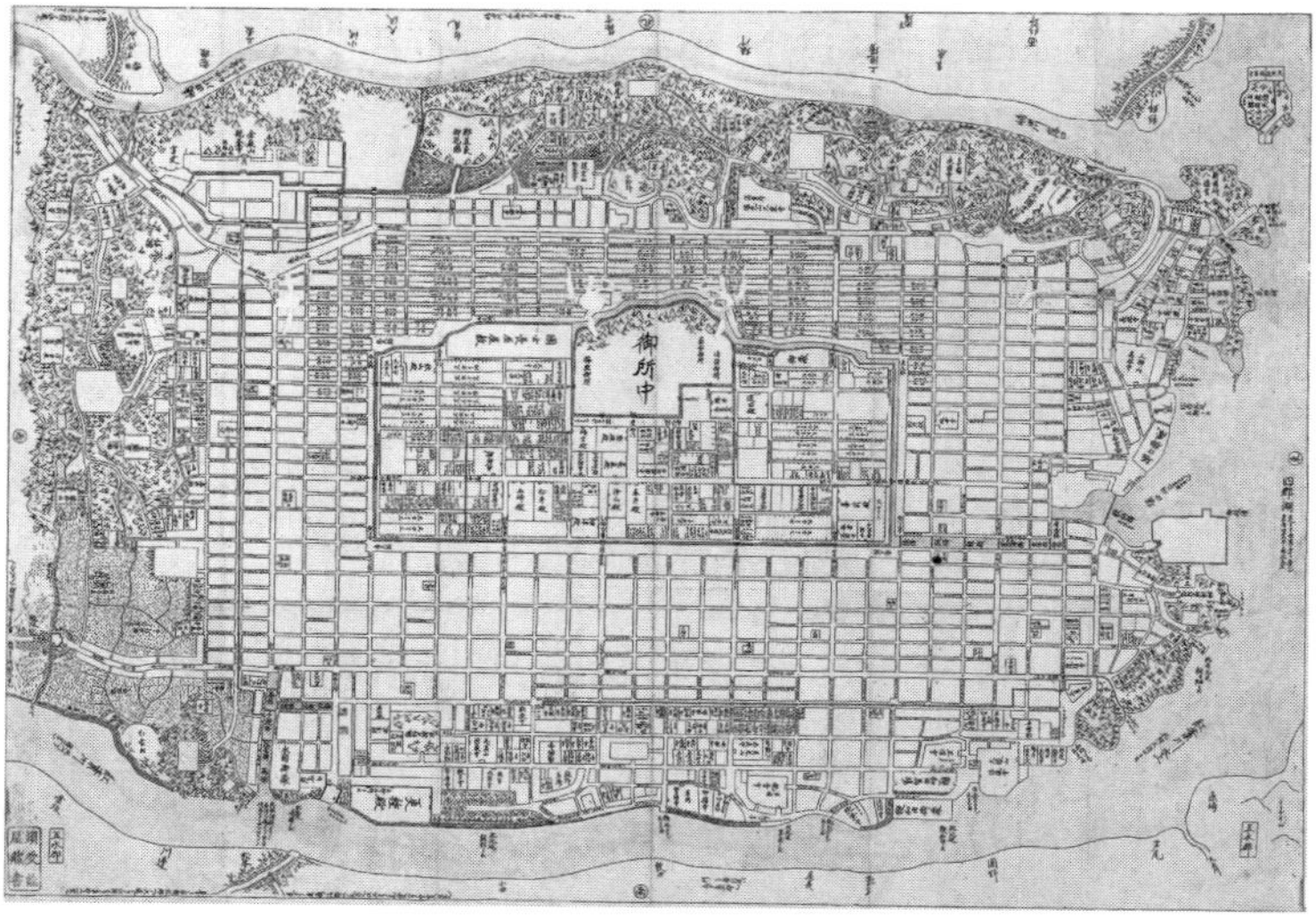

図序-1「端原氏城下絵図」（本居宣長記念館所蔵）

理想とする古代世界を空想し、自らの手でそれを壮大にデザインした。ファンタジーの世界に耽溺し、逍遥した若き日の姿が浮かんでくるが、こうした史料から宣長が若い頃から、いかに古代王朝文化に強いノスタルジーを感じ、風雅の世界に憧れていたか想像できる。

また同時に若年期の宣長の志向をあらわす史料として、一七歳の時に描いた「大日本天下四海画図」（図序-2）もある。当時すでに日本地図は一般に流布しており、おそらく関連の地図や書籍を参照したと考えられるが、奥書には次のような内容が記されている。日本地図は世に多く存在するが、名所旧跡の場所に間違いが多く、宿場町や行程の詳細も書かれていない。この地図には、名所旧跡、船津、城下町、遺跡の方角や場所が正確に記されている――情報が不確かな名所旧跡、城下町、遺跡などの正確な情報をもたらすために

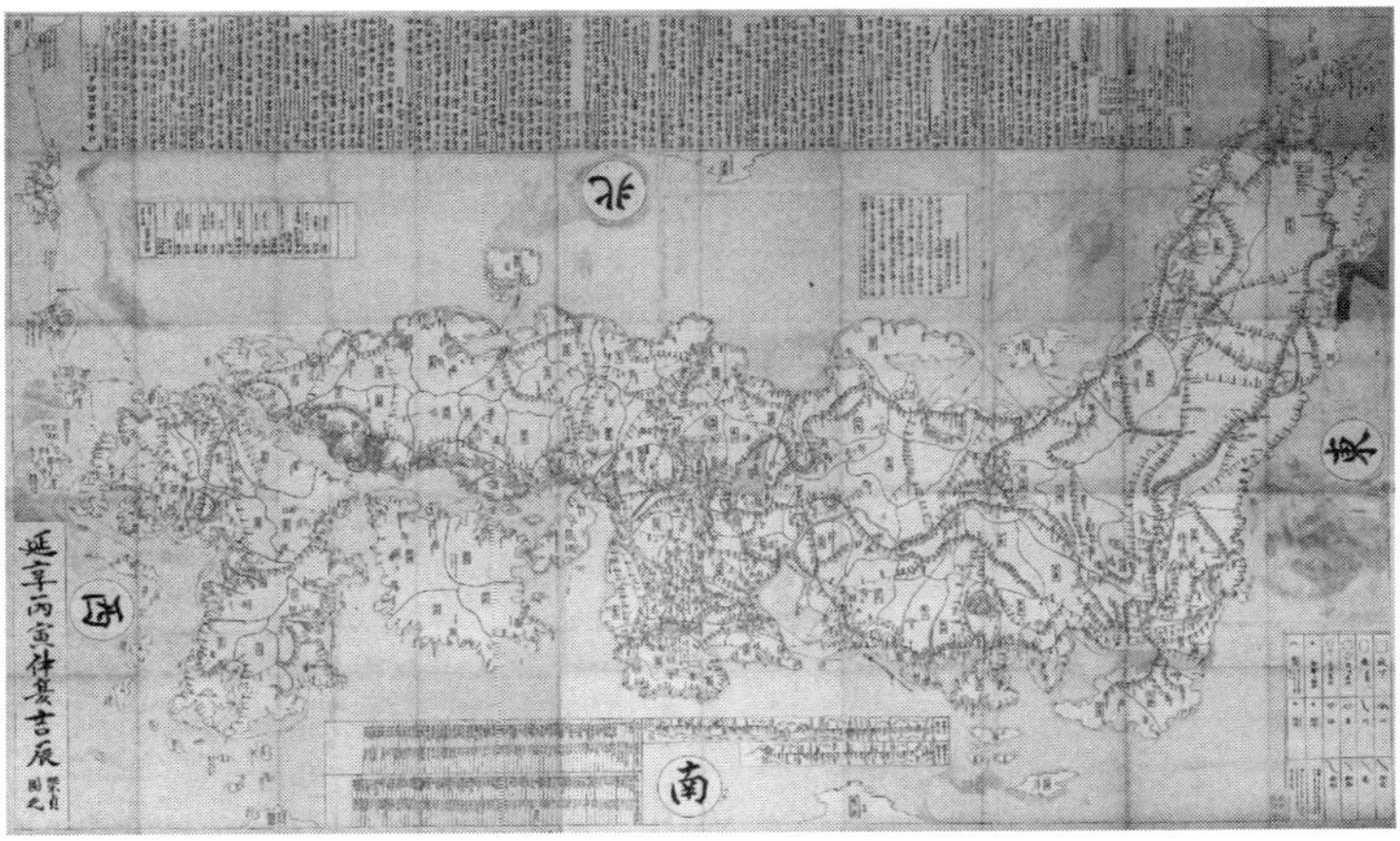

図序-2「大日本天下四海画図」（本居宣長記念館所蔵）

作成したのだ、と述べている。ここには、三〇一九の地名、二五四の城主名が記されており、「端原氏城下絵図」同様、細部にわたり地名を書き連ねていく緻密な作業が行われたことがわかる。

一般に流布している日本地図を単純に模写したり、入手するのではなく、自ら地図を描く行為は、宣長が早期から「日本」を強く意識していたことを示している。細かい地名に至るまで一つ一つ自らの手で書き込んでいく気が遠くなるくらい精緻な作業は、「日本」を体感し、「日本」を把握しようとする意志の表明ともとれる。「日本のかたち」を描き出そうとする後の「国学者宣長」が、若き日の内面にすでに胚胎していたことを示していよう。

宣長によれば、古代日本人の心を知るためには「まづいにしへの歌を学びて、古風の歌をよみ、次に、古の文を学びて、古ぶりの文をつくりて、古言をよく知て、古事記、日本紀をよくよむべし」（『うひ山ふみ』）と、まず和歌を詠むことが重要であるとする。宣長は古代日本文学や和歌の研究を行い、歌会を好み、源氏物語や伊勢物語の講釈を行った。こうした一連の文芸活動によって、導き出された文芸理念が「もののあはれ」論である。

宣長は文学の本質は「もののあはれ」を感じる心にある、とした。「もののあはれ」とは人生のさまざまな局面で、ありのままに動く感情、物や事にふれて揺れ動く人の心のことである。悲しいことを素直に悲しいと思い、嬉しいと感じればありのままに嬉しいと思うのが人情である。「もののあはれ」を知る究極が恋である。男女問わず、人の心は本来、女々しく弱い。恋しいと思えば恋しがるのが自然である。しかし儒学や仏教は、源氏物語を不道徳で淫らな書であると非難する。一八世紀後半の日本において、光源氏の多くの女性との恋愛遍歴を描いたこの物語は、仏教的因果応報の観点から人々を教戒する書として扱われる傾向が強かった。

宣長はこうした文学観に強く反発する。「世々の儒者、身のまづしく賤きをうれへず、とみ栄えをねがはず、よろこばざるを、よき事にすれども、そは人のまことの情にあらず」(『玉勝間』)。儒者は貧乏を悲しまず、富貴栄達を望まず、喜ばないことを立派だというが、それは虚飾であり、真実の「まごころ」ではない。「まごころ」とは「よくもあしくも、うまれつきたるまゝの心」(同)であり、「からごころ」とは「万の事の善悪是非を論ひ、物の理をさだめていふたぐひ」(同)、仁義礼智など人を律する規範を作り、人を厳しく教え導こうとする中国風の悪しき習慣のことである。宣長はあれこれ規範をもうけ、ありのままの情を抑えて偽ることをよしとする儒学に反発、「まごころ」のまま生きる日本人本来の心を取り戻すべきだと主張した。和歌や文学は人に勧善懲悪を教えたり、教化するためにあるのではなく、その本質は「もののあはれ」、人間のありのままの感情の表現にあると主張、こうした宣長のエポックメイキングな議論は、日本文学を再評価しようとする世の趨勢を生み、新たな価値を与えたのである。

同時に宣長は、古代日本に存在した理想の「道」は「天照大神の道にして、天皇の天下をしろしめす道、四海万国にゆきわたりたる、まことの道なるが、ひとり皇国に伝はれる」(『直毘霊』)と考えた。産霊神の御霊によってイザナミ、イザナギの神が創始し、アマテラスが承け伝えた「道」は「神の道」であり、これは日本のみに伝わり、外国ではすでに失われてしまった。理想的な古代を過去に持つ日本は、諸外国と比べ格段に優れており、それは神話によって裏づけられるとし、日本の優越性を主張したのである。

宣長は頻繁に自画像を描いた。自画像を描くということは、自分に関心を向けることであろう。自己を見つめ探求し、自分とは何か、を問う作業ともいえる。なかでも有名な「四十四歳自画自賛像」(図序-3)を見ると、宣長がどうやって自己プロデュースをしたかが想像できる。そこには自身が独自にデザインし、歌会や講義の際に着用したといわれている「鈴屋衣」に身を包んだ宣長の前に、和歌を詠むための短冊、書物、硯と筆、そして生涯愛したとされる山桜が描かれている。「自己」とは何か。自分が生まれた国とは何か――生涯、自問自答を続けたであろう宣長は、自分のシンボルとして、もしくは自己表現を補強するための小道具として、これらのものを描いたのだろう。

「四十四歳自画自賛像」に記された歌には「めづらしきこまもろこしのはなよりもあかぬいろ香は桜なりけり」、外国の珍しい花より桜の方が美しい、と詠まれている。古代王朝文化の優美さを

図序-3「四十四歳自画自賛像」
(本居宣長記念館所蔵)

憧憬し、風雅の世界をこよなく愛した宣長は、外来文化を享受する以前の日本人や日本文化、日本人の心こそ、至善の価値があるとしたのである。

3　国学の拡大と新たな展開

平田篤胤は、本居宣長の正統な後継者であることを自称したが、実際は、宣長存命中には直接、指導をうけるどころか、その名前すら知らなかったことがわかっている。篤胤は宣長同様、日本が他国よりも格段に優れた国であるという皇国史観を継承していたが、発想や学問方法は従来の国学者と大きく異なっている点が多い。江戸時代中期以降、さまざまな国学者に継承され発展した国学は、篤胤においてそれまでの思想的枠組みから逸脱、多方面への学問思想領域を網羅するものへと変容、新たな展開をみせるようになる。

宣長は古事記を絶対視し、すべてが書かれていると信じた。これに書かれていないことは「人の測りがたきこと」(『鈴屋答問録』)と、あれこれ詮索し言挙げすることを中国流の悪しき習慣として排斥した。しかし篤胤は特定の文献に特別な信頼を置くことをしなかった。真の「古伝」とは特定の国の古典や学問に限定されるものではない上、万国共通の普遍性を持つものでなければならないと考えたのである。「我が古伝説の真正を以て、彼が古説の訛りを訂し、彼が古伝の精を選びて、我が古伝の欠を補はむ」(『赤県太古伝』)。真の「古伝」は時代が経るごとに散逸し、各国に分散してしまっている。外国の古伝(インド、中国、西洋)まで広く渉猟、それらを取捨選択し、日本の学問に採用することは、正しい古伝説を再生するために必要不可欠なプロセスであると、篤胤は外国の事がらを学ぶことを理論上正当化したのである。

篤胤が学んだ学問領域は、古道学、暦学、易学、軍学、蘭学、医学、世界地理、歴史にも及び、死後の世界や霊魂、怪奇現象まで探究の対象とした。著書の一冊である『本教外編』(一八〇六)は公刊されなかったが、イタリア人カトリック宣教師、マテオ・リッチ(一五五二〜一六一〇)によって書かれたキリスト教教義書『天主実義』や『畸人十篇』の内容をまとめたものである。その来世観にはキリスト教救済論の投影も認められ、「幽冥事を治め給ふ大神は、其をよく見徹し坐て、現世の報をも賜ひ、幽冥に入たる霊神の、善悪を糺し判ちて、産霊大神の命賜へる性に反ける、罪犯を罰め、其性の率に勉めて、善行ありしは賞み給ふ」(『古史伝』)と、死後、霊魂は幽冥界を主催する大国主神による審判を受け、善行を積んだ者は恵みを与えられ、悪行を働いた者は罰せられる、としている。

また篤胤は「古学」を学ぶには、大和心を固めることが重要であるが、霊魂や死後の世界、そこに住むとされる妖怪について知ることは「大倭魂の。固めの柱の立にぞ有りける」(『玉襷』)とし、死後の世界を明らかにすることを生涯にわたる研究テーマとした。「常に謂ゆる奇談の実事を記せる籍をも読味ひて、其ノ実徴を明さむ事も。また古学の肝要なり」(同)。こうした一連の怪奇研究は、柳田國男（一八七五〜一九六二）、折口信夫（一八八七〜一九五三）へ連なる日本民俗学の先駆として評価されている（本書第Ⅱ部四・六章参照）。

篤胤は儒学の抽象的な「理」によって世界を把握しようとする態度を虚偽として糾弾し、死後の霊魂の行方についてこう述べている。「人死ては魂魄消散て知ることなしと云ふ説の妄なるを悟るべし。骨肉は朽て土となれども、其霊は永く存りて、かく幽冥より現人の所為をよく見聞居るをや」（『新鬼神論』）。死後の霊魂は消滅するのではなく、大国主神が主宰する幽冥界へ赴き、永遠に現世の親類縁者を見守る。幽冥界とはこの世から隔絶した場所にあるのではなく、霊魂は生前の生活圏に近しい場所にあり、また幽冥界には衣食住もある——こうした死後イメージは伝統的な日本人の霊魂観や祖霊信仰と親和性が高く、人々に死後の安心を与えるものであった。

篤胤は、無知蒙昧な民の迷信として、従来の思想史の範疇から切り捨てられがちであった民の日常の信仰や倫理を自らの学問、思想の中心に取り込み、これを論理化しようとしたのである。篤胤は自らの思想を「古人もかつていはず、師もいまだ考へられざりし説なる」（『霊の真柱』）とし、「古学」とは「広大無辺」（『玉襷』）な学問でなければならないと考えた。篤胤の研究対象は日本研究にとどまらず、キリスト教を含めた西洋研究、軍学、怪奇研究、民俗研究など多方面へ拡大していったのである。こうした多彩な学問内容は学際的な総合研究として、現代的視点からも見直されるべき可能性を多分に含んでいる。

第I部

江戸のグローバル化と国学

星山京子

第I部では国学が学際研究として発展、深化したことを論じる。平田篤胤の視線はロシアへ、そして世界へ向けられたが、それが日本アイデンティティ探求の契機となった。気吹舎はさまざまな人々が交遊し、日本内外の知識や情報、あの世の話まで飛び交うサロンであり、知的空間であった。後に自作の望遠鏡で天体観測に成功する国友藤兵衛もここに集い、新技術開発に対する多くの知的刺激を受けた。国学者が目ざしたものは「新しき古」の創造であった。

第1章 国学者の西洋研究とナショナル・アイデンティティ

1 国学者と対外危機

一八世紀後半から一九世紀初頭、ロシアは南下政策を開始し、蝦夷地をはじめとする日本の北方の地で日露間の紛争が頻発した。蘭学者や経世論者のなかにはロシアの接近に領土的危機意識を感じ、海防の急務を唱えるなど、迅速な対応をみせた者たちもいた。林子平（一七三八〜一七九三）はロシアの脅威を「江戸の日本橋より唐、阿蘭陀迄境なしの水路也」（『海国兵談』）、と四方を海で囲まれた海国日本は江戸の日本橋からオランダまで遮るものがない水路でつながっていると喝破、早急に海辺の防衛を固める必要があると世論の喚起をはかった。海外事情を学び、蝦夷地の事情に精通、ロシアの動向や国際情勢にも高い見識を持っていた工藤平助（一七三四〜一八〇〇）は本格的なロシア研究書である『赤蝦夷風説考』（一七八一）を刊行、蝦夷地経営の必要性とロシアの脅威を主張、世に警鐘を鳴らした。こうした人々と同様、ロシア問題にいち早く反応し、打開策をみいだそうとした者に国学者もいた。平田篤胤である。

平田篤胤の西洋への関心は、近年徐々に明らかにされており、狂信的国粋主義のイデオローグとしての過去の強烈なイメージは少しずつ払拭されつつあるが、神道思想の系譜内のみでその学問思想をとらえようとする傾向はいまだ根強く存在する。篤胤は一七九五（寛政七）年、郷里秋田を脱藩、江戸に出た後、一八〇三（享和三）年に本居宣長の学問思想に初めてふれたとされているが、同時期の一八〇七（文化四）年、日本橋に住む蘭方医、吉田長淑（一七七九〜一八二四）の蘭馨堂に入門したことがわかっている。篤胤は対外危機に触発され、ロシアについて積極的に学び、情報収集を行っていたのである。[1]

本章では、平田篤胤のロシア学習や収集した対外関係資料の内容を明らかにし、国学の持つ多様性について指摘、篤胤が抱いたロシアイメージやロシア研究が、「日本」アイデンティティの形成や国学思想の構築、展開に及ぼした影響について考えてみたい。[2]

2 平田篤胤の北方情報収集

平田篤胤の著書に『千島の白波』（一八一三）がある。本書は篤胤が極秘に収集した対外危機関連情報の編纂物である。一七九二（寛政四）年ラクスマン根室来航、一八〇四（文化元）年レザノフ来航、一八〇六・七（文化三・四）年のロシア人蝦夷地侵入事件、ロシアに行った日本人の記録、現地よりの書簡、届書、口書、通辞書上、ロシア人が松前藩に来航した事件、松前家移封一件始末、船頭談話、日記、聞書なども含まれ、その内容は多岐にわたる。「千島」とあるがロシア関係資料だけでなく、一八〇八（文化五）年のイギリスフェートン号長崎侵入事件や、オランダ船から長崎へもたらされたヨーロッパ情勢関係資料も含まれる。

たとえばラクスマン来航関連の資料として『千島の白波』には、松前藩からのラクスマン来航を知らせる届書、翌年六月に松前にてロシア人と応接した記録、さらに幕府がロシア使節に対し遣わした書状などが収められている。またラクスマンが持参した書状の和文訳も篤胤は密かに入手、所持していた。

これらの資料において、ロシア人は次のように描写されている。「オロシア人面躰鼻高く、赤白髪之内ニ鼠色之様なる髪も候と、拾六七歳ニ見へ候ハ、髪黒く長く髪之先組候て、面体白く美男」(「寛政四子年於呂舎人松前江着船之始末」『千島の白波』)。鼻が高く美男であり、「着服美々敷」(同) 美しい緋色の上着、羅紗の冠を身につけている。衣服や冠など装飾品に関する記述が多い。その他、ラクスマンが煙草を吸うなど、応接した日本人が細部に至るまで、ロシア人を詳細に観察したことがわかる。

篤胤が所有していたレザノフ来航関係資料のなかには、まずレザノフが持参したロシア国王による国書の長崎通詞による和文訳がある。ロシア側は先年のラクスマン使節に対する厚遇を感謝、日本と友好関係を結び通商を願うため、レザノフを派遣したこと、通商開始後は長崎以外の港への入港を許可してほしいこと、今後、日本人漂流民を日本のどの港へ送還すべきか協議したいこと、国産品を送ることなどが記され、ロシア国王と国老ヲロンツオフの署名が記されている。[3]

しかし幕府は、ロシア側の要求を拒絶、長崎奉行にこれを通達するとともに、翌年一月、幕府目付遠山景晋を派遣し、三月、レザノフと会見を行った。数ヵ月も待たされた結果、通商はできないという返答に激怒したレザノフは、部下のフヴォストフらに日本への武力攻撃を命令、択捉島が襲

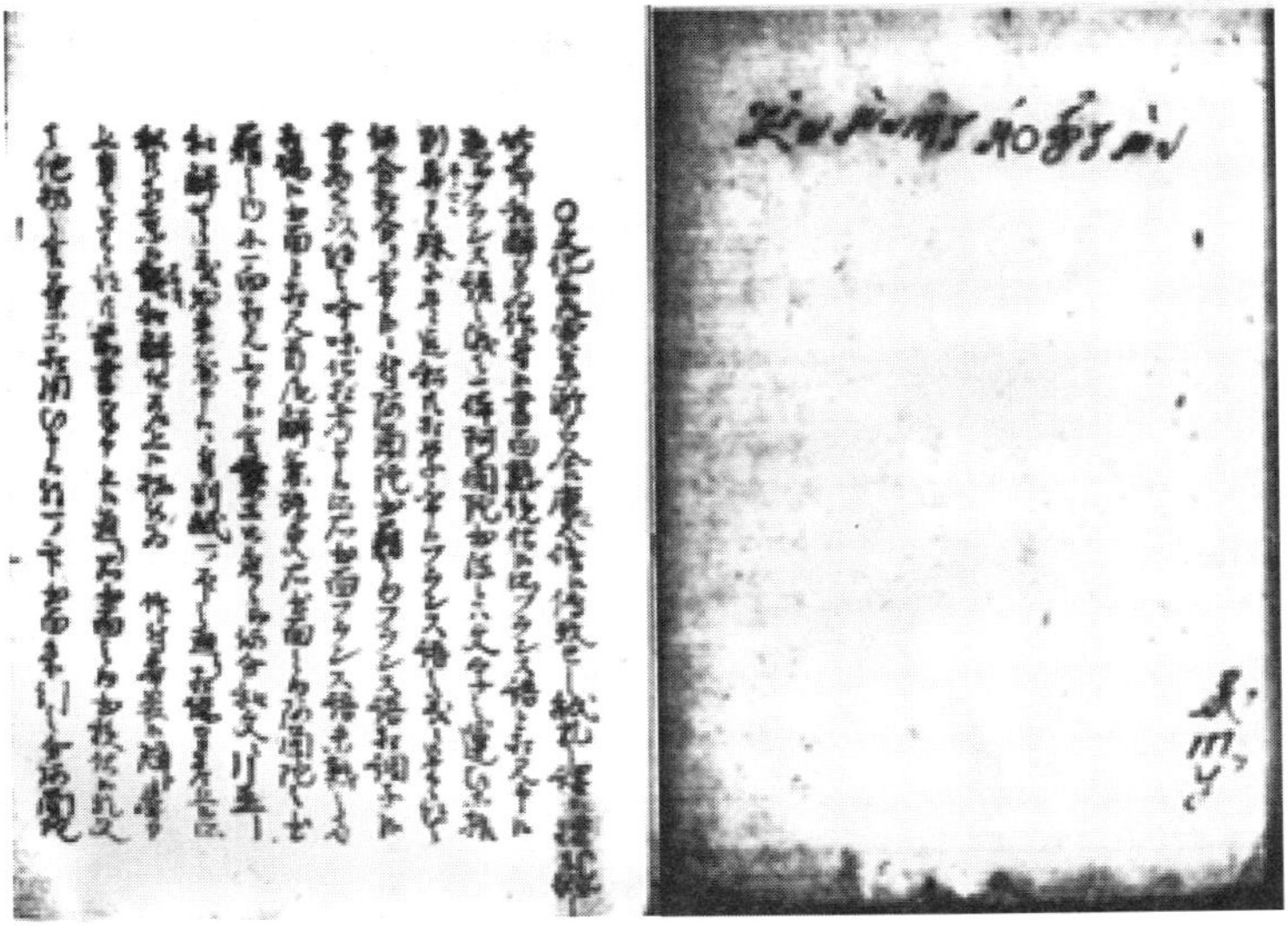

図1-1　「ロシア文字」（資料番号：冊子81）

撃された。フヴォストフ事件である。さらにフヴォストフは捕虜とした日本人を帰国させる際に「通商を認めないならば、日本に戦争を仕掛ける」旨が書かれた文書を持たせたが、それの長崎通詞、名村多吉郎による翻訳文（同年八月付）の写しも篤胤は所持していた（図1-1）。この資料の最後に、ロシア語で「ひみつのふみ　あつ」という直筆の文字が見える。後に詳しく述べるが、篤胤はロシア語やロシア文字を練習し、格別の熱意をもってその習得に励んでいた。

篤胤は蝦夷地、千島列島からロシアも含めた北方の地図も所持していた。この地図には朝鮮半島から満州、沿海州、カムチャッカ、千島列島、樺太、北海道、日本列島まで記載されている（図1-2）。千島列島および樺太を中心として描かれており、各島にはそれぞれロシア語の島名と地理地形

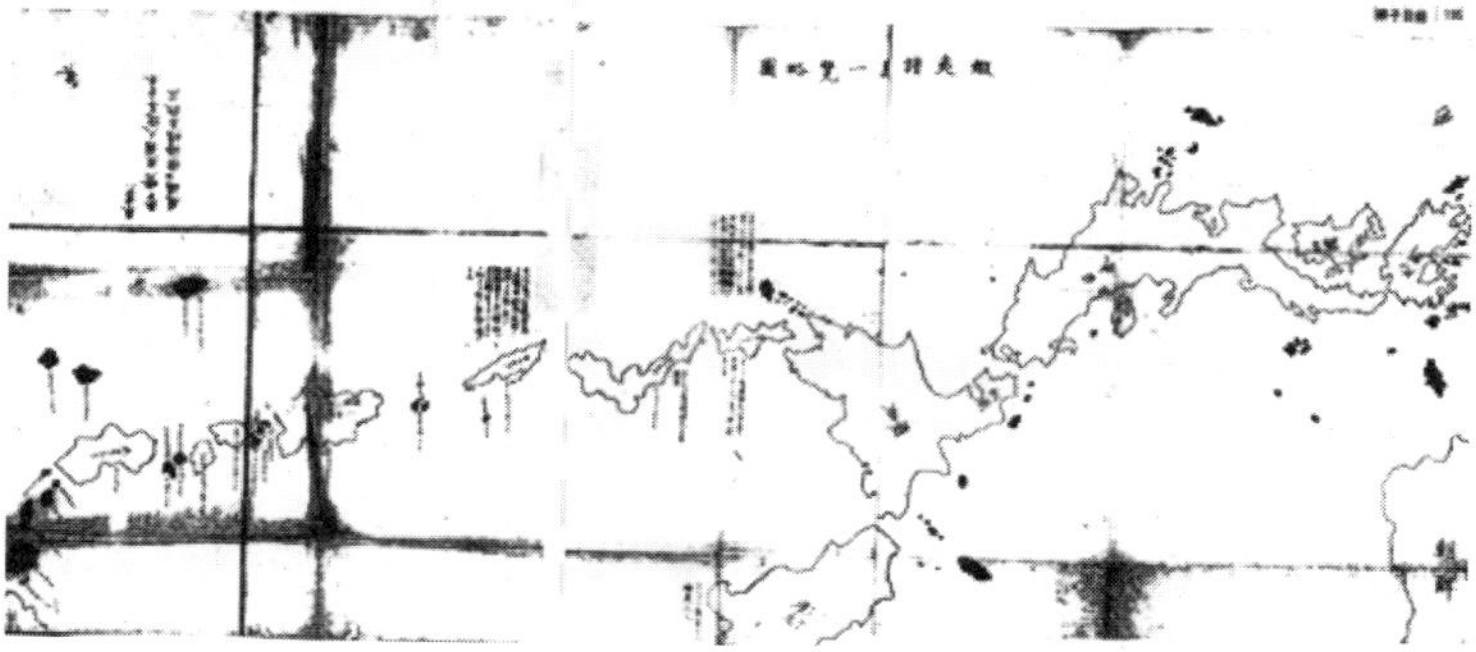

図1-2「蝦夷諸島一覧略図」（資料番号：冊子195）

に関する数行の説明が付記されていることに注目したい。国後島については「クナシリ島周囲　一百五十余里　エトロブ島へ海上僅五六里」とある。島間の距離、地形に関する情報が逐一記されている。さらにロシアに関しては「赤人住居ス。カムサスガノ北ニテヨウキナト云国アリテ赤人従フ。西ハ赤人王城ノ地ニテ一体ノ地ツツキナリ」とあり、北方の地理、地形に関する正確な知識を得ようとしていたことが推測される。

　こうした地図の作製には北方探検家、近藤重蔵（一七七一～一八二九）や最上徳内（一七五四～一八三六）の協力があったことが考えられる。篤胤は次のように述べている。「彼地に跋渉れる。近藤守重ぬし。最上常矩などにも逢て。直ちに問糾しもしたる」（『千島の白波』）。最上徳内、近藤重蔵は篤胤と交流があり、とくに最上は頻繁に篤胤の塾である気吹舎を訪問していた。北方の生の体験談を直接耳にした篤胤は、まだ見ぬ地に心躍らせたに違いない。最上徳内が国後、択捉、ウルップに渡ったのが一七八六（天明七）年、伊能忠敬の奥州と東蝦夷の実測が始まった年が一八〇〇（寛政一二）年、間宮林蔵による樺太探検が一八〇八（文化五）年のことであるから、かなり早い時期に詳細な対ロシア関連情報が篤胤のもとにもたらされたことになる。[4]

篤胤は、対外情報を収集する目的について次のように述べている。

此書は。去し丙寅の年。蝦夷の嶋へ。渋魯西亜人の。ゆくりなく来りて。荒びたる故よし。また其後に筑紫の長崎へ。エゲレスと云ける戎人の来て。礼なき事の有ける。其時の事状はた其事に就て。公儀よりの命令は更なり。国郡を領せる諸侯の。其家臣等に示されたる言。また此役に赴ける人々の。其家人。また朋友がり言おこされたる消息ぶミ。都て此事に与れる事どもを。次々に記し見ばやと。早くより弟子等にも誂へて。何くれと書集めたるを。屋代輪池翁も。同じ心に思ひ起されて。数多しるし持れたるが上に。最やごとなき御辺の。常人は絶て知られる秘記をさへに。伺ひ得つれば。互に校合て誤りを正し（同）

「丙寅の年」とは一八〇四（文化元）年レザノフ長崎来航を、そして「また其後に筑紫の長崎へ。エゲレスと云ける戎人の来て」という一節は一八〇八（文化五）年のフェートン号事件を指していると思われる。「常人は決して知ることが出来ない秘記」を、弟子たちや屋代弘賢（一七五八〜一八四一）ら知人に頼んで収集したのである。[5]

膨大な数の対外関係極秘資料を収集するにあたり、協力者となった者として、屋代弘賢がいる。屋代は、幕府の外交文書を作成する右筆の職にあり、文化年間、ロシアや朝鮮通信使の国書を作成した人物である。奥右筆は御目見得以上であり、老中の文案を記録するなど機密事項に関わったため、格別の権威があった。また屋代は蔵書家としても有名で、江戸不忍湖畔の自宅に不忍文庫を所有し、多くの書籍を所蔵したことでも知られているが、若き日の篤胤に対し、書籍や資料の便宜をはかったであろうことは想像に難くない。

また極秘外交文書のもう一つの入手ルートとして、考慮されるべきは、備中松山藩主、板倉家である。篤胤は一八〇〇（寛政一二）年、備中松山藩士、平田藤兵衛篤穏の養子となった。藩主板倉勝政（一七五九〜一八二一）は譜代大名で、一七八四（天明四）年、幕府奏者番の職に就任、四年後には奏者番兼寺社奉行の要職に就いている。寺社奉行とは三奉行の最上位にあり、将軍直属の重職である。奏者番は「君辺第一之職にて、言語伶悧、英邁之仁にあらされは堪へす」（『幕府奏者番と情報管理』）といわれ、大名の将軍謁見時の姓名奏上や進物目録の披露など、城内の礼式を執り行うだけでなく、幕政上の機密事項にも深くかかわる職務であった。

養父の藤兵衛篤穏は板倉家番頭の地位にあったが、番頭とは上士の格、藩内では重役で御用部屋に出仕する身分でもあった。当時、幕閣の最大の懸案事項はロシア対策であったことを思うと、板倉勝政が入手した幕府所有のロシア関連資料を、篤胤が何らかの方法で得ていた可能性があると考えられる。

3　両義的なロシア観

『千島の白波』に収められた「おろしや人物語」には、世界地理、ロシアの風俗、生活、国家制度、政治について記されている。ロシア国王の政治についてはこう述べられている。「彼国の国王、乗馬にて折々国中を相巡り、政務の善悪を試ミ、貧窮の者共及見候へは、手自ら金銀を与へ候」（『千島の白波』）。ロシア国王は国内を巡視、貧窮の者がいれば自ら金銀を与える。「下賤の者たりといへとも、訴訟等有之候節は、取次の役人有之、其役筋へ名前而巳を相認差出し、国王ニ面謁致度旨申入候へは、即時に呼出、訴訟之儀、国王直ニ承り候由ニ候」（同）。身分の低い者であっても訴訟を起こす権利があり、国王自身が訴訟を取り扱うこともある。「芸能有之候者を取立候儀は勿論、諸国より芸才有之者は召抱候」（同）身分を問わず、有能な者は登用される道が開かれており、「国々の学校相建有之候」（同）学校が設立され教育も広く普及している。このように、ロシア政治に対し高評価をし、仁政が施されている国とみなす意識が表明されている。

図1-3「ロシア王家の家系図」はロシア王朝の系図が記された篤胤のロシア研究ノートというべきものであるが、エカテリーナ二世（一七二九～一七九六）は「仁徳の女王」と評されている。篤胤はロシアの国事情や政治に対し一定の評価をする一方で、その動向に対しては常に警戒を緩めることはなかった。「赤夷伝略」ではロシアの領土拡張の実態について、こう述べられている。▼6

此国近古以来地を闢くこと極めて広く、諸州を奪ひ、南は登琉古を破り、小韃靼の諸州を陥れ、古薩を滅し、弁琉舎の辺彊を奪ひ、東は大韃靼の諸国を併せ、沙漠より北の方氷海に傍て蝦夷の東北加牟佐須の地及び其辺諸嶋に至るまで、皆其属たり。枯に今世界第一の大国にして其国の長サ東西一百七十余度に及べり。（「赤夷伝略」）

ロシアは国家開闢以来、領土拡張の野心を持ち、南はトルコ、モンゴル、蝦夷の東北カムチャッ

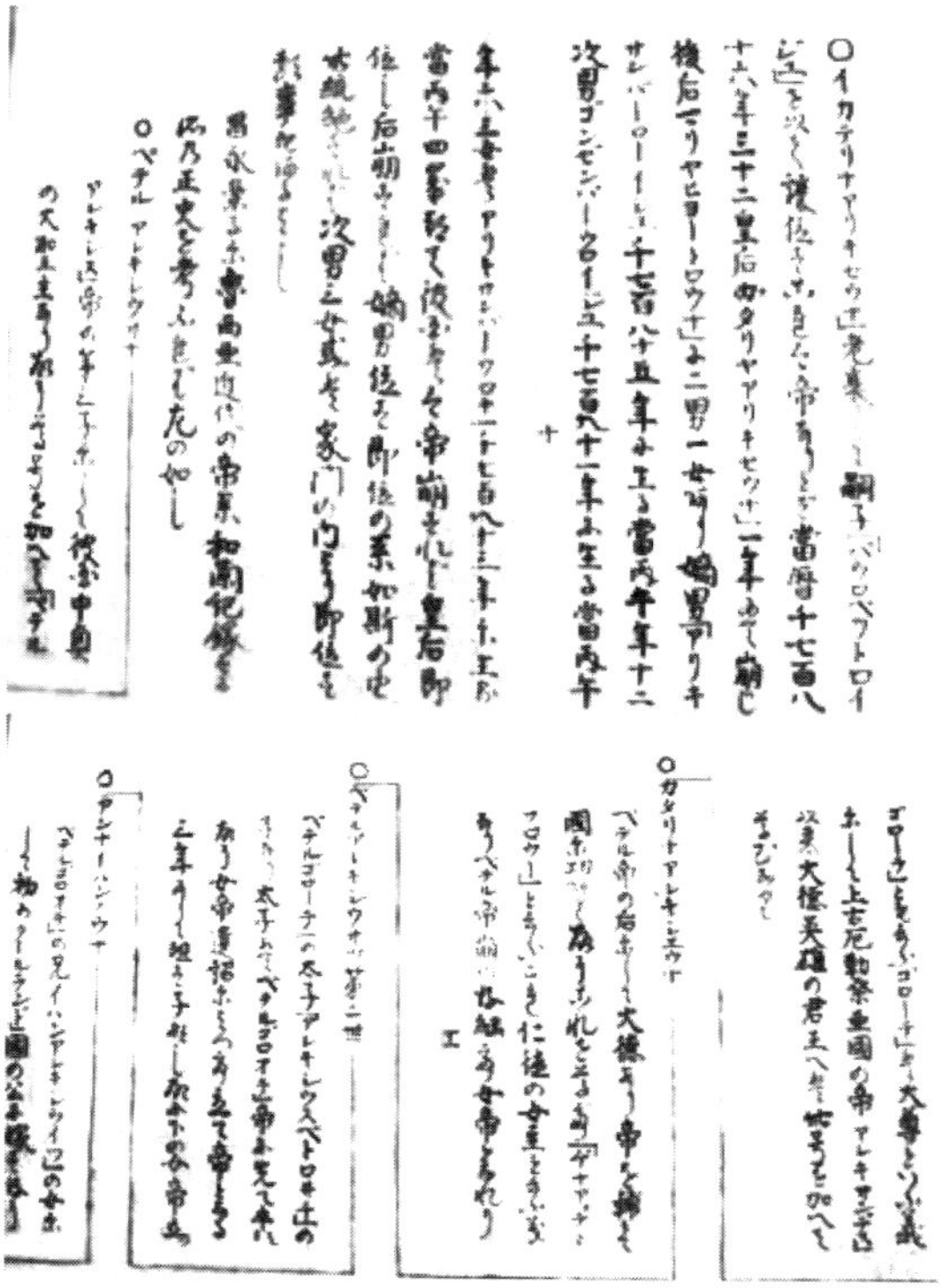

図1-3　「ロシア王家の家系図」（資料番号：箱1-19-5）

カの地に至るまで、多くの国や地域を属国とし広大な領土を持つ「世界第一の大国」である。今、日本の眼前に迫りつつあるロシアは歴史上、絶えず領土拡張政策をとり、近隣の国々を次々に併呑、その国力は世界一という認識から、ロシアの接近を日本にとって脅威とみなす意識が読みとれる。

篤胤の養父、平田篤穏は山鹿流兵学の師範、藩主に軍学を進講する家柄であり、江戸定府で兵学塾を開いていた。篤胤の養子、平田鉄胤（一七九九〜一八八〇）の手による篤胤の伝記には篤胤が平田家へ養子に入ったきっかけとして、「実ハ篤穏君ハ山鹿流兵学家ニテ、兼テ其門人ト成リ、教授ヲ受ケ其道ヲ学ビ玉ヒテ、懇意ナリシ故ナリ」（『大壑君御一代略記』）、と記されている。篤胤は若年期、山鹿流兵学塾を開いていた平田篤穏の門人で、軍学の素養があったのである。図1-4は執筆年不明であるが、篤胤直筆の「部隊配置図」で軍学への関心を示す史料である。

篤胤の著書に、現在は所在不明であるが『武学本論』がある。その内容は「神代より武を専として。古の天皇命の。武を以て世を治めまし。臣等も武心を本として仕奉れる事。凡文武は。車の両輪の如しと云へど。皇国の丈夫たらむ者は。武は骨髄たり」（「大壑平先生著撰書目」）とあるように、古代から天皇は武力によって世を治め、人々も武心を持って仕えた。文武は車の両輪のようなものであるが、日本の人々であれば、武を貴ぶべきであると主張している。

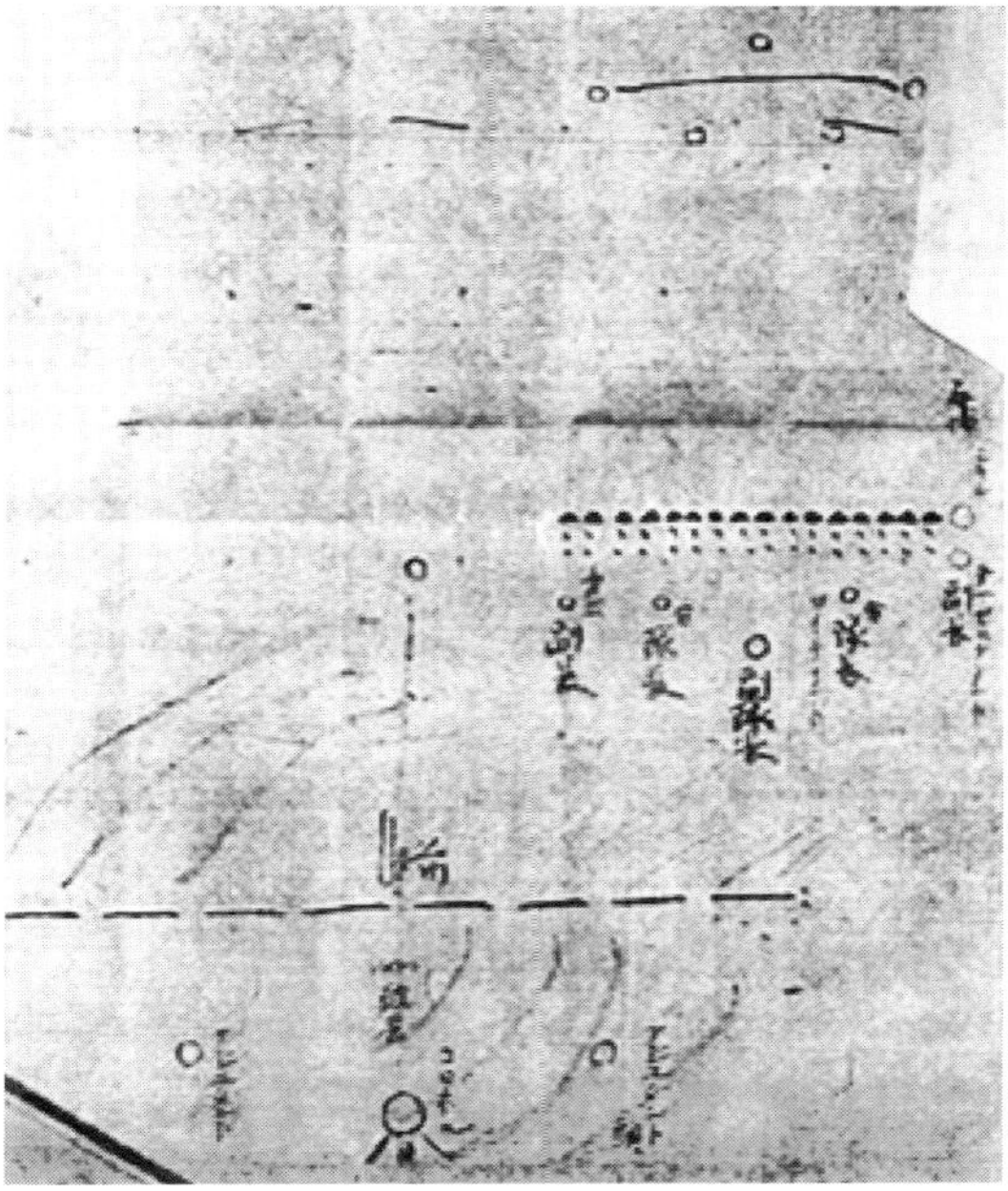

図1-4 「部隊配置図」（資料番号：書翰1-4-32）

「時務を知る者は、俊傑なり」（『伊吹於呂志』）とは篤胤が好んで使った言葉であった。「時務」、眼前の緊急時に対処しうる力があるものこそ俊抜の士なのである。またこうも言う。「今より後有ゆる

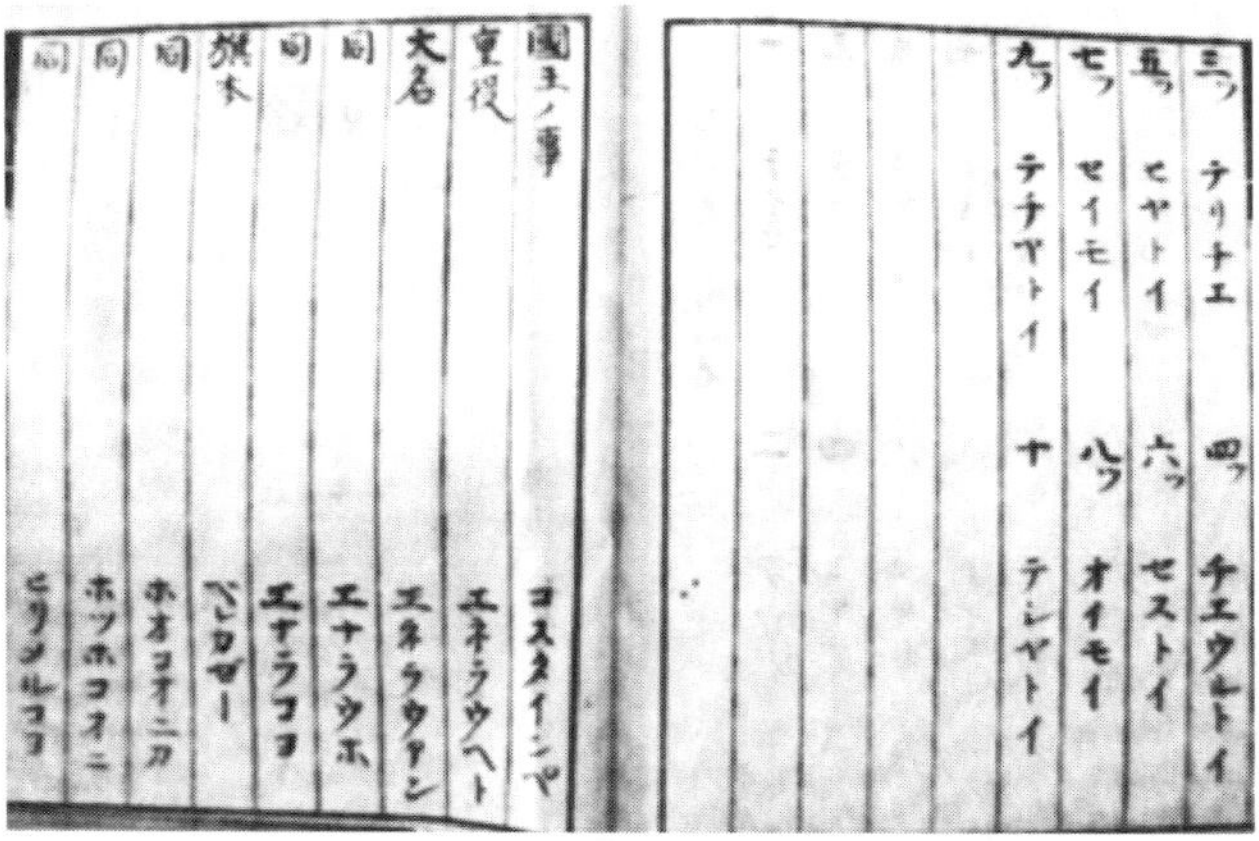

図1-5　平田篤胤編「魯西亜語」上下（資料番号：和装A-75-2）

国々悉に。棹柁干さず。船満つゞけて。参来るべき事なれば。其万国の君師たる。皇朝の学びに志す者は。この心得なくは有べからず」（「大壑平先生著撰書目」）。今後もあらゆる国々が舵を止めることなく、日本にやってくるだろう。国防の警戒を怠ってはならない。こうした鋭敏な時代感覚と軍学の素養が、膨大な量の外交資料収集に向かわせ、さらにロシア語やロシアの国土、国家体制、政治にまでその学問的関心を拡大させたのである。

4　ロシアイメージの表象

篤胤はロシア危機関連情報を収集するだけでなく、ロシアやロシア語についても興味を持ち、熱心に学んでいた。「魯西亜語」（図1-5）は「平田長眼斎編集」と自書されており、篤胤自身が編集した日露辞書である。本史料には一枚の付箋が挟まれており、「露西亜語集　上下二冊御自筆本ニテ、稿本无し。御秘本シテ戸外ニ出スベカラザル」と記載、平田家において「秘本」とされていたことがわかる。下に片仮名でロシア語の読みを表記、上にその和訳が付されている。篤胤はこれを書斎の傍らに置き、時折参照しながら、ロシアについて学んだのだろうか。ロシア関係の書物をもとに、独学でロシア語を学び、作成したものと推測される。「国王」は「コスタインペ」、大名は「エネラウタン」、旗本は「ベレカゼー」と記されている。

図1-6　平田篤胤筆「ロシア文字練習帳」（資料番号：冊子80）

図1-6「ロシア文字練習帳」は、篤胤自筆のロシア文字学習ノートというべきものである。ロシア語の発音も書き添えられており、音韻に関する関心も深かったのであろう。かなり書き慣れた印象を与えるものであり、美しく装飾を凝らした筆

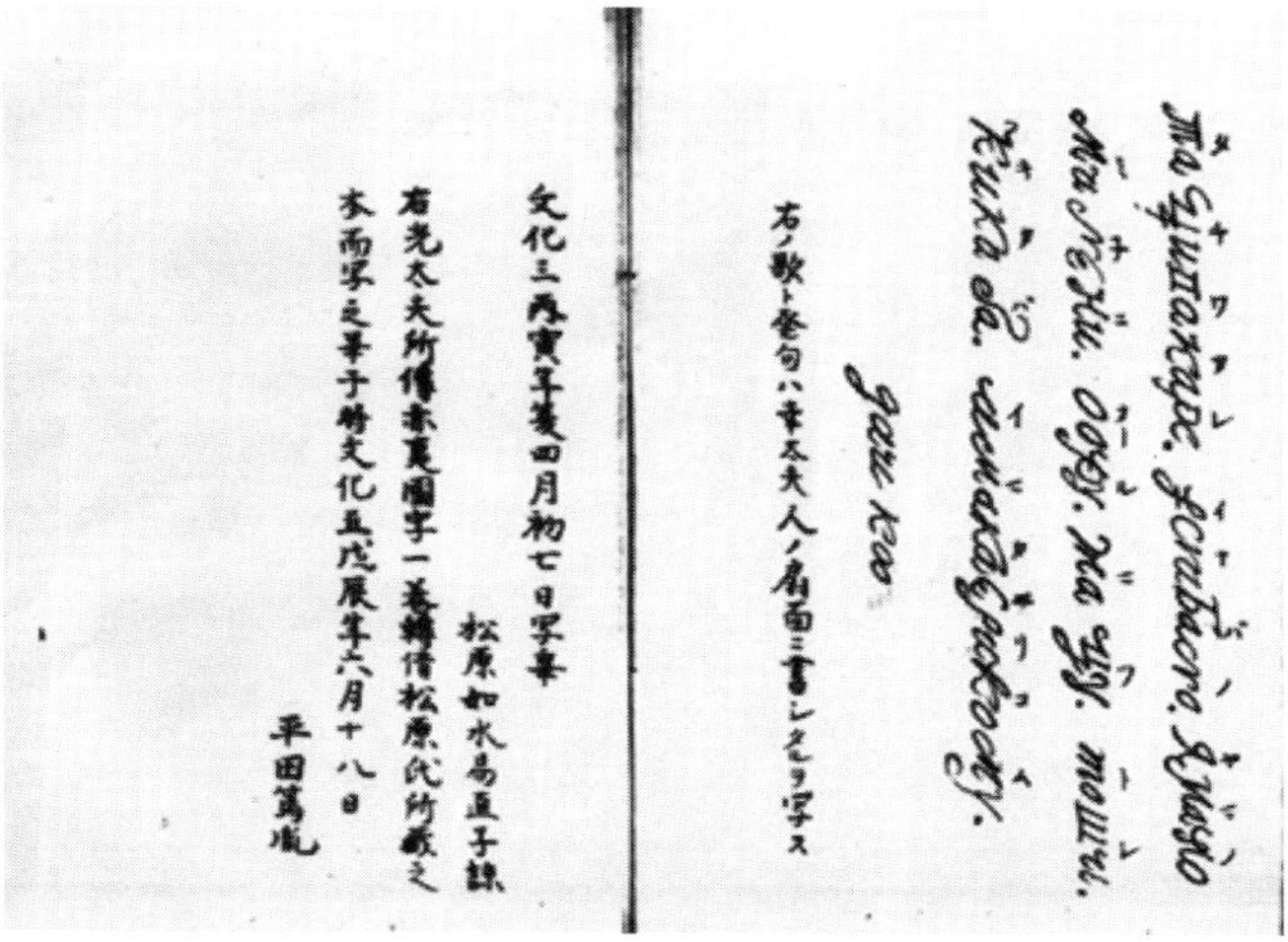

図1-7　大黒屋幸太夫所伝「淤呂舎文字」１冊（資料番号：冊子78）

致から、まだ見ぬ国・ロシアに対するエキゾチックなイメージが生き生きと表現されている。

図1-7「淤呂舎文字」は大黒屋光太夫が伝えたとされ、一八〇六（文化三）年、松原如水（生没年不詳）が写し、一八〇八（文化五）年六月、篤胤が借りて写したことが最後に記されている。松原如水とは備中松山藩の藩儒であり、蘭学者でもあった人物である。百人一首にも収められている在原行平（八一八～八九三）の歌「たち別れ　いなばの山の　峰に生ふる　まつとし聞かば　今帰り来む」（古今和歌集）がロシア語で記されている点が興味深い。

篤胤には蘭学塾に入門した経験があることはすでに述べたが、一八〇六（文化三）年にはヨーロッパのキリスト教宣教師によるキリスト教関係書物『三山論学紀』（一六二五）、『畸人十編』（一六〇八）を部分的に修正、抄訳した書物『本教外編』や『蘭学用意』を執筆している。初期

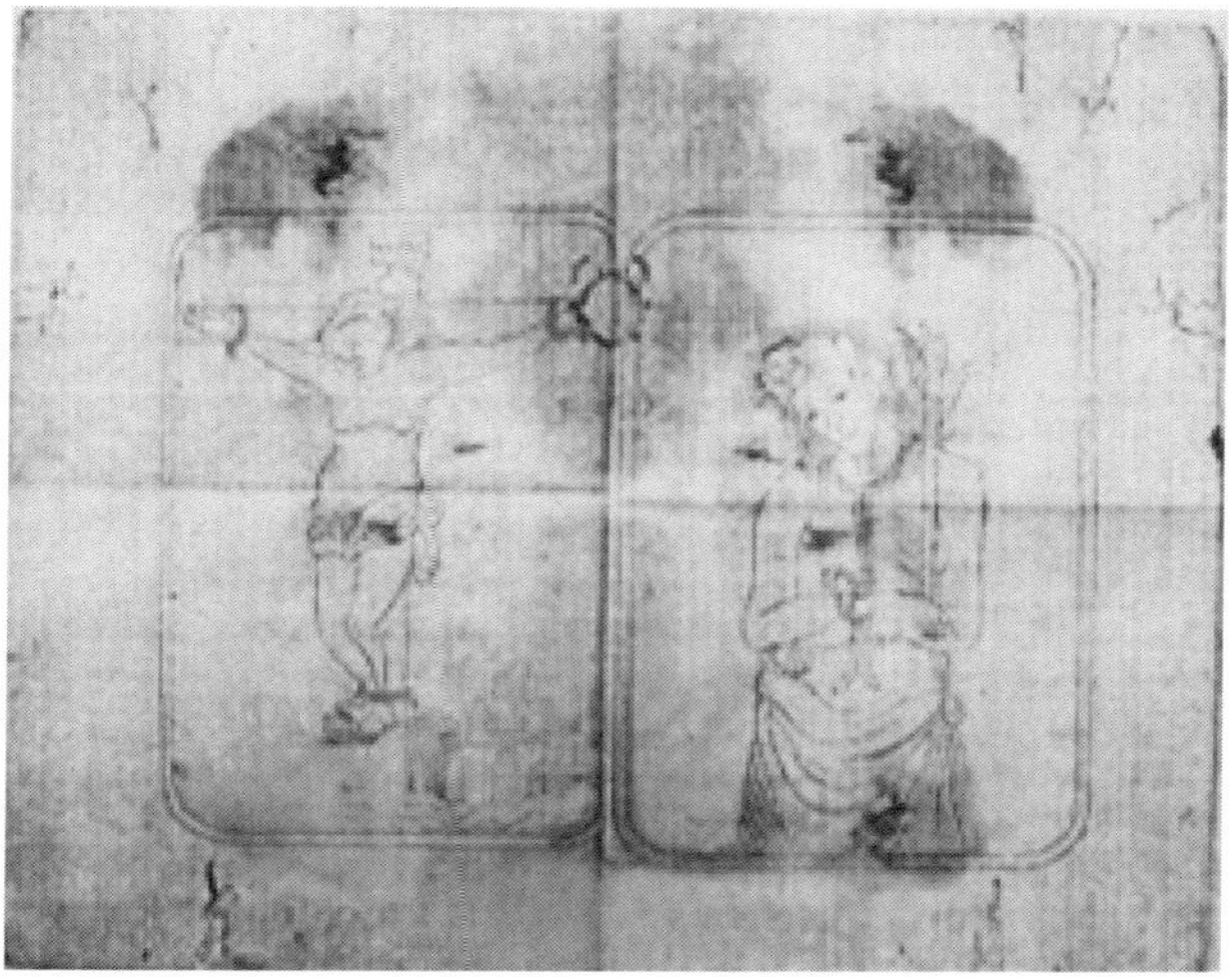

図1-8 「ロシア文字」（資料番号：冊子81）

の頃の篤胤の主たる関心が西洋へ向けられていたことを示す一証左であるが、図1-8は、先述したレザノフ関係資料に収められていたものである。「文化丙寅年九月淤呂舎人唐太嶋に置銅板正字」という文字が見え、西洋キリスト教への関心を示すものと推測できる。

5 国学の多面性と「日本」再発見

篤胤は日本を「神国」とし、「天地ノ初発、イハユル開闢ヨリ致シテ恐レナガラ、御皇統ノ聯綿ト、御栄エ遊バサレテ、万国ニ竝ブ国ナク、物モ事モ万国ニ優レテヲル」（『古道大意』）と、外国と比べ、格段に優れた国であると確信していた。しかし、唯一真正なる学問とは一国内に限定されるものではなかった。これについて次のように述べている。「近頃。同門の人らにも。外国の事をも知らざれば。大皇国の学問とは云ふべからず」（『玉襷』）。

外国のことを知らなければ「大皇国の学問」、つまり日本の学問とはいえない。篤胤にとって「大皇国の学問」とは万国共通の普遍的妥当性をもち、外国の学問をも包括するものでなければならなかった。

すでにふれた『蘭学用意』は現在は失われているが、第三種の著述目録にその書名が見える。本書の概要として「此を取捨せざるは偏執なり。譬へば兵は謂ゆる凶器なり。然れども彼これを用ふる時は。我之を用ひずは有るべからざるが如く。機に臨み変に応じて。其取捨肝要なる事を」（「大壑平先生著撰書目」）とあり、西洋学術を採用しない考えは偏執であり、外国の学問であっても良いものは臨機応変に取捨選択して、日本にも用いるべきであると述べている。

一八三六（天保七）年に成立した「道統禮式」（図1-9）は、篤胤が教授した学問と謝礼の金額が記された一覧である。いわば篤胤の専門分野を対外的に示したものであると考えられるが、その領域は古道学、暦学、易学、軍学、玄学と多方面に渡っていたことがわかる。

一九世紀前半は、ロシア危機が深刻化した時代であった。篤胤は日本を取りまく国際環境やロシアの接近に高い関心を寄せ、日露関係資料を収集、自らロシア語やロシアの歴史、国事情について学んだ。篤胤が収集した資料は当時、幕閣内でもトップシークレットであり、極秘に入手されたと考えられる。篤胤はまず、ロシアの動向を把握するため、当時、日露間で交わされた外交文書やロシアが蝦夷地や日本国内で起こした一連の事件の顛末が書かれた資料から、詳細な情報を得ることで、具体的かつ客観的に日本が置かれている立場を把握しようとしたのであろう。

篤胤には若い頃、軍学を学んだ経験があり、蝦夷地をはじめとする北方の地で起こった一連の紛

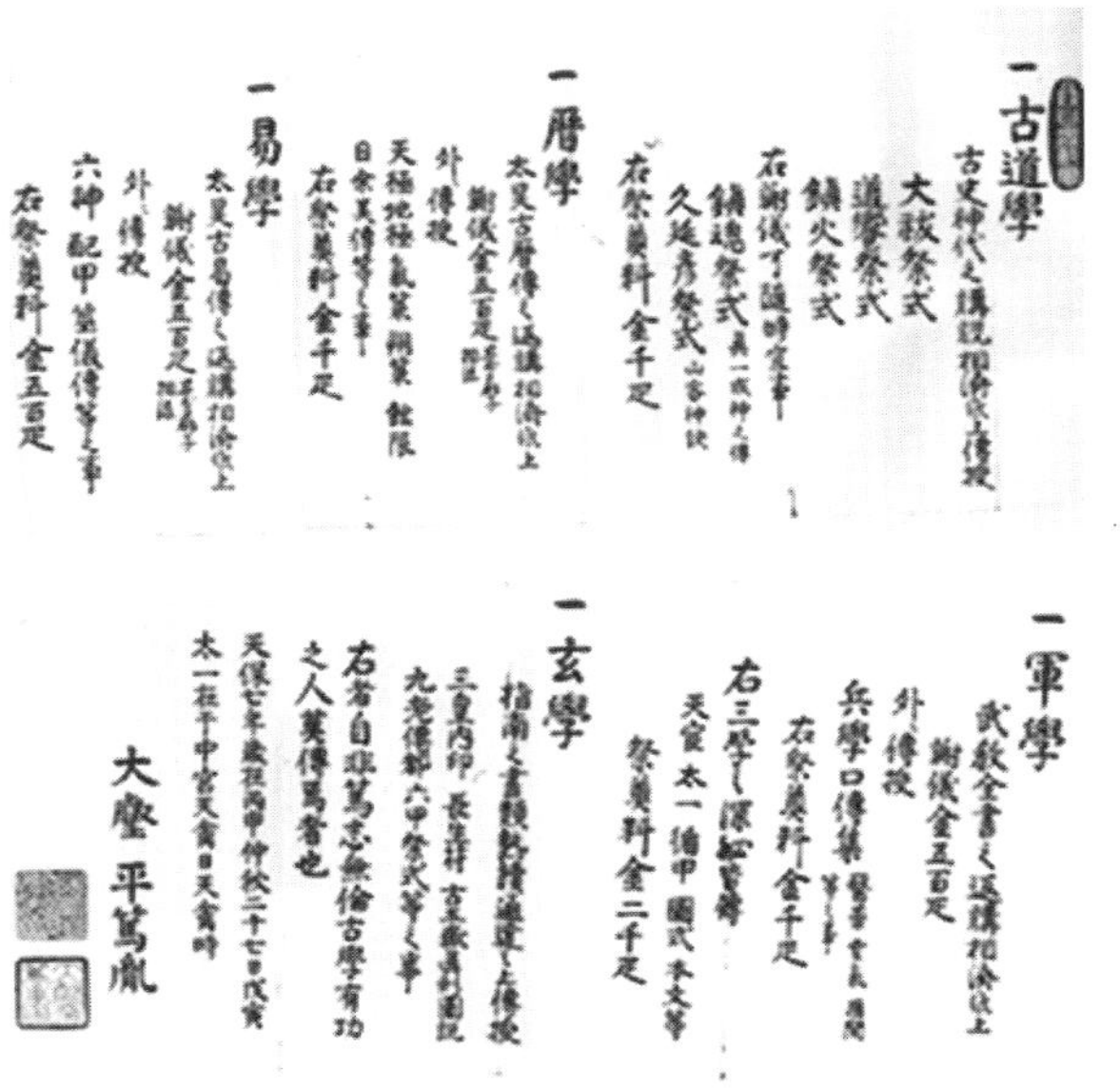

一古道學
古史神代之講説相済候上傳授
大祓祭式
道饗祭式
鎮火祭式
右謝儀可随時宜事
鎮魂祭式
久延彦祭式
右祭典料金千疋
一暦學
太昊古暦傳之講説相済候上
謝儀金五百疋
外傳授
右祭典料金千疋
一易學
太昊古易傳之講説相済候上
謝儀金五百疋
外傳授
右祭典料金五百疋
一軍學
武教全書之講説相済候上
謝儀金五百疋
外傳授
兵學口傳集
右祭典料金千疋
祭典料金二千疋
一玄學
右者自非篤志無倫古學有功之人莫傳焉者也
大壑 平篤胤

図1-9 「道統禮式」（資料番号：冊子175）

争や事件に対して、大きな衝撃を持って受けとったであろう。篤胤はロシアについて、他国侵略を常套手段としてきた国と理解、日本への接近を大きな脅威と認識したが、他方、為政者の「仁徳」をもって、統治されてきた国とも評している。また繊細な装飾を凝らしたロシア文字の筆致からは、まだ見ぬ異国・ロシアへのあこがれすら感じられ、「赤鬼」「毛唐」「奥蝦夷」といった偏見イメージは看取できない。偉大な王が統治している「仁徳」の国であるがゆえに、その国力は他国を併呑し得るほど強勢なのである。「脅威」「憧憬」「仁徳」といったイメージが篤胤のなかで共存していたのである。

生田美智子によれば、一八世紀末

の大黒屋光太夫の帰国以後、日本人のロシアに対するイメージは大きく転換するという。「従来の脅威としてのロシア、潜在的貿易相手国としてのロシアイメージに加えて、憧れの国としてのロシアイメージがうまれた。同時に、ロシアを理想化し、畏怖することで新たな脅威イメージも出てきたといえる」（「江戸時代のロシアイメージ――大黒屋光太夫とラクスマン遣日使節団」）。ロシアを脅威と見なす偏向から徐々に脱却しつつ、ロシアを憧憬する意識が強まると、今度はその「理想的国家」を畏怖する感情から、新たな恐怖心が芽生えるのであろう。

『千島の白波』編纂の目的として、「後来皇国駁戎の道。辺海防禦の心得とて、著されし物なり」（「大壑平先生著撰書目」）と述べているように、篤胤にとって、ロシアについて知ることは、「防禦」のためであると同時に「日本のため」なのであった。ロナルド・トビは、江戸時代の日本社会において、さまざまな「日本図」が作成、流布したことについて述べ、「これらの日本図や、その認識を反映する地理や境界に関する言説は、民衆の間に、「想像の共同体」の地理的認識が芽生えていたことを示しているのではないだろうか」（「近世期の「日本図」と「日本」の境界」）と指摘している。

ロシアを意識したことは、「日本」という国や、日本アイデンティティを篤胤自身が強く意識する大きな契機となった。ロシアと出会い、ロシアを知るプロセスのなかで、同時に日本との差異を意識せざるを得なかったはずである。篤胤は日本や日本人、日本の伝統や文化について深く考えをめぐらし、日本とは何か、日本のアイデンティティとは何か、自問自答したであろう。しかし外国について学ぶ過程で、自国である日本に対して文化的、民族的劣等感を抱くことは決してなかった。「他者」であるロシアと出会い、ロシアについて深く学んだことが、逆に篤胤に「自己」、すなわち日本に対し強い関心を抱かせ、「神国日本」をより実感するきっかけになったのではないか。ロシア問題と真正面から対峙したことが、自国意識の構築、体系化を促し、日本人としての心のあり方、日本のあるべき姿を考えるための国学研究の契機となったのである。

註

▼1 篤胤の蘭馨堂入門については、平野満「平田篤胤の蘭馨堂入門と蘭方医学研究」(『日蘭学会会誌』一〇‐一、一九八五年)に詳しい。吉田長淑は、幕府の侍医、桂川甫周の門人であり、吉田長淑門下には高野長英がいる。同「吉田長淑蘭馨堂門人の拡がり」(愛知大学総合文化研究所編『近世の地方文化』名著出版、一九九一年)には、蘭馨堂門人帳が付されているが、「板倉公臣　平田元瑞」(同、二〇頁)と篤胤の名が見える。

▼2 本章で使用した図版および「赤夷伝略」は、国立歴史民俗博物館所蔵「平田篤胤関係資料」である。図版の番号は館蔵資料番号と一致する。資料閲覧や写真撮影の便宜を図ってくださった関係者の方々に心より御礼申し上げる。

▼3 「文化元子年魯西亜人長崎江着船之始末」、「千島の白波」、二八‐三三頁。

▼4 「気吹舎日記」には一八二五(文政八)年六月八日、翌年一月三一日、四月二八日に「最上徳内入来」と、最上徳内が篤胤宅を訪問した記録が見える(渡辺金造『平田篤胤』鳳書房、一九七八年、九四四頁)。

▼5 篤胤はロシア、蝦夷地関連外交文書の編纂物である『沿海異聞』を入手、返却予定を大幅に延長して閲覧したことが門人宛書簡に記されている。「其節沿海異聞と申もの、一冊借用、とめ置候。甚多用にて大に延引いたし候て、漸此程書写申付置候へ共、今日の間に合不申候。次の便の節必返上可致候」(「文政一〇年閏六月二九日　新庄道雄宛平田篤胤書簡」、「気吹舎書簡集」同、八二一頁)。『沿海異聞』は、幕臣でもあった大田南畝が幕府の書物奉行であり、蔵書家でもあった鈴木白藤(一七六七～一八五一)や近藤重蔵、屋代弘賢、司馬江漢から書物や資料を借り、内容の一部を書き抜きまとめた書物である(浜田義一郎『大田南畝』吉川弘文館、一九六三年)。

▼6 「赤夷伝略」は平田篤胤の著述目録にも見えず、著書のなかでも全く言及されていない。現在残っている部分は四枚の断簡のみでページ数も記されていない。篤胤がこれを一冊の本とすることを意図して書いたものか、蘭学者が著した書物類から得た知識をまとめたロシア学習ノートの類いなのか不明である。

第2章　国学者をめぐる知のネットワーク

1　遊学する人々

一七世紀から一八世紀のイギリス社会ではパブやカフェが流行した。一七世紀のイギリス革命を背景とした動乱の時代、人々はコーヒーハウスやパブに集い、侃々《かん》諤々《がく》、政治的議論や革命談義をたたかわせた。またコーヒーハウスは、宮廷や議会に出入りする上流階級の人間も出入りする社交場でもあったため、市民にとってはビジネスチャンスにつながる生の情報を得られる貴重な場所でもあった。▼1

そもそもパブとは"public house"「パブリック・ハウス」の略であり、単なる大衆酒場の枠を超越した「大衆の家」、「公共の家」であった。

政治上の組織も、それぞれ特定のパブを根城とした。とくに民衆レヴェルの政治活動にとって、パブは利用できるほとんど唯一の施設であった。すでに一七世紀のピューリタン革命の時代、レヴェラーズなどの革命左派はパブを根城とした。ある保守派の人は「あらゆるタヴァーンやエール・ハウスで宗教が今や共通の話題になっている」光景をみて衝撃をうけた。［…］都市のパブで同志と酒を飲みつつ宗教を、政治を自由に語り合うことは中世的な束縛から人びとがようやく解放されたことの証しでもあったのである。（『路地裏の大英帝国』）

パブはイギリス社会において、多種多様な情報が集まる社会の情報基地として機能、新しい思想の創出・交流・伝播を担う公共的空間として庶民文化を支え、近代市民社会の形成、発展に大きな役割をはたしたのである。

一方、同時期の日本はどのような社会状況だったのだろうか。南部藩士、黒川盛隆は一七九六（寛政八）年、二九歳の時に江戸勤番を命じられ一年間江戸に滞在した。以前から賀茂真淵の国学や万葉集をはじめとする和歌の研究に関心を持っていた盛隆は、江戸での遊学体験を後年、『松の下草』にこうつづっている。

歌会へも一度出たり。源氏講尺三四度、太子伝の校合へ両三度出たり。文徳実録の校合へも一度出たり。人数多く有し也。裏六番丁の中程に学校有し也。今は天神谷とやらの由也。裏六番丁の家の門へ、柊二本門の袖の所に有し也。今に覚居たる人は奥御右筆所詰屋代太郎弘賢、今は輪池翁とて名高し。其子小太郎長汐、平十郎酉山と云旗本の隠居、横田孫兵衛、此人は温故堂の歌の先生也。出雲国造の家来某リウケンと云盲人、此人字書に委しくて書引と云あだ名とりたり。寄宿の弟子に信州の人米山宇八、尾張の人石原喜左衛門、此両人には別て懇意にしたり。七月の歌会に出たり。安田も出たり。兼題は忘たり。当座探題栽萩と云を取たり。忘れては鹿の鳴音も待れけり野べを移せる庭の萩原、と詠たれば、当座にて大に誉られたりき。面白さに三輪先生の許へ下して見せたりしかば、頓て大に被歓て、我党の歌詠は江戸にても恥を見ずとて、自慢せられて有しと、了通後に咄したり。今も折々はなして笑ふ事也（『松の下草』）

盛隆は、塙保己一や村田春海、屋代弘賢など高名な国学者をまわり、さまざまな学芸を学ぶ会に出入りした。歌会や源氏物語の講義、個人宅の書斎や塾などさまざまな文芸の会を訪れ、大いに学び、楽しんだことがわかる。そこには全国から多くの人々が相集い、自由闊達な学びの雰囲気があった。江戸市井においても、同時代のイギリスパブやコーヒーハウスの流行と似た社会現象が起きていたのである。

一八世紀後半以降、江戸では蘭学や国学、心学などの多くの私塾が軒を連ね、隆盛をきわめた。家元について諸芸を学んだり、狂歌を学ぶ連を組織したり、俳諧や和歌、狂歌、漢詩などのサークルが組織されるなど、多様な遊芸や文芸活動が庶民社会にも広がった。また兎園会や耽奇会など、器物の考証を目的とした寄合のような集いもさかんに催され、教養豊かな知識人や文化人が学び、交遊を重ねたのである。江戸、京都、大阪の三都はそれぞれどの町にどのような先生がいるか詳しく記された人名録、すなわち学びたい人のためのガイドブックのようなものも刊行されていた。

2　社交のなかの学び舎——気吹舎

一七九五（寛政七）年、二〇歳の時に故郷秋田を脱藩、江戸に出た平田篤胤は、一八〇四（文化元）年には初めて弟子を取り、家塾、真菅乃屋を開き、一般大衆に向けて講釈を行った（一八一六年に気吹舎と改名）。平田篤胤の塾、気吹舎は同時代の人々にとってどのような場所で、実際にどのような活動が行われたのだろうか。

一九世紀初頭、江戸の巷に不思議な少年が出現した。三白眼のいかにも「異相」の一四才の寅吉は、五、六才の頃から火事や家に盗賊が入ること、父親のケガなど未来を予言、赤ん坊の頃の記憶を語り、失せ物を透視し、富くじの当たり札まで的中させた。さらに七才から一一才までの五年間、天狗に誘われ、幽冥界を見聞したと証言、人々の話題をさらったのである。現代であれば、「超能力少年」といったところだろうか。天狗小僧寅吉は、大名家に招かれ、病気平癒のまじないや祈祷、占いまで行うなど、一時期、まさに引く手あまたの「流行子」（『仙境異聞』）であった。

死後の霊魂の赴く場所（幽冥界）の実在を信じ、江戸にて研究活動を行っていた平田篤胤は、一八二〇（文政三）年、屋代弘賢から天狗小僧の話を聞いた。屋代弘賢については前章でもふれたが、蔵書家であり、滝沢馬琴（一七六七〜一八四八）とともに、珍奇な物を鑑賞したり、江戸の巷説奇聞や諸国の奇談珍説を報告しあう兎園会のメンバーでもあった。このような器物の考証家、珍奇愛好家である屋代が仲介役となり、寅吉を紹介したのである。

篤胤は幽冥界をこうイメージしていた。「冥府と云ふは、此顕国をおきて、別に一処あるにもあらず、直にこの顕国の内いづこにも有なれども、幽冥にして、現世とは隔り見えず。［…］その冥府よりは、人のしわざのよく見ゆめるを、顕世よりは、その幽冥を見ることあたはず。［…］実は、幽冥も、各々某々に、衣食住の道もそなはりて、この顕世の状ぞかし」（『霊の真柱』）。来世と現世は隔絶されたものでは決してない。死後の霊魂は生前の生活圏から遠く離れるのではなく、現世の親類縁者を見守るのであり、幽冥界での暮らしも現世と少しも変わらない。しかし通常、幽冥界から現世の人間の様子を見ることはできるが、現世の人間からは幽冥界を見ることはできない。「諸夷にも大倭にも、たま〳〵は現身ながらに幽冥に往還せるものもあるを、然る事実を、つら〳〵に糺し考へて、その状を暁るべし」(同)。きわめて稀なことであるが、外国にも日本にも、現世に生きる人間でありながら、幽冥界と現世を往来することができる者がいる。その者に会ったら、幽冥界について詳しく聞き、認識を深めておくべきである。

屋代は山崎美成(一七九七～一八五六)に気吹舎へ寅吉を連れてくるよう頼んだ。山崎は江戸で長崎屋という薬種商を営んでいたが、学問を好み、和学、和歌、地理、人物に関する広範囲の著述を残した人物であり、珍奇の物品を持ち寄り、批評しあう耽奇会のメンバーでもあった。寅吉に興味を持ち、すでに自宅に呼び寄せていたのである。山崎は、後に寅吉の話を聞き書きした書物『平児代答』を著している。[2]

こうして一八二〇(文政三)年十月一日、篤胤は寅吉と初めて出会う。天狗と暮らしたと語る寅吉との対面は、幽冥界を明らかにすることで人々の心に死後の安心をもたらしたいと切望する篤胤にとって、千載一遇のチャンスであった。篤胤はその後、寅吉を引きとり、八、九年ともに暮らした。寅吉は篤胤門人となり、深川八幡参詣や浅間山登山、そして舞の稽古も一緒にした、と篤胤の日記には記されている。[3]

篤胤は寅吉に対し、幽冥界の聞きとり調査を行った。気吹舎には篤胤門人に加え、寅吉の証言を聞こうと多彩なメンバーが相集った。

十一日の朝早く屋代翁がり、夕方に美成が童子を伴ひ来るよし消息す。然るに下総国香取郡笹川村なる須波社の神主。五十嵐対馬、もの習ひにとて江戸に出て、此日我が許へ来れり。八半時に屋代翁その孫なる、二郎ぬしを伴ひて来らる。国友能当、佐藤信淵も来り、折よく青木並房も来合たり。小島氏家内みな来らる。塾には竹内健雄、岩崎吉彦、守屋稲雄などあり。(『仙境異聞』)

屋代弘賢、備中松山藩士の青木並房、蘭学、本草学、天文学、地理学、兵学など多岐にわたる学問をおさめ、『海防策』、『西洋列国史略』(一八〇八)などを著した経世家の佐藤信淵(一七六九～一八五〇)、江戸遊学に来ていた下総の神主、五十嵐対馬、鉄砲鍛冶職人であり、反射望遠鏡を制作して太陽の黒点を観察、詳細な記録を残した国友藤兵衛(一七七八～一八四〇)、外国奉行をつとめた桑山左衛門元柔、津和野藩士であり、国学者でもあるが昌平坂学問所に学び、儒学、仏教、洋学も学んだ大国隆正(一七九二～一八七一)らである。まさに錚々たる顔ぶれであった。

これらの人々と篤胤が寅吉に対して行った質問内容は詳細で、バラエティーに富んでいる。天狗の空中飛行や修行法、幽冥界の衣食住から、祝事、祭、病やケガの治療法、狐に取り憑かれた時の祓い落とし方までである。さらに寅吉に幽冥界の文字を書かせたり、ある者はオルゴールを見せて、「これは幽界にもあるか」、「雷を怖がらない方法はあるか」と尋ねたりしている。「外国で、×のようなものや人を磔にかけた図、女性が幼児を抱いた図などを崇め奉っている国はないか」、「天狗と行った国のなかで、獅子や象、虎など、日本にいない動物を見たことはないか」といった質問などは、当時の人々の欧米知識の一端を垣間見るようで、興味深い。

この時、気吹舎に集まった人々と寅吉の様子は、次のように描写されている。「日の暮るゝ頃より予は更なり、竹内健雄、佐藤信淵、五十嵐対馬、守屋稲雄、岩崎芳彦など。何れも寅吉が心をとるとて。亥刻過るまで目隠しの遊び為たるに、猶果しなく為むと云ふを、夜の更たれば又明日こそと云ひて寝しめぬ」(同)。しかし、なんといっても寅吉はまだ一四才の少年であった。大人たちのなかで退屈したのか、天狗や幽冥界の生活について、微に入り細に入り、長時間、何日にもわたり、質問を浴びせられることに辟易したのか、不機嫌になり、返答を渋ることもあったようだ。時には寅吉の機嫌をとるため、篤胤を含めた大人たちが夜が更けるまで目隠し遊びに興じたのである。

また気吹舎の人々は寅吉と一緒に謎かけ遊びもした。「けふは疲れたらむと云へば、取つきて蜜柑を給はれといふ。幾箇ほしきと云へば、尻に針ある虫の名ほど賜へと云ふ。故に蜂かと云ひて八つ与へたれば、悦びて此より思つきて、手近く有合ふ物をもて、なぞをかけ給へ、解べしといふ。家の者ども口に出るまに〳〵云ひかくるに、聲に応じて悉く解たり」(同)。寅吉は幽冥界や天狗の話をすることに加え、一日会いたいと気吹舎を訪ねてくる人々の応対に一日中、忙しく過ごしていた。そんな寅吉に対し、篤胤が「今日は疲れただろう」とねぎらうと、「みかんをください」と言う。いくつ欲しいのかと聞くと、「尻に針がある虫の名前と同じ数だけください」と懇願するので、「それは蜂か」と、みかんを八個あげると大変喜んだ。また「身近にあるものを使って、謎かけをしてください。解いてみせます」と言い出したので、篤胤や門人たちは寅吉と謎かけ遊びをしたのだが、以下がその一部である。

　破れ障子　憎い子のあたま　心ははつてやりたい
　土の団子　断食の行　心は食たくてもくへぬ（同）

　気吹舎では相撲大会も行われた。「さて今夜も又皆様と角力を取らむと望む。酒宴の上なれば已は更なり、翁も美成もその相手となる」（同）。寅吉は「今夜も皆様と相撲を取りましょう」と望み、篤胤はむろんのこと、屋代弘賢や山崎美成も寅吉の相撲の相手をしたのであった。こうした一連の記述からわかるように、気吹舎の人々は趣向をこらして、時には遊びに興じながら、幽冥界にかんする質問をし、それらを記録したのであった。

　当時江戸で流行した文芸のなかに、狂歌や戯作がある。一八世紀以降流行した狂歌は、和歌や歴史への幅広い教養が必要でありながら、五七五七七の三一音に笑いやウィット、風刺を盛り込む知的作業である。人々は酒上不埒（さけのうえのふらち）、加保茶元成（かぼちゃもとなり）など滑稽な狂歌名を持ち、文学作品や絵画のパロディーを作るなどして笑い、一方で、教養を身につけたのである。

　『ホモ・ルーデンス』の著者、ホイジンガは「人間文化は遊びのなかにおいて、遊びとして発生し、展開してきたのだ」（『ホモ・ルーデンス』）とし、「遊び」とは、さまざまな人間活動やクリエイティビティの源であり、文化の発達を促してきたことを論証している。ホイジンガは、文化は「遊び」だけでも「まじめ」だけでも生まれない。両者のバランスがとれたときに初めて生まれるものだと述べている。江戸の文芸には、幅広い興味や知識を持つ人々が参加、遊びや笑いの要素をとり入れながら、同時に学び、教養を高めるものが多かった。江戸には「学び」を楽しむ文化があったのである。遊びを交えながら、実は大まじめに幽冥界研究をする気吹舎の人々もこうした心性を反映したものであろう。

狂歌と国学の隆盛期は重なっており、歌を詠むという点、文学や歴史の知識が必要な点など、実は両者には共通項が多い。したがって、狂歌師でありながら、国学を学ぶ人も当時は多かったのである。気吹舎にも狂歌師や戯作者が多く訪れた。狂歌師の北川真顔については、「北川の真顔のをぢはも。おのれいと稚くて。まことの宮比のおもむきは更なり。しかいふ言のこころをさへに。能くも知らざるし程より。むつ魂あひて交はりつゝも」（『気吹舎文集』）と、篤胤が述べているから、若い頃から真顔と親交を深めていたことがわかる。真顔は一八二三（文政六）年、篤胤上京の際に起きた、鈴屋門人による批判に対して弁護文を書き、また篤胤も真顔の後継者として、門人の柴崎直古を推薦したりしている。▼4

篤胤はロシア関連資料を収集、北方探検家の間宮林蔵や近藤重蔵、最上徳内とも交流を持ち、生の北方情報を得ていたことは前章ですでに述べた通りである。知的好奇心旺盛な人々が質問を投げかけ、寅吉の回答を聞き、討論し、それらを事細かに記録する。そこでは幽冥界をめぐる「知」が確かにはぐくまれていた。彼らにとって気吹舎は、幽冥界に対する最新の情報と知識を学び、対等な立場で忌憚ない議論をすることができる、現代の「研究会」や「シンポジウム」のような空間であった。『仙境異聞』はその成果をまとめた「共同研究報告書」なのであった。『仙境異聞』の刊行は、いわばあの世の「情報公開」であったといえる。

篤胤は「あの世を語る子供あり」の情報を初めてキャッチした時、次のような感想をもらしている。

現世の趣も昔は甚く秘たる、書も事も、今は世に顕はれたるが多く、知り難かりし神世の道の隈々も、いや次々に明になり、外国々の事物、くさぐ〵の器どもゝ、年を追ひて世に知らるゝ事と成ぬるを思ふに、此は皆神の御心にて、彼境の事までも聞知らるべき、所謂機運のめぐり来つるにやなど思ひ続けつゝ。（『仙境異聞』）

近年、以前は人間にとり、未知の領域であった事がらが蘭学の発展によって、しだいに解明されてきている。ついには幽冥界のことまで知ることができる時代が到来したのだ。自分が生きる世界とは何か。この世とは何なのか。あの世とは何か。すべてを把握することを篤胤はライフワークとしたのである。

篤胤は、幅広い学問や知識を学べる江戸の知的環境についてこう表現している。「足は歩行ずして。居ながらに。万国の事を知る。是則学問の道の尊き所なり。今し万の国々より。各々其国籍さはに献れば。其大抵を知べきは。いと易き事なるを。強て忌嫌へるは。頑愚の至りと云べし。今世に生れて。万国の事躰を知らざるは。譬へば奴婢多く持たらむ者の。其を使ふ事を知ざるが如し。

いかに拙き事に非ずや」(『玉襷』)。文人、幕臣、神官、国学者、考証家、蘭学者、技術者、珍奇愛好家、北方探検家から戯作者、狂歌師にいたるまで、気吹舎ではさまざまな職業の才知と個性豊かな人々が知性や教養を磨き、情報を交換した。その交流は職業、地位、出身地域、年齢の垣根を超えたものだった。さまざまなカルチャーや学問が集まる知的空間であった気吹舎は、学際都市・江戸の縮図であったといってよいだろう。

3 国学塾――「知」の創出・伝播・交流

気吹舎を拠点とし、さまざまな「知」が外部へ発信された。気吹舎の活動は内会と外会に分かれており、内会は門人に対する学問指導、外会は一般大衆に向けての講演活動を指した。いわゆる「大意物」と称される一連の著作、『古道大意』『俗神道大意』『伊吹於呂志』『出定笑語』(仏道大意)『歌道大意』『志都能石屋』(医道大意)は、篤胤の一般大衆向け講釈の記録である。古典を典拠とした神々による天地や人間創成の物語から神道や歌学、釈迦の生涯、インドの風俗や国土、伝説、中国やオランダ医学まで、幅広いテーマを扱い、一般大衆にわかりやすく、親しみやすい口語体で講義したのである。

こうした講演活動において、篤胤は日本が中国よりも文化的に劣っているとする当時の一般的風潮に対してこう反論している。「御国ノ神国ナル謂、マタ賤ノ男我々ニ至ルマデモ、神ノ御末ニ相違ナキユエン、又天地ノ初発、イハユル開闢ヨリ致シテ恐ナガラ、御皇統ノ聯綿ト、御栄エ遊バサレテ、万国ニ並ブ国ナク、物モ事モ万国ニ優レテヲル事、又御国ノ人ハ、ソノ神国ナルヲ以テノ故ニ、自然ニシテ、正シキ真ノ心ヲ具ヘテ居ル。其ヲ古ヨリ大和心トモ、大和魂トモ申テアル」（『古道大意』）。開闢以来、連綿と皇統を保ち続けてきた天皇が治める国である日本を主張、皇国思想に基づく日本の優越性を説いた。「此御国に生れたからには。春日大神の御託宣と云物に。人の国より我国。人の親より我親」（『伊吹於呂志』）。他人の親より、自分の親が大切であるのと同じように、日本人に生まれたからには日本を第一と考えるべきなのである。

大衆へ向けて発信した内容は、日本のことだけでなく、広く世界の国々のことも含まれていた。西洋諸国が採用している暦、西洋社会の様子や気候、タイに渡った山田長政について、世界の国々の歴史、世界地理や国事情も、たびたび話題に上っている。前章ですでに述べた通り、篤胤は江戸に出て間もない頃、蘭学塾に入門した経験を持っていた。ヨーロッパの学問や知識を熱心に学んだ成果が披瀝されたのである。

地球ニ有ル国ヲ、五ニ分テ、第一ヲアジヤト云ヒ、第二ヲエウロッパト云、第三ヲアフリカトイヒ、第四ヲ南アメリカト云ヒ、第五ヲ北アメリカト云フ。凡テ是ヲ五ツノ大国トイヒ、又是ヲ以テ五大州トモ申スデゴザル。御国、モロコシ、韃靼、天竺ナドハ、此第一ノアジヤト號ケタル大国ノ内デ、サスレバ、御国カラ韃靼天竺ナドヲ合セタル程ノ国ガ、マダ四ツ有ウト申スモノデゴザル。（『古道大意』）

地球はアジア、ヨーロッパ、アフリカ、南アメリカ、北アメリカの五大州に分けられ、日本や中国はアジアに属する。また「抑　天ハ動カズ、地ノ動キ旋ルト云コトハ、外国ノ説ヲ借ルニ及バズ、本ヨリ御国ノ古伝ニテ明ナル」（同）と、地球は丸い。その証拠に船で東へ東へ進むと西へ出るが、これは地球は球体であることの証拠であると地動説を紹介している。「此大地ガ丸イ物デ、中ニ浮テイルニ相違ナキ證據ニハ、船デ東へ東へト乗テ行クト西へ出ル。是ニ於テ、圓躰ト云説ガ動カヌデゴザル」（同）。その他、西川如見（一六四八～一七二四）の『天経或門』や『華夷通商考』（一六九五）、山村才助（一七六九～一八〇七）の『増訳采覧異言』（一八〇二）、ケンペルの（一六五一～一七一六）『日本誌』について詳しく引用、西洋に関する幅広い知識を一般大衆へ向けて紹介したのである。

またオランダの学問については、次のように語っている。

> 気ヲ長ク物ヲ考ヘル国風デ、底ノ底マデ物ヲ考ヘル、其考ヘノ為トテ、種々測量ノ道具ヲ拵へ、譬ヘバ日月星ノ有形ナドヲ見ントテハ、望遠鏡、遮日鏡ヲ拵ヘ、又其大サ遠サ近サヲ知ントテハ、量地ナドノ道具ヲ考ヘ、夫ヲスルニモ、五年十年、乃至一生モカヽリ、一代ニ考ヘ課セヌコトハ、自分ノ考ヘタル処マデヲ書遺テ、其後ヲ、又子孫ヤ弟子ノ者ガ、幾代モ係テ考ヘツケ、扨ソノ器ヲ以テ是非ニ考付ヤウトスルデゴザル。然レモ殊勝ナ国デ、唐ナドノヤウニ、推量ノ上スベリナコトハ云ハズ。ソレ故ニ、ドウシテ考ヘテモ知ヌ事ハ、コリヤ人間ノ上デハ知レヌ事ジヤ。造物主と云テ、天ツ神ノ御所業デ無テハ、測レヌト云テ、トントオシ推量ナコトハ云ハヌデゴザル。（同）

オランダには、物事や現象の理について長い年月をかけて考究する学問的態度があり、さまざまな測量の道具や日月星を観測するための望遠鏡、物の大きさや遠近を計測する土地測量の道具などが考案された。それらを作りだすまでには五年、一〇年、一生かかることもあり、一生の間に究めることができなかった事がらは、自分が考えたところまで書き残し、その先は子孫や弟子が連帯継承する。しかしどうしても考えが及ばないことについては、中国風とは異なり、「ゴットのしわざ」とし、それ以上無理なあて推量はしないのである。篤胤はヨーロッパ科学の経験主義に基づいた合理主義に共鳴、理解を示したのである。

篤胤の学問普及活動は、気吹舎内や江戸という一地域内に限定されるものではなかった。篤胤は、国学普及と門人の獲得を目指して、地方へ講演活動に出かけている。一八一六（文化一三）年、一八一九（文政二）年、一八二五（文政八）年の上総、下総、常陸地方（現在の茨城、千葉方面）への講演旅行によって、門人の数は飛躍的に増加、地方の村落指導者層に熱心な支持基盤を築いた。

篤胤が遊歴中に記した「かぐしま日記」と「二度の鹿嶋立」には、地方村落社会に伝わる奇談を収集したり、祝詞を書いたり、神社を訪問しながら、さまざまな人々と出会い、語り合い、出張講義を行ったことが記されている。一八一六（文化一三）年四月二〇日には「玉だすきこうしやく始」（「かぐしま日記」）、一八一九（文政二）年三月二八日には「夜ニ入て玉たすきとき始む、二十人余りき、人あり、子時計りニすます」（「二度の鹿嶋立」）。二度目の訪問の際は、上総地方で篤胤の名声もさらに高まったようで、参加人数も日に日に増えていたことがわかる。この翌日には、「昼夜、こうしやく、子時過キすむ、松沢の左五兵衛と云名主来ル、聞人三十人計」（同）とさらに人数が増え、子の刻（二三時から午前一時）の深夜まで続けられたのである。[5]

この地域の主な篤胤支持層は、神職や名主、豪商であった。彼らは熱心に篤胤の話に耳を傾け、関心を持ったようである。四月七日には「ひる古史、夜、古道大意、二十人余り」（同）、一二日には「昼より夜へかけてこふしやく」(同)、一八日には「終日兄弟に漢学・国学・諸学を語る、夜に入て開題記をこうず、皆川が易源・助字詳解・虚字詳解と云ものを見る、必見るべき物なり」(同)と、日を追うごとに、講義内容は多方面の学問領域に発展し、篤胤を囲んでさまざまな学問談義に花が咲いたらしい。『玉襷』、『古史伝』、『古道大意』、『古史徴開題記』などをもとに、とくに二度目の遊歴中はほぼ連日、講義を行ったのである。

また篤胤の養子、平田鉄胤(一七九九〜一八八〇)も上州、武州、下総、越後、常陸地方など、たびたび地方を遊歴した。主たる目的は出版費用調達と国学のさらなる普及であったとされるが、日記中には、各地で古代の伝承が伝わる地を訪ね、門人と交流したことがわかる。篤胤の名代としての鉄胤の訪問は、地域における国学的「知」の浸透に絶大な効果を発揮しただろう。

篤胤生前の門人は五五三人であったが、幕末、鉄胤が継承した気吹舎は門弟四三八〇名という膨大な数に達し、国学は全国に広がった。平田門人の広範な情報網は地域や藩、封建的身分制度の枠組みを越え、さまざまな政治情報の集積地点として機能、幕末維新変革の底流となった。国学は全国に広がったのである。

日本の古典からオランダ渡来の最新の学問、奇物や珍談、死後の世界や妖怪の類まで学び、情報交換ができる場所、それが気吹舎であった。本来、国学塾とは体制とは無関係で、市井の人々による自発的組織であったのであり、反権威的性格を持っていた。人々が身分、職業などの既存の社会的制約から解放された空間において、自由に学ぶことができる場であった。人々が横のつながりを持ち、物・情報が集まる場所であった気吹舎は、さまざまな「知」の情報発信基地として機能、その影響力は地方にまで及んだ。情報が集まるところに人が惹きつけられるのはいつの時代も、どこの国・地域でも共通してみられる現象であろう。人が人を呼び、知識が知識を呼び、多様な個性や能力を持った人々が相集い、社交のなかで、豊かな教養と人格が育成された知的空間、それが国学塾だったのである。[6]

山崎正和氏は「人間が社交を求めるのはたんに楽しみのためでもなく、ましてただ孤独を恐れるからではない。それはむしろ社交が人間の意識を生み、自律的な個人を育てるのと同じ原理によって、いいかえれば個人化とまさに同じ過程のなかから発生していた」（『社交する人間』）と、社交が歴史上、個人主義や自我意識形成を促進する役割を果たしたことを指摘する。気吹舎における自由な交遊と学究が、自立した「個」を育成し、「近代」という新時代を創出する原動力となったのである。

註

▼1 一八四〇年代、ロンドンには二〇〇〇軒を超えるコーヒーハウスと約三〇〇軒のコーヒー屋台があったという（谷田博幸『ヴィクトリア朝百科事典』河出書房新社、二〇〇一年、五二頁）。

▼2 山崎美成については丸山季夫「提醒紀談」（解題）（『日本随筆大成』二期二、吉川弘文館、一九七三年）、『江戸文人辞典』（東京堂出版、一九九六年）を参考にした。

▼3 気吹舎門人帳、一八二〇年一〇月一一日の項に「屋代輪池翁紹介　高山寅吉」とある（「門人姓名録」『新修平田篤胤全集』別巻、二五九頁）。屋代弘賢の紹介で、天狗小僧寅吉は気吹舎へ入門したのである。

▼4 篤胤と北川真顔との親交については以下の論考がある。渡辺金造「篤胤と北川真顔」『平田篤胤研究』（鳳出版、一九

七八年）

▼5 『知のネットワークの先覚者　平田篤胤』（平凡社、二〇〇四年）所収の年表参照。一八一六年には「下総にて門人基盤が確立した」（同、一三三四頁）とあり、下総地方の平田門人数は他地域と比べ突出している。

▼6 揖斐高氏は江戸の文人サロンが果たした役割について、次のように指摘している。「江戸時代においては、公的な情報の備蓄施設が貧弱だったために、必要な情報を入手し蓄積してゆくには、個人対個人の関係のなかで情報を交換し流通することが不可欠だった。ましてや特別な分野の情報については、特段の努力なしに有益な情報を得ることは不可能だったといってよい。文人サロンはそうした情報の交換・流通の場として機能したのである」（揖斐高『江戸の文人サロン』吉川弘文館、二〇〇九年、一〇頁）。

第3章　近江の科学者・国友藤兵衛と国学

1　科学者の幽冥界研究

国友藤兵衛（一貫斎）（一七七八～一八四〇）は近江国国友村（現在の滋賀県長浜市国友町）出身の幕府御用鉄砲鍛冶師である（図3-1）。一八一八（文政元）年、西洋の空気銃を改良し、より高性能の「気砲」を製作、一八三六（天保七）年にはオランダ製望遠鏡をもとに、反射望遠鏡の製作に成功した。優れた技術者、科学者であり、発明家でもある。本章では、国友藤兵衛が江戸遊学中、西洋の学術にふれ、これらを学ぶ一方で、篤胤門人となり、気吹舎でさまざまな人々と交流、研究活動に参加していたことについて明らかにする。最終的には新技術の開発に国学が果たした役割、科学と国学の連続性について論究していきたい。

藤兵衛は自作の天体望遠鏡を用いて、月や惑星などの天体観測を行い、太陽の黒点を記録、人類で初めて太陽黒点を肉眼で見た人とも評されている（図3-2）。ほかにも空気圧を利用した自動給油機能を備え、長時間使用可能な照明器具である玉燈やねずみ短檠、井戸掘り機、距離測定器、オランダウス（コーヒーミル。当時は製薬の道具として使用）などを自作、航空機の構想までしていた。市立長浜城歴史博物館や上田市立博物館に所蔵されている藤兵衛作の反射望遠鏡は、現在でも鮮明に見えるという。

藤兵衛は一七九四（寛政六）年、一七才の時、戦国時代以来、代々続いてきた家業、鉄砲鍛冶職

図3-1 「国友一貫斎像（夢鷹図 山縣岐鳳画）」（「国友一貫斎家資料」）

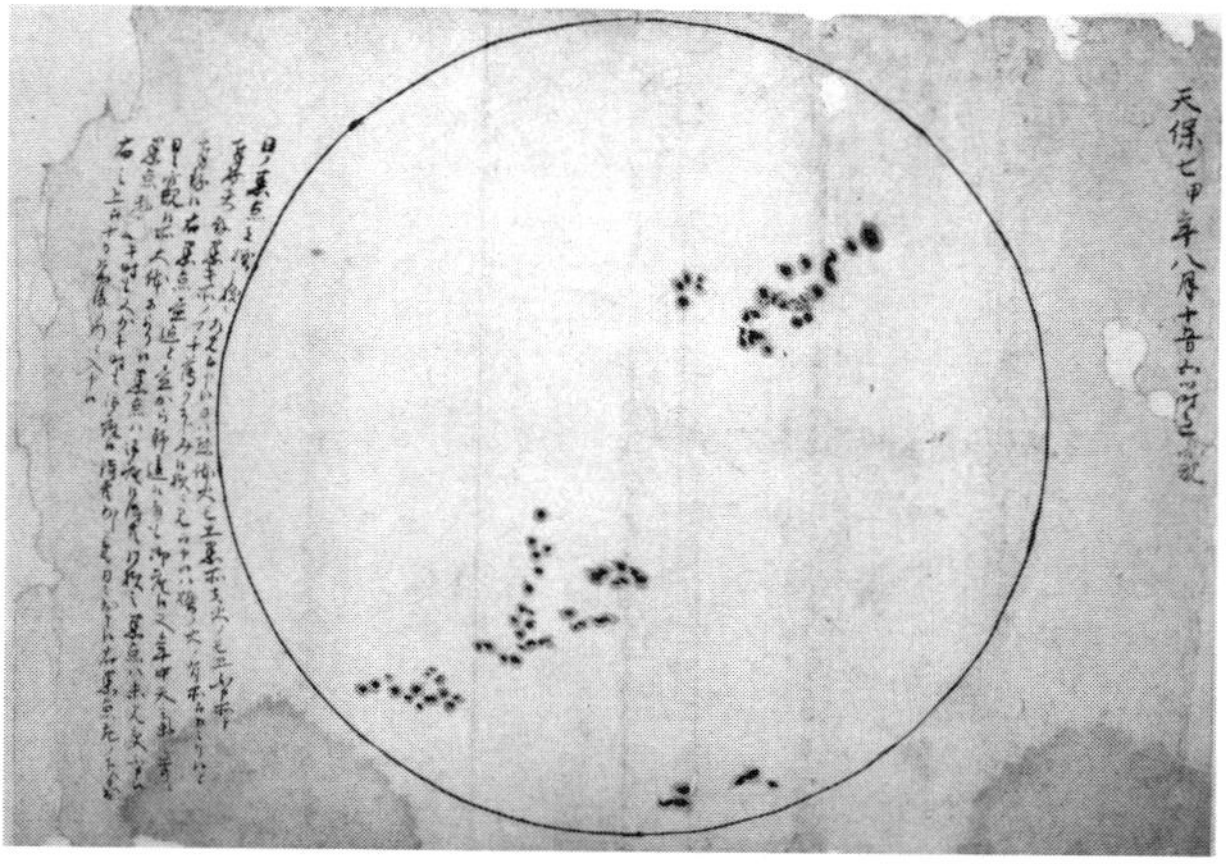

図3-2 「太陽黒点観測図」（「国友一貫斎文書」）

を継いだ。しかし三四才の時、彦根藩の注文を直接受け、大砲を製作したことを理由に、国友村鉄砲鍛冶年寄と対立、藤兵衛が幕府に訴えられる事件（彦根事件）が起こる。藤兵衛はこの彦根事件により、一八一六（文化一三）年、幕府から吟味のため江戸に召喚された。以後、約五年間、近江を離れ、江戸に滞在することとなる。

藤兵衛にしてみれば、当初は不本意で気のすすまない江戸行きであっただろう。しかし江戸遊学期間、藤兵衛は多くの知識人、技術者、蘭学者、文人と出会う機会を得た。見聞を広め、新たな人脈を開拓し、新しい技術や知識を摂取、生来の資質がさらに磨かれ、大きく飛躍する転機となった。藤兵衛は江戸滞在期間に学んだ新知識、新技術について「雑記帳」に記しているが、その一部を次に抜粋して挙げる。

写真鏡（図あり）久留島伊豫守様に借用仕
成瀬隼人正様　テレスコツフ目がね
阿蘭陀白楽法　成瀬隼人正御傳
雷鳴の高さをはかる事　加州高野氏傳
レンズ曲折法　河野久太郎傳
ヒイドロ切小刀焼刄薬法　紀州チンマ傳
遠目かネ千切合せ様（『一貫斎国友藤兵衛伝』）

藤兵衛は、優れた鉄砲鍛冶師として江戸ですでにその名が知られていたため、水戸、紀州、犬山、白川などの諸藩に招かれ、技術の伝授を求められた。江戸で一番と評判だった火術師範の森重靫負や村上領平が佃島沖、玉川河岸で行った花火七寸玉打ち上げ実演を見学、互いの火術を教授しあった。砲術、火術、鍛冶術などの専門分野はもちろん、専門外の新技術にも関心を示し、精力的に技術交流を行い、新知識を学習した。こうした人的ネットワークを駆使して、オランダの空気銃や天体望遠鏡など珍しい舶来の器物を実見、観察する貴重な機会を得たのである。そして、藤兵衛が江戸で学んだものの一つに国学があった。

国友藤兵衛は一八二〇（文政三）年、江戸滞在四年目に気吹舎に入門している。篤胤門人の名前が記された「誓詞帳」には、「文政三年庚辰十月十一日、屋代輪池翁紹介　高山寅吉」の次に「近江国坂田郡国友村、文政三年庚辰十月十一日　能当　山田大円紹介　国友藤兵衛」（「誓詞帳」）という記載が見える。藤兵衛は山田大円の紹介で、天狗小僧寅吉と同日に気吹舎に入門していたのだ。

山田大円は、漢洋折衷派の眼科医であり、近江国膳所藩の藩医でもあった。オランダ製風砲やオルゴールなど西洋の珍しい器物を自宅に所有していたから、蘭学にかなり傾倒していた人物であろう。一八一八（文政元）年、大円は藤兵衛を自宅に呼び、オランダ製空気銃（風砲）を見せた。しかしこの風砲は玩具に等しいほど威力が弱く、実戦には到底使用できるようなものではなかった。藤兵衛は改良に改良を重ね、後に風砲の何倍もの破壊力を持ち、実戦に使用可能な独自の兵器、「気砲」を発明、『気砲記』（図3-3）を著したのである。大円は藤兵衛が西洋の新技術を摂取し、新たな発明品を考案するきっかけを与えたが、同時に国学塾にもコネクションを持っていたようで、藤兵衛に気吹舎を紹介したのである。
平田篤胤は、死後の霊魂が赴く場所である幽冥界のありようを明らかにすることをライフワークとしたことはすでに述べた通りであるが、藤兵衛も江戸遊学中、大名家に出入りして、珍しい外国の器物を実際に見たり、技術や知識の交流を行う一方で、気吹舎を頻繁に訪れていた。ここで行われた幽冥界研究、天狗小僧寅吉や前世を語る子供、勝五郎に対する聞き取り調査にも参加したのである。

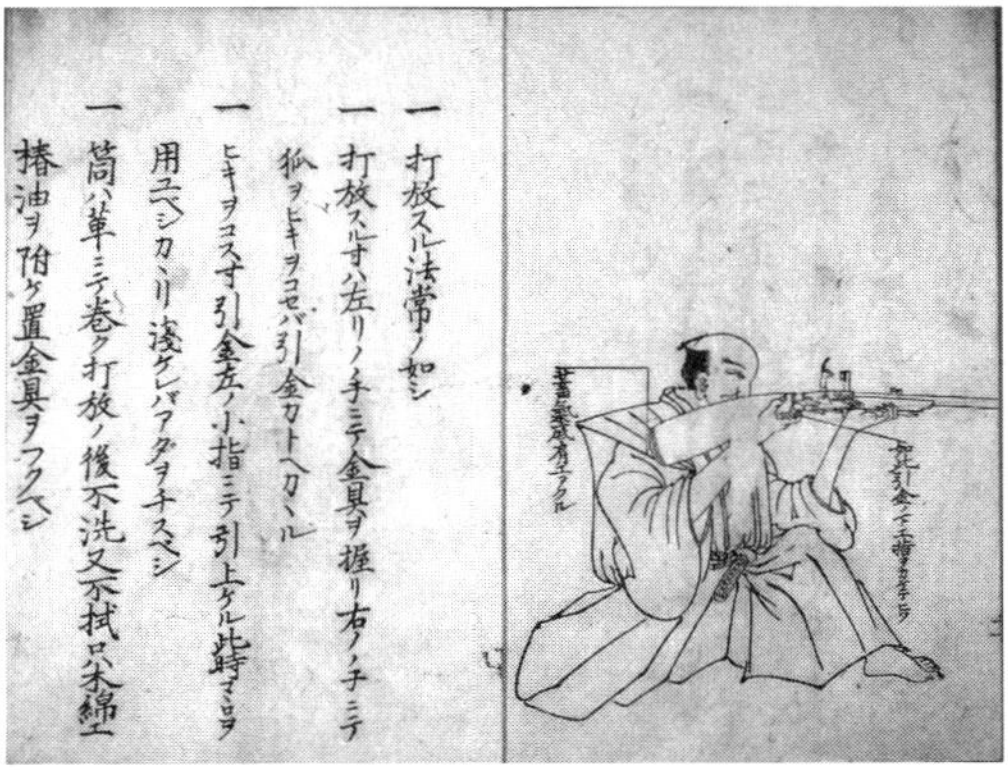

図3-3 『気砲記』（国友一貫斎家所蔵）

篤胤より先に寅吉に興味を持ち、自宅に寄食させていた山崎美成は、寅吉を気吹舎へ連れてきてほしいという篤胤の依頼に、当初、あまり色よい返事をしなかった。篤胤は、寅吉との対面がなかなか実現しない苦労を嘆いている。

美成に、此童子山風の誘ひ来つれば、疾く帰らむも計りがたし、我が方へも、いかで伴ひ呉よと言へば、明日伴はむと云ふに、甚嬉しく、佐藤信淵、国友能当なども、寅吉に逢はまほしく云ひし故に、其夜に消息すれば、皆悦びて七日に早く来集ひつ。童子が好むべく覚ゆる菓子、その外とも取よそへ、小嶋主よりは、童子の饗せむ料にとて、鮮けき魚など賜はりて、侍ける。（『仙境異聞』）

寅吉はいつまた天狗へ連れられて山へ帰ってしまうかもしれない。その前にぜひ会わせてほしい、という訴えに対し、美成はようやく重い腰を上げた。篤胤は大変喜び、門人の佐藤信淵や国友藤兵衛らにすぐに連絡、翌日、彼らは喜び勇んで気吹舎へ集結した。子供が好む菓子や新鮮な魚まで用意、一同揃って寅吉の訪問を今か今かと待ちわびた。しかしこの日の約束は美成によって、直前にキャンセルされ、実現しなかった。その場にいた者はみな落胆したという。

佐藤信淵は、このときの様子を後にこう回顧している。「六日の日に国友能当が吾と共に遠き四谷の里より、態と来て空しく帰れること気毒なり」（同）。信淵は寅吉の気吹舎来訪の知らせを聞き、藤兵衛と連れだって、長い距離を徒歩で出かけて行った。それにもかかわらずこの日は寅吉と会えず、二人で落胆してむなしく帰宅、藤兵衛には気の毒なことをした、と述べている。藤兵衛も、寅吉との対面を今か今かと待ちわびた一人であった。篤胤は、美成の歓心をかうために何度も贈り物を届け、その甲斐あって寅吉の訪問は五日後に実現することとなる。

藤兵衛自身は実際に気吹舎で、寅吉へ次のような質問をしている。雷を恐れなくなる方法はないか、下痢にならないようにする方法はないか、子供ができない婦人が妊娠する方法はないか、鬼や妖怪が害をなすのを防ぐ呪法はないか、中風（脳卒中の後遺症で体に麻痺が残る状態）、労咳（肺結核）などは医学書に不治の病とあるが、なんとか治癒させるための薬はないのか、長い距離を歩く歩行方法はあるか。幽冥界にもいろいろな武器や武術があるようだから、天狗も戦術に精通していると思う。海岸に杉山山人の宮をもうけ、異国襲来に対する守護神として祀るとよいと思うがどうか。医学、海防にかんする話題から妖怪や幽冥界まで質問内容は多分野へわたっており、江戸での藤兵衛の知的関心を具体的に示すものであると考えられる。

その後も、藤兵衛は幽冥界に対する興味を持ち続けたようで、頻繁に交わされた篤胤との書簡において、たびたび寅吉が話題に上っている。


鉄炮為持被遣、慥に落手仕候、仕廻台の儀、何分奉願上候、先達て拝借仕候仙炮図五紙、今日返上仕候、杉山々人（天狗なり）肖像も大抵出来、扨も早く入御覧度事に御座候、今日の炮拝見仕候て、彼方の大炮の咄も余程出申候、何れ近日御光来の節、能々御紀シ可被下候、扨又私留守跡に、師山人被参候由にて、家内者とも、誠に驚入候奇特の儀有之候、何も御出の節、緩々御話可申上候、誠に未曾有の奇童（天狗小僧寅吉）に、今に始めぬ事ながら、甘心不斜存候（「文政四年三月二日平田篤胤書簡国友重恭宛」『平田篤胤研究』）

篤胤が江戸滞在中の藤兵衛へ宛てた書簡である。鉄砲を確かに拝受したこと、天狗小僧寅吉の師匠である杉山僧正（岩間山に住む天狗の一人）の肖像画を制作中なので、近いうちにご覧に入れること、先日借用した「仙砲図」を返却すること。近いうちにこちらへ来られた際に、外国の大砲の話もしてもらいたい。私の留守中に天狗が来たので、家の者も大変驚いている。こちらにお越しの際、詳しくお話しします。誠に前代未聞の奇童だと感心しています。

この時、制作中だった天狗の肖像画を藤兵衛が買い上げたことは、一八二一（文政四）年五月三日付書簡に「然者御画料金一両三分慥に落手仕候」（「文政四年五月三日付平田篤胤書簡国友重恭宛」、同書）という一節が見えることからわかる。また「尚々、此間は門人ども参上、殊に御馳走に相成、千万難有御座候、各々様へもよろしく御伝へ被下度候」（同）と、気吹舎門人が藤兵衛宅で大変ごちそうになったことに対する感謝の言葉が述べられており、二人は家族ぐるみの親密な交際をしていたことが想像される。

藤兵衛の寅吉や幽冥界に対する関心は、約五年間の江戸滞在を終え、国友村へ帰村後も続いた。藤兵衛は、寅吉を国友村へ招いたのである。一八二六（文政九）年九月四日付の篤胤の書簡には次のような内容が見える。

毎々御懇の御紙被下候へ共、是よりは例の繁多に取紛れ、御無音のみ恐入候、先頃は嘉津間（天狗小僧寅吉）罷出候由被仰聞、段々御厚情の事共、当人罷帰の上承り、かつ御状にても具に承知、忝次第奉存候（「文政九年九月四日付平田篤胤書簡国友重恭宛」同）

藤兵衛が常日頃から丁寧な手紙を書き送ってくれること、嘉津間（寅吉）が国友村の藤兵衛宅に立ち寄り、歓迎を受けたことに対する深謝の意がつづられている。天狗小僧寅吉が、戦国時代以来、鉄砲の産地として歴史上、重要な役割を果たしてきた近江国友村を訪れ、厚遇を受けていたとは興味深い。

2　科学と「古学」

こうした気吹舎での体験は、藤兵衛に新たな発明品考案のヒントを与え、次々と新技術を開発する契機となった。藤兵衛は寅吉の証言内容から、幽冥界で使用されている武器、「仙砲」を知り、これを実際に製作、『仙界気砲伝来記』を著している。これについて、気吹舎門人、竹内孫市健雄は仙砲が気吹舎での寅吉尋問の際、話題に上ったことを詳細に記録している。

御鉄炮師、国友能当の来合せたるが、山にも鉄炮は有りや、と問ねたるに、鉄炮も有り、また火を用ひず、風にて打鉄炮も有りと云ふに、能当いたく驚きて、其は気炮といふ物にて、人間界にも有る物なるが、本西洋の製作にて、物の用にもたゝぬ物なりしを、おのれ猶委しく考へて、製作したる物あるが、山なるはいかなるぞと云へば、其はしか〴〵の物にてなど云ひしが、能当なほ心得がてにして、其後度々とひ探ね、はた図などかゝせて、色々に工夫を為し、終ひに其全図を得て、此は己が製する所のよりは、はるかに卓越て、さらに人智の及ぶ所にあらずとて、深く感じたりき（『神童憑談略記』）

藤兵衛が幽冥界にも鉄砲はあるか、とたずねた。鉄砲もあります、また火を使わず、空気で打つ鉄砲もあります、と寅吉が答えた。藤兵衛は大変驚き、それは気砲というものだ。人間界にもあることはあるが、もとは西洋で作られたもので、少しも役に立たない。それで私が試行錯誤の末、作ってみたが、山のそれはどのようなものか、と訊ねた。神童は仙砲について説明し、藤兵衛は絵などを書かせ、さまざまに工夫して、ついに仙砲の図面を書き上げた（図3-4）。藤兵衛はこれは私

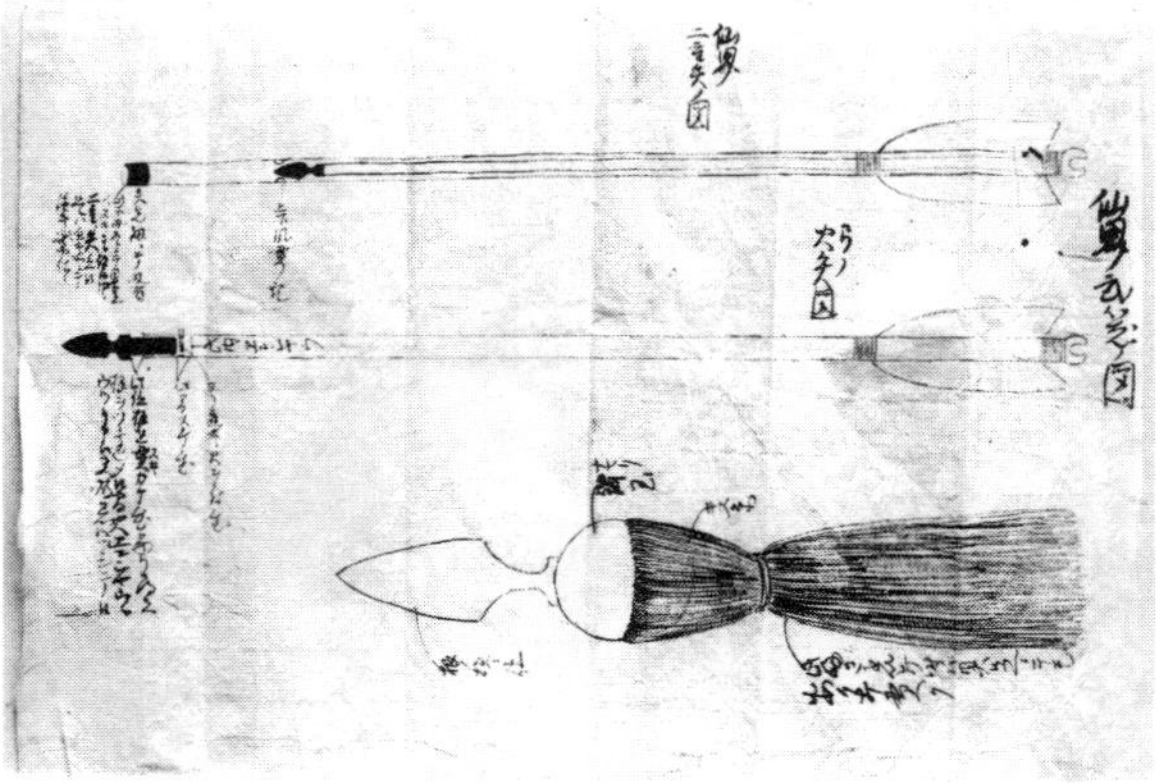

図3-4 「仙界武器ノ図」（「国友一貫斎文書」）

が作った気砲よりもはるかに優れている、なかなか人智の及ぶものではない、と深く感心していた、という。これを見た篤胤は「国友無らましかば、あたら仙炮の世に伝はらずかし」（『仙境異聞』）と、藤兵衛がいなければ、仙砲がこの世に知られることすらなかったであろうと述べている。

しかし仙砲にかんする質問が十分終わらないうちに、寅吉は天狗とともに山へ帰ってしまった。藤兵衛はこれをとても残念がったという。

> 国友能当が仙炮の事を問ひ極めざるに、寅吉が帰山せる事を甚く歎き居つれば、また来つる由を消息すれば、五日に自作の風炮を持来て、寅吉にその仕掛を見せて、神炮の事を探ぬるに、相発して悟り得る事甚だ多し（同）

後日、山から帰った寅吉が気吹舎へ再来訪することが決まった時、篤胤はすぐに藤兵衛へ連絡をした。喜んだ藤兵衛はただちに自作の気砲を持参して、気吹舎へやってきた。そして寅吉に気砲の構造やメカニズムを説明し、仙砲についてさらに尋ねたのである。

仙砲に続き、一八二六（文政九）年、藤兵衛は鋼製弩弓を完成させた（図3–5）。弩弓とは今でいうアーチェリー（洋弓）に近い、弓と鉄砲を組み合わせた射撃用の武器で、『仙境異聞』に「半弓なりとぞ　弦は常の如し」（同）という一節が見える。幽冥界にあるという武器であり、寅吉の話をもとに藤兵衛が実際に製作してみせたものである。気吹舎における幽冥界研究が、藤兵衛に新しい発明品に対するインスピレーションを与え、仙砲や鋼製弩弓を生み出したのである。

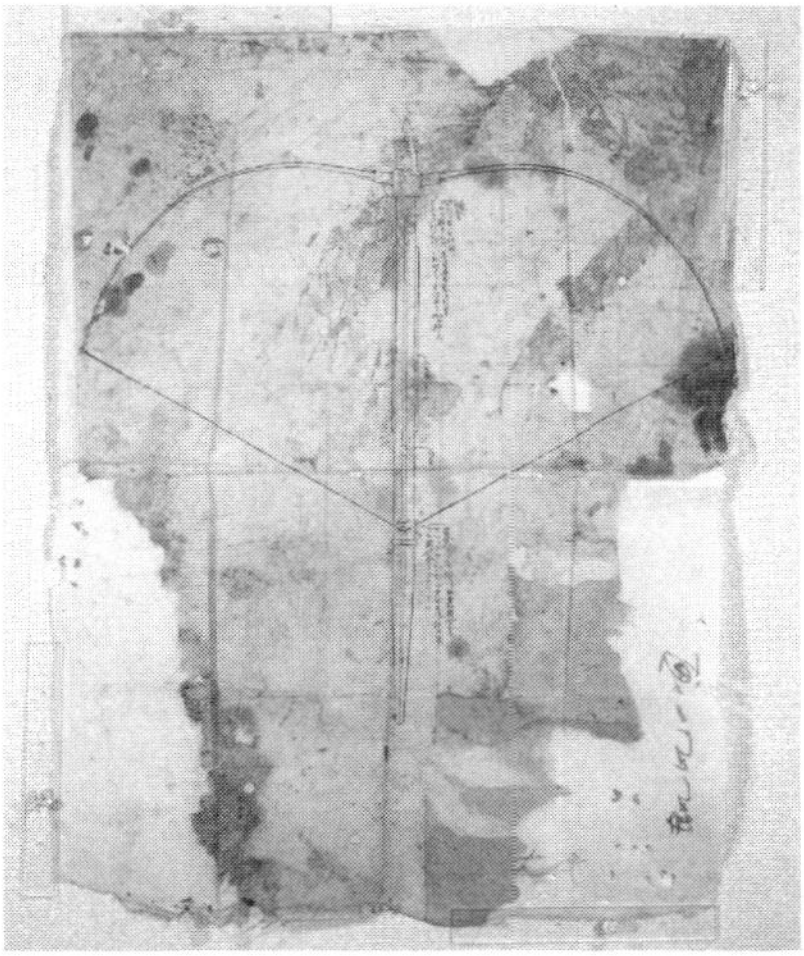

図3–5　「鋼製弩弓の図」（「国友一貫斎文書」）

篤胤には兵学の素養があったため、元来、武器全般には興味があったと思われる。養父の備中松山藩士、平田藤兵衛篤穏は山鹿流兵学の師範であり、江戸で兵学塾を開き、篤胤もここで学んだことは前章で述べた通りである。篤胤は藤兵衛が気砲を完成した際、「気砲図説序」を書いて贈っているが、「兵の類いなる器ども。万国に類なくぞ有ける」（「気砲図説序」『気吹舎文集』）、日本は「武国」、兵器も外国のものと比較して特別優秀であると記している。

気吹舎での活動が生み出したもう一つの新技

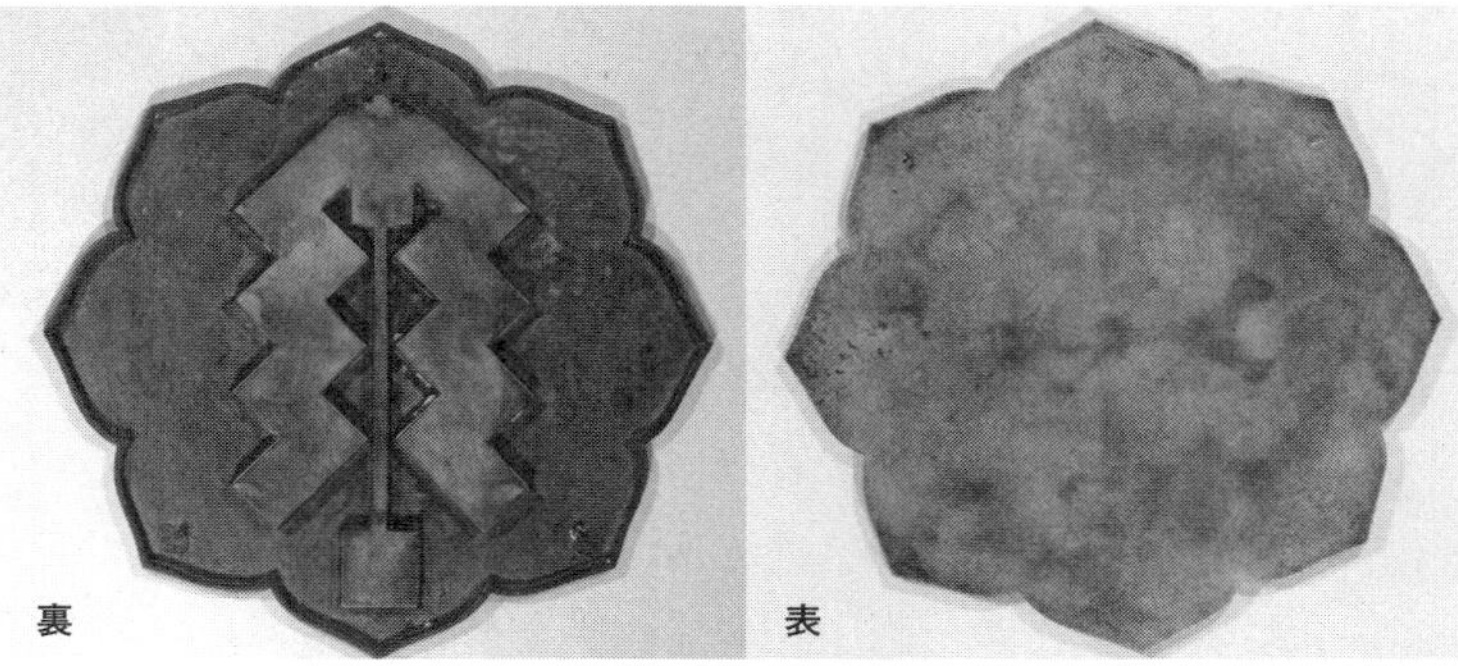

図3-6 「神鏡　国友藤兵衛作」

術に神鏡がある。藤兵衛は江戸滞在中に水戸藩に出入りし、同家所蔵の「宝鏡」を実見した。神鏡とは表面は何も書かれていないのに、光をあてると文字や絵や背面の図柄が投影される、いわゆる魔鏡現象をもたらす鏡のことである。表面の研磨時に発生する微妙な凹凸が、光に反射して、図像を浮き上がらせる仕組みであるが、古代から神秘現象とされ、江戸時代に流行し、隠れキリシタンなど宗教的な場で使用されてきた。一八二四（文政四）年、藤兵衛は神鏡の製作に成功し、日吉神社に奉納した（図3-6）。これは魔鏡の原理を藤兵衛が理解し、魔鏡現象を意図して作られた神鏡であった。

藤兵衛は神鏡と鋼製弩弓の完成を一刻も早く篤胤に知らせたかったようで、早馬で手紙を送り、これらが持つ神代からの起源を書いてほしいと求めたという。こうした要求に応じて、完成した賛文「近淡海国の国友村なる。国友能当が造れる。鉄の鏡に添ふるふみ」には、国友家の由来、西洋の風砲を元に、独自に気砲を考案、製作に成功したことや、鋼製弩弓について書かれているが、篤胤は藤兵衛との関係についてこう述べている。

此をぢ。往し年ごろ四年ばかり。大江戸に来て在けるほど。己とは方外の人なる物から。互に物の道理を窮むる事をし。好み合ふより睦魂あひて。此よなく親しく交れるに。此をぢ書こそ読まね。神の道を尊みて。其事をば。余がをしへを善として。問ひあかすにぞ。上のくだり記せる鉄の鐵の考へを。委曲に語りて。此を鍛ふる態はいと〳〵難し。そは少けきは。然しも骨ををる、事にも非ねど。大なるは。鐵をり反すとては。謂ゆる地あれの出来て。美しくは成がたきを。子よく考へて。大なるを難からず。造り出る事をし。工夫してよと云ひしは。去ぬる文政七年四月に。をちが国に帰り行く時になむ有ける。其後しも国友よりは。をり〳〵は消息して。いと親やかに訪る、を。(「近淡海国の国友村なる。国友能当が造れる。鐵の鏡に添ふるふみ」同)

藤兵衛は自分とは分野が異なるが、互いに物の道理を究めることを好む気性であったため、気が合い、親しく交流を重ねた。藤兵衛は書を読まないが、「神の道」を尊び、篤胤の教えを請うようになった。鏡を作ることはとても難しい技術である。殊に大きいものになると、完成品が美しくない場合もあるので、その点をよく考えて工夫を凝らすように。神鏡の裏面の図に仏教の摩利支天の梵字はやめるよう、神道の祭祀で用いる御幣や榊にするよう忠告している。神鏡製作にあたり、篤胤が具体的助言を行っていたのである。

古代から日本において、鏡は貴重であった。単に姿見としてではなく、権威や支配の象徴であり、呪術や祭祀の際に使用される神聖な道具であった。三種の神器に象徴されるように、日本の歴史上、時に鏡はご神体、神と同一視されたがゆえに、多くの国学者は鏡を特別視し、格別の敬意を払ってきた。

古事記の「天岩戸伝説」にはこう書かれている。アマテラスが乱行非道をはたらくスサノオの悪行に怒り、天岩戸に引きこもった。世界は太陽が昇らず、暗黒となった。鏡作りの女神、イシコリドメは大きな鏡を作った。アマテラスを引き出すために神々は宴会を開き、これに気づいたアマテラスが岩戸を開けた際、榊に付けた大きな鏡を差し出して、アマテラスに見せた。鏡は映る者の魂を呼び込むとされるので、これ以降、鏡は神の分身となったのである。

藤兵衛も、神々に対し、厚い信仰心を持っていた。毎朝、氏神である日吉神社、菩提寺である因乗寺に参詣、帰宅後、家の小祠と仏壇に向かって礼拝することを日課としていた。一八四〇（天保一一）年に亡くなる際も、いつもの通り参拝を終えて帰宅、仏壇の前に正座合掌のまま、死去したという。[1] 一八一六（文化一三）年八月九日、藤兵衛は彦根事件の取り調べがうまくいったことを、近江国友村にいる弟へ宛てて次のように報告している。「誠に〳〵天うん奉存誠に神々様御たすけと難有奉存候何卒神様へ御みきを上家内ニ而御悦可被下候」（『一貫斎国友藤兵衛伝』）。これも神々のご加護によるものなので、感謝の意を込めて、御神酒を神棚に捧げるよう指示している。

新技術開発までの過程においては、時に気が遠くなるほどの試行錯誤を重ねなければならず、数え切れない程の失敗はつきものであり、こうした困難を乗り越えるためには、粘り強い根気と強靱な精神力が必要であろう。藤兵衛の場合、神々への厚い信仰心が、日々の研究活動の支えとなっていたことも多かったと考えられる。一八三二（天保三）年頃から開始された望遠鏡製作の際も、藤兵衛は新しい技術を習得するたびに「神通大願叶」「神より授かる也」「神通叶」（同）と一々書き記している。藤兵衛は神々への畏敬の念を忘れず、自分の能力や技術を過信することはなかった。同時代の西洋の技術を凌駕するほどの超一流の技術を持っていながら、その技術は「神通力」によるもので、神々からの賜り物であるとする謙虚さも持っていたのである。

こうした態度は、科学に対する篤胤の考えと重なる部分がある。篤胤は西洋科学の本質について、次のように説いている。

世の蘭学する徒、その学びの正意を非心得して、その窮理家など名告る輩、すべて理を以ておし考へて、知られざることなしと云ふなるは、西洋人の事物の理を窮極めて、その知れざるところは、ゴツトの所為なりと云ひて、厚くその天神を尊む学意に背へり。（『霊の真柱』）

西洋の科学者は、実証主義によって物事の理を究極まで追究するが、人知で解明できない事象については「ゴットの領域」と認め、それ以上無理なあて推量をしないものだ――この世のあらゆる事象は、科学によって合理的に説明可能であると考える世の蘭学者の傲慢さを糾弾している。どんなに科学を駆使しても、人知では解明しきれない神の領域がこの世にはたしかに存在する。こうした科学の持つ合理性や実証性を賞賛しながらも、全面的な信頼をおくことはせず、人間にとって不可知な世界の存在を認め、神々への畏敬の念を忘れなかった。こうした態度は、未知の世界に対して飽くなき知的好奇心を抱く一方で、神々に対する畏怖の念を持ち続けた藤兵衛の心性と重なるものであろう。

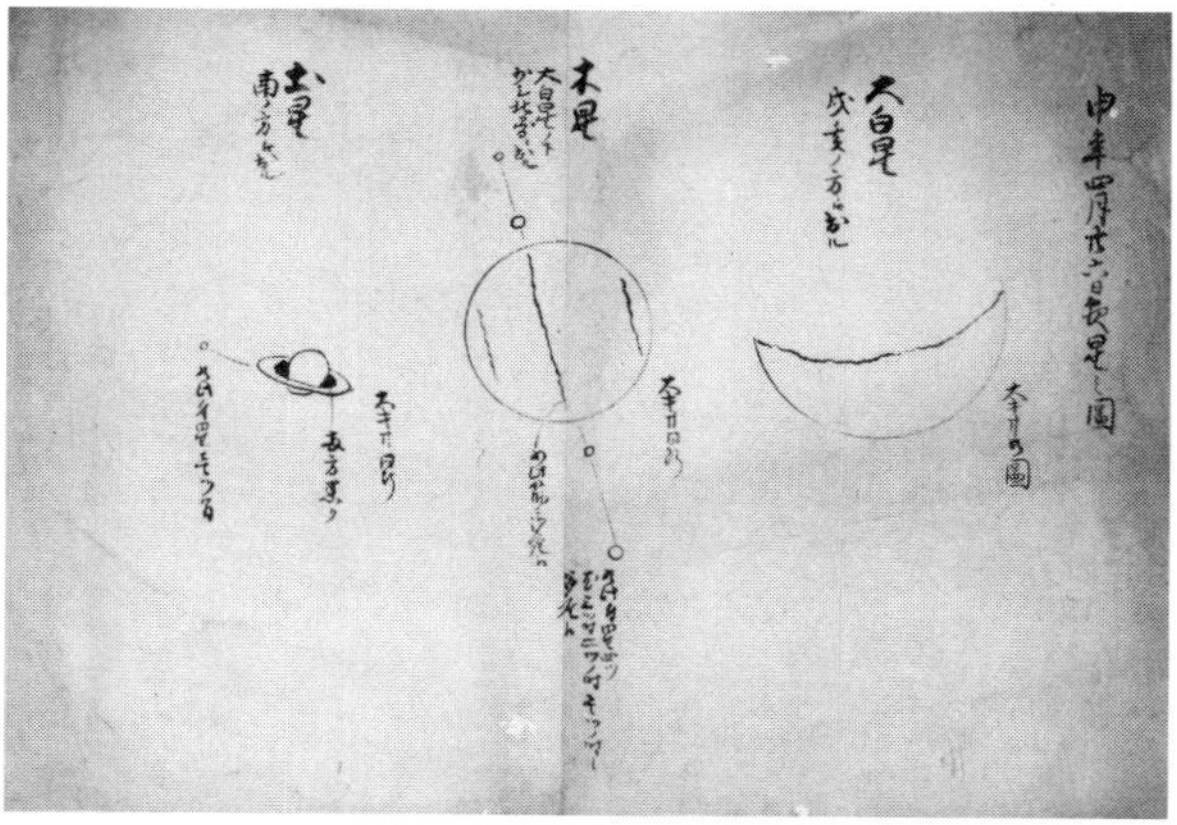

図3-7「星之図」（「国友一貫斎文書」）

　未知なるものへの興味と探究心は、近代科学を生む第一歩である。現代のような制度化された科学が導入される以前、江戸時代の人々にとって、自然界のさまざまな事象は説明不可能なものであり、とりわけ宇宙は謎と神秘に充ち満ちていただろう。夜空が織りなす天体ショー、彗星や日食・月食などの天文現象は時に凶兆ととらえられ、人々はそれを眼前に恐れおののくしかなかった。こうした状況において、藤兵衛は自作の天体望遠鏡を使って、月や太陽、惑星の観測を行った。丹念にその動きや姿を記録、実証的科学精神をもって、神秘のヴェールにつつまれた宇宙に分け入り、客観的かつ実証的にその姿を解明しようとしたのである（図3-7）。

　「現代科学はオカルトの嫡子」（『科学とオカルト』）とし、科学とオカルトの関連性を論及する池田清彦は、「十九世紀までは、現在のような制度化された科学はなかった。そればかりか、今日、科学の重要な特徴と考えられている客観性や再現可能性を有した学問それ自体もなかったのである。それでは何があったのかというと、オカルトがあったのだ。今日我々が偉大な科学者であったと考えているケプラーやニュートンも実のところはオカルト信者だった。しかし、十八世紀まで、オカルトは別にいかがわしいものではなかった」(同)。コペルニクス(一四七三〜一五四三)が説いた地動説は、占星術から生まれ、ニュートン(一六四二〜一七二七)ですら「万有引力は神が空間に遍在するゆえに生じると考えていた」(同)のであり、「ニュートンは生涯、錬金術に興味を持っていた」(同)ことを指摘している。

「西洋において魔術はむしろ思想史の表舞台にあり続けた知的伝統である。錬金術や占星術と並び、またそれらと密接に絡みながら、魔術はいわば「グランド・セオリー」、「先端科学」として一級の知識人に迎えられたのだった」(『ルネッサンスの魔術思想』)。錬金術に見られる実験的精神が近代科学の基礎を築いた。藤兵衛にとって、天狗小僧や死後の世界である幽冥界も、宇宙や月食と同様、謎であり神秘であっただろう。そもそもオカルトも科学も未知なるもの、神秘なものに分け入って知ろうとするものであり、出発点においては共通の精神によって支えられている。[2]

篤胤と藤兵衛は、互いに共感できる部分が多かったようで、篤胤は藤兵衛宛書簡のなかで次のように述べている。

　不相替御もがきの由、誠に同病に御座候事、御察の如くに候、誠に千里行の馬はあれども、其を乗る白楽なき事を、古人も憤り候は、尤もなる事にて、目くら千人目くら千人の世ノ中には困り入候事に御座候、世に真の目明たる白楽だに候へば、御互にもがきは相止み候事なれど、是非なき物と歎息仕候事に御座候、アヽアヽ(「文政九年九月四日　平田篤胤書簡国友重恭宛」『平田篤胤研究』)

あいかわらず苦労が絶えないようだが、私も同じ状況にある。千里を行く名馬があっても、それを乗りこなす人物、物事のよしあしを見抜く眼力ある人物がいないことを昔の人も嘆いている。世に人を見抜く力のある眼識ある人がいれば、お互い苦労はなくなるのに。有能な人材がいても、それの才能を認める人間がいないと嘆いているのである。

篤胤の幽冥界や寅吉への尋常の域を超えた傾倒ぶりは、「山師の学頭」（『しりうごと』）と同時代の人から時に、非難と嘲笑の的となった。藤兵衛も一八三〇（文政一三）年、「阿鼻機流　大鳥秘術」を著し、航空機の構想を幕府に上申したが、これが実現したという記録はない。おそらく藤兵衛のずば抜けた先見性と高度な技術力は、時代の先を行きすぎていて、人々の理解や賛同を得ることができなかったと見える。二人は世に受け入れられないという共通の悩みを抱えていたのである。

藤兵衛の国学への傾倒ぶりを示す史料は他にもある。一八二九（文政一二）年三月、藤兵衛が篤胤に書き送った書簡に、宣長の筆跡を所望したことがわかる内容が見える。「鈴屋翁（本居宣長）の書おかれたる筆跡懇望のよし御申被成候付、何くれと箱の底にとりまぜ入おきたるを見出して、彦根集の序草稿のやうに書おかれたる一ひらに、又手紙も二ひらそへておくりまゐらす」（「文政一二年三月平田篤胤書簡国友重恭宛」『平田篤胤研究』）藤兵衛は、宣長学にも関心を寄せていたのだ。

この書簡が出される六年前、前世や生まれ変わりを語る少年、勝五郎を篤胤は気吹舎に呼び寄せた。寅吉の時と同様、篤胤は門人、知人とともに聞き取り調査を行ったのだが、藤兵衛は、堤朝風や立入事負ら宣長にゆかりのある人々と同席していた。堤朝風は、有職故実の学問に詳しい宣長門人であるが、新井白石にも学んだ。篤胤とも親交があった。立入事負は伴信友のペンネームで、宣長死去直後に入門を申し出たため、宣長没後の門人となった。本居大平の指導を受け、神社研究や歴史考証にかんする書物を著した人物である。▼3

篤胤は自らの学問を「古学」と称した。そもそも「古学」と洋学には共通点が多い。伊東多三郎は、これについて次のように述べている。国学者は「既成思想に対抗して自説を主張する場合、天文学及び地理学を始めとして雑多の洋学知識を利用して居る」（「国学と洋学」）、国学と洋学は、儒学や仏教を偏重する日本社会の一般的風潮を批判するという共通の問題意識をもって、同時期に誕生した新興の学問思想であった。

伊東は水戸学者をはじめ国学を批判する者の多くが、「全く西洋蘭学の説に近い」（同）点を非難したことについて言及、「洋学の如何なる点を認めたのであるかと言ふに、それは科学の優秀な点である事は言ふまでもない。所謂窮理の精微なる事、空理を排して実験を基礎とする事、世界を航行して天文地理の学に委しい事」（同）と、国学者は儒学を批判し、自説を主張する際、洋学の進取性や実証性を賞賛することで、儒学と仏教が空理空論に陥っていることを指摘した、という。「かゝる洋学の優秀性に比して、従来の儒教に依つて指導せられた文化が如何に実際から遊離したものであるか、儒教・仏教の世界観及び宇宙観が全く空理空談に堕して、如何に信ずるに足らぬものであるかと言ふ批判も亦、彼等が異口同音に唱へる所である」（同）。

そもそも藤兵衛は技術や知識は世に公開されるべきであると考えていた。彼は一八一八（文政元）年、「大小御鉄炮製作方之法」を著している。藤兵衛はこのなかで、鉄砲製作のノウハウは一般に公開すべきであると提言している。それは、戦国時代以来、大名家や鉄砲鍛冶師の間で、口伝

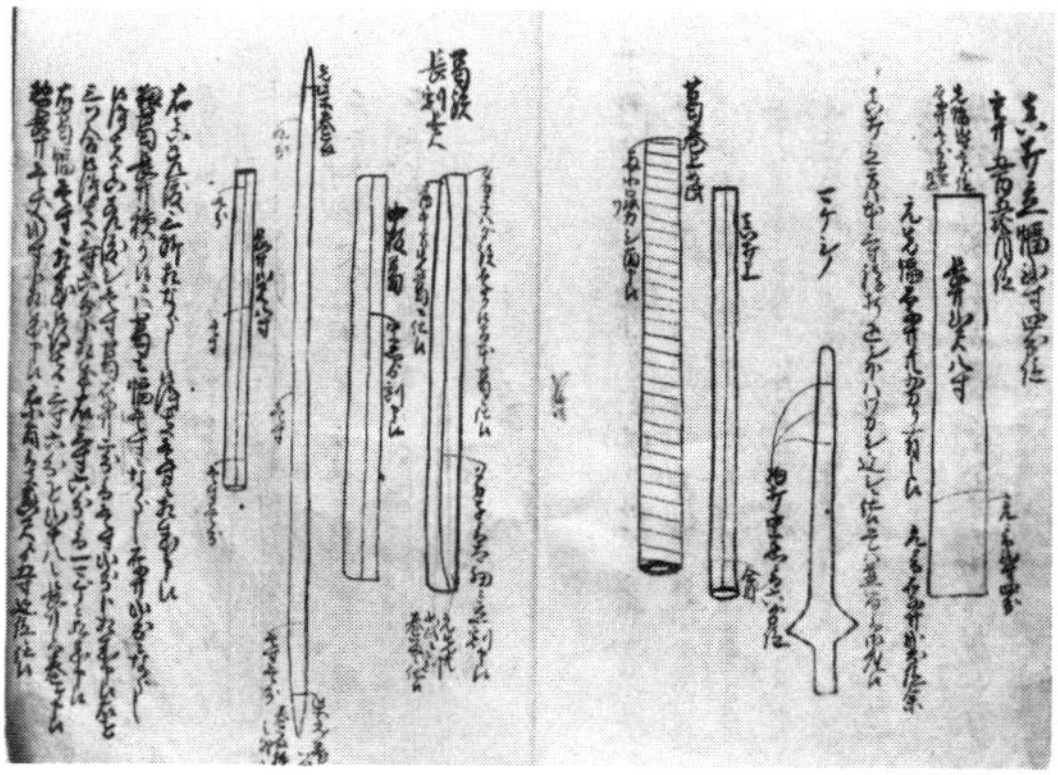

図3-8「大小御鉄炮張立製作」（「国友一貫斎文書」）

や秘伝とされてきたため、技術の発展自体が停滞し、存亡の危機に瀕している、また鍛冶師がそれぞれの考えで製作をしているので、出来具合もかかる費用も一定しないという弊害もある、と述べている。

　こうした現状を改革するため、藤兵衛は画期的な提言をするのである。「私年来工夫鍛錬仕壹分玉ヨリ拾貫目玉迄製作法無差支出来仕候法工夫仕、若御手当等之節御差支ニモ及候砌其法を以打立候得者其職分ニテ無之共右書物ヲ以御役人方御下知御座候得ハ如何様之大筒ニテ鍛冶ヲ心得候者自在ニ勘辨出来」（「大小御鉄炮製作方之法」『一貫斎国友藤兵衛伝』）。鉄砲製作方法は公開されるべきである。鉄砲完成に必要な情報（材料、製作工程、工具の種類、数、職人の数など）を詳細に記し、鍛冶の心得がある者であれば、自在に製作可能であると、述べている。藤兵衛は教えを請う者には懇切丁寧に、時には詳細に図解し、指導した[4]（図3-8）。

　有馬成甫はこうした藤兵衛の主張は、近代工業化に不可欠な「規格化」の先駆であると評価している。「今日の語を以てすれば、即ち鉄炮製作法の規格を定めたるものであり、又此の一書を以て全国の普通鍛冶に対し、工場動員の法を行はんとするものである」（同）。こうした情報公開への提言によって、従来、各鍛冶集団内で機密とされ、技術の発展が停滞し、衰退の一途をたどっていた日本の火器製造技術が、全国に伝わり一般に普及する端緒となった。

藤兵衛の名声は時の老中、松平定信（一七五九〜一八二九）にも届いていた。当時、ロシアの日本接近が幕閣内や知識人の間で深刻な問題となり、国防意識が高まりつつあった。定信は一八一八（文政元）年、鉄砲技術を学ぶため家臣を派遣し、藤兵衛に教えを請うたのである。

この一件をふり返り、藤兵衛は次郎助宛書簡のなかで次のように述べている。「首藤金八殿御使ニ御越楽翁様御意之趣年来鉄炮之儀を取調候所、是迄ゑとく不致候所此度書面ニ而はつめい致厚く忝尤公儀御手当等蒙此方之為ニ而無之公儀之御為ニ相成」（「文政二年正月一五日付次郎助宛藤兵衛書簡」、同）。兵器製造技術を秘することは「言語道断」（同）、鉄砲技術者界特有の身分制度や技術に対する閉鎖性は、国家が危機に瀕している今、直ちに改革すべきである。それは私益のためでは決してない。あくまで「公儀」のため、国家のために公開すべきである。

技術を天下のため、国家のために公開すべしとする提言は、業界全体の因襲を打破し、新風を吹き込むものであっただろう。技術の改良や普及に対する強い熱意は、藤兵衛の視野を国友村という狭い領域内をはるかに越え、天下、国家にまで押し広げた。「日本」を意識し、「日本」という視座で物事を考えようとする思考は、多くの国学者に通底するものである。

国友藤兵衛は偉大な科学者、技術者であるが、国学者でもあった。平田篤胤も国学者であるが、蘭学者、軍学者でもあった。篤胤が蘭馨堂に入門したのは三六才の時であったが、後の著書の多くに西欧学術に関する豊富な知識が散見されることは、生涯、これを持続的に学び、関心を持ち続け

図3-9 「反射望遠鏡」

たことを示している。佐藤信淵は蘭学者であるが、篤胤門人でもあった。江戸社会における学統、学派の垣根は低く、人々は自由に学び、同時に多数の門下に所属することも可能で、互いに行き来しあって、学術交流や情報交換をしていたのである。

気吹舎での活動が、藤兵衛の技術者魂を刺激し、新技術開発の原動力になった。藤兵衛が製作した天体望遠鏡の反射鏡は、現代でも再現が難しいとされるほど難易度の高い技術であった（図3–9）。それは、神鏡製作過程において、改良に改良を重ねることで習得された研磨技術が基礎となっていたのである。気吹舎での研究が鋼製弩弓や仙砲、神鏡を生み、これらを作る過程で得られた工夫や技術が、最終的には日本初の国産反射望遠鏡に結実したのである。

国学を学んだことが、科学者としての資質、能力のさらなる発展を生むきっかけとなったといっても過言ではない。国友式天体望遠鏡は、倍率、精度ともにオランダ製望遠鏡の性能を遙かに凌駕するものであったため、幕府の天文方も驚嘆し、大名家から注文が殺到したという。「古学」と「科学」への関心を並行して持ち続けたことが、偉大な発明を生んだのである。

3 学際研究としての国学

本居宣長は、「古学」を「神学」「有識の学」「記録」「歌学」に分類している（『うひ山ふみ』）。ここでいう「神学」とは、日本の神々について学ぶ学問、「有識の学」とは、古代朝廷の官職、儀式、律令、法制、作法、装束、調度などの研究、「記録」とは『六国史』など日本の歴史記録の研究、「歌学」とは作歌にかんする知識、古い歌集、物語などを研究する学問である。つまり、宣長学は日本の古典や古語の研究にとどまらず、文学、歴史、法律、思想等、現代の人文学系学問のほとんどを網羅するものであった。

篤胤にいたると、国学の学問体系はさらに拡大、博覧強記の学となって深化する。篤胤がカバーした学問領域は古道学、暦学、易学、軍学、蘭学、医学、宗教学、文学、歴史学、民俗学など広範囲にわたり、学際的な総合研究としての様相を呈するようになった。篤胤が江戸で築いた横のつながり、身分や地域を越えた「知」の学際ネットワークがさまざまな学問、研究活動を可能にしたのである。

「平田篤胤関係資料」には、著作の形にまとめられておらず、全集にも収められていない断簡史料が何点か存在する。図3-10に記された「リクトコーゲル」は江戸時代、大砲に使用された弾丸や照明弾の一種として使用されたもので、「アンチモニウム」は、西洋医学において消化器疾患に効能があるとされる薬剤の一種である。篤胤は医業も営んでいたから、西洋医学や科学にかんする研究ノートのようなものだろうか。

図3-11の「外国の諸神に関する草稿」は、支那（中国）、日本、「西域天女」、インド、「ニーウゴ

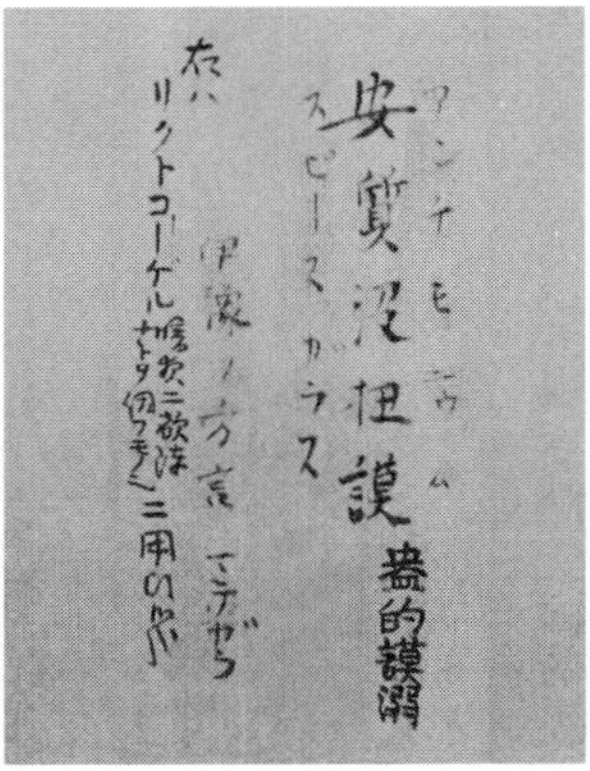

図3–10「アンチモニウム　スピースガラス　リクトコーゲル」（篤胤書付）（書翰1–4–7）

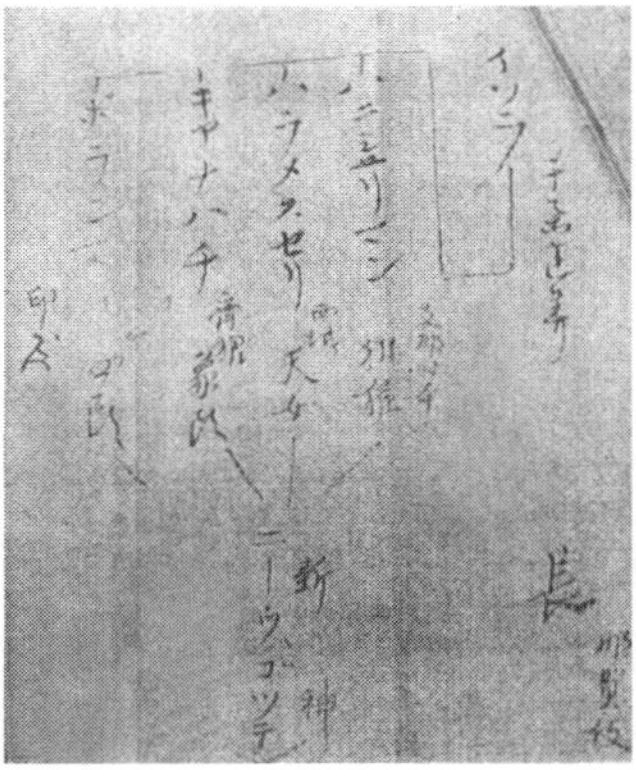

図3–11「外国の諸神に関する草稿　年月日差出宛先不明」（1–124）

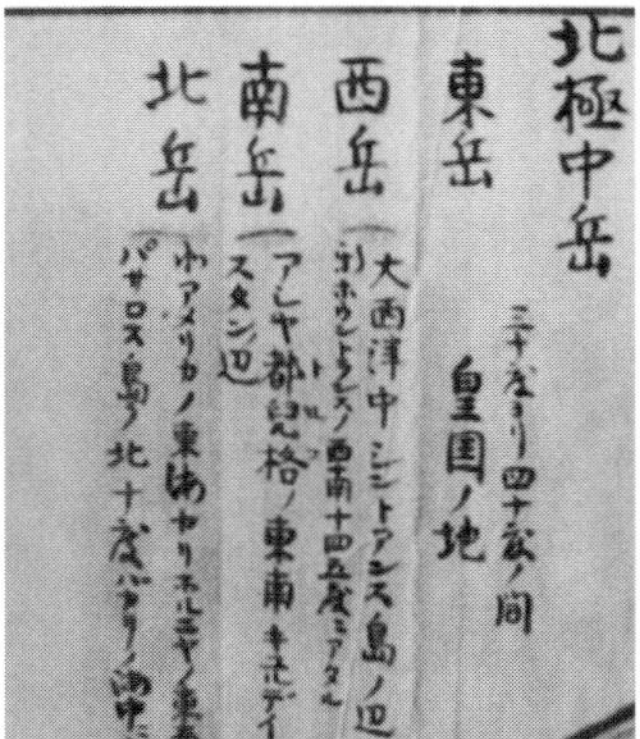

図3–12「差出年月日不明」（書翰1–4–18）

ツテン」、「新神」などの用語が記されている。篤胤は独自の死後観を体系化する際、日本土着の信仰のみならず、仏教や西洋キリスト教まで広く渉猟したから、これはその草案かもしれない。図3–12の「北極中岳」は「皇国ノ地」、日本を「東岳」、東方に位置する国と認識し、世界における日本の「位置」について考えていたことを示すものと推測される。こうした史料は篤胤の西洋への学問的関心を示す史料であるが、本格的な研究や分析がすすめば、国学という学問思想の持つ新たな側面がさらに明らかになるに違いない。

篤胤はキリスト教に理解を示し、ヨーロッパ学術全般を学び、対外危機に敏速に反応、対ロシア外交関連資料を収集、ロシアについて貪欲に学んだ。しかし西洋について学んだことが、逆に日本アイデンティティの構築や、他国にはない日本文化の真髄の探求に篤胤を駆り立てたのである。

篤胤は神代文字の研究書、『神字日文伝』（一八二一）を著し、記紀以前、中国から漢字が伝来する以前の古代日本にも文字があったと主張している。こうした研究は、考古学の先駆として今後評価されるべきであろう。本居宣長は、漢籍は田舎にでも残っているが、日本の古書が手に入りにくいことを嘆いている。「ふるきふいどもの、世にたえてつたはらぬは、万ヅよりもくちをしく嘆かはしきわざ也」（『玉勝間』）。日本の古文献は顧みられず、散逸が激しい。これを収集、保存、後世に継承することの重要性を説いた。

塙保己一（一七四六〜一八二一）は、一七九三（寛政五）年、日本の古文献の収集整理を行う和学講談所（温故堂）を開設した。「知」の集積、公開施設の設立は、現在の図書館や博物館の先駆けともなる事業である。和学講談所は現在の東京大学史料編纂所の原型ともなった。また塙は、公家や武家、寺社などが秘匿したり、散逸し、入手や閲覧が困難だった日本の歴史や文学、古い律令制度にかんする古文献を編纂、一八一八（文政二）年、『群書類従』全六七〇冊として刊行した。古書や日本の民俗、地方に伝わる伝承や文化に注目し、これを保全、継承しようとする運動は、多くの国学者に見られる。

島崎藤村著『夜明け前』の主人公、青山半蔵は幕末、平田派国学に心酔し、王政復古を喜び、明治維新に新しい時代の到来、理想の社会の実現という大きな期待を寄せた。しかし半蔵は、明治日本が国学者の理想とかけ離れた方向へ進んでいく現実に絶望感を味わい、最終的には精神に支障をきたし、座敷牢で生涯を終える。半蔵は実際に篤胤没後の門人であった藤村の父がモデルとされている。半蔵は国学者が目指した「新しき古」について次のように語っている。

国学者としての大きな諸先輩が創造の偉業は、古ながらの古に帰れと教えたところにあるのではなくて、新しき古を発見したところにある。[…] この新しき古は、中世のような権力万能の殻を脱ぎ捨てることによってのみ得らるる。この世に王と民としかなかったような上つ代に帰って行って、もう一度あの出発点から出直すことによってのみ得らるる。この彼が辿り着いた解釈の仕方によれば、古代に帰ることは即ち自然に帰ることであり、自然に帰ることは即ち新しき古を発見することである。中世は捨てねばならぬ。近つ代は迎えねばならぬ。どうかして現代の生活を根から覆して、全く新規なものを始めたい。(『夜明け前』)

明治初期、福澤諭吉は脱亜入欧を唱え、日本語を廃止し、英語化すべきと主張する者まで現れた。文明化=西洋化とされ、西洋の皮相のみを模倣し、西洋に追いつき追い越せの時潮が強まった。殖産興業や富国強兵のもと国家権力は強化され、一八七二(明治五)年の学制発布により、国学を教える学校もなくなった。「復古は更正であり、革新である」(同)と信じ、変革を期待した多くの国学者たちの眼には、かつての日本人にとっての中国が西洋に変わっただけと写っただろうし、封建制と何ら変わらない藩閥政府の旧態依然とした権力主義に失望したであろう。神道国教化を推進する明治政府の政策が国学者の理想と乖離していたことは、明治初期に国学者が次々と政府の要職から排除され、影響力を失っていたことがそれを示している。

幕末維新期に一世を風靡、全国に多くの門徒を生んだ国学は、単純な古代回帰を目指したのではなく、また安易に新奇を好む思想でもなかった。近代という時代の転換期、日本内外のさまざまな学術や思想が世に混沌と存在し、価値観が多様化するなか、国学とは、外国の新知識を積極的に摂取する一方で、外国にはない日本のアイデンティティを模索、伝統文化を大切に思い、これを保全、継承することで、新時代に対応することを目指した新しい学問思想であったのである。国学者が目指したものは「新しき新」ではなく、もちろん「古き古」でもなかった。彼らが理想としたものは「新しき古」であったのである。

註

▼1 『一貫斎国友藤兵衛伝』一五頁参照。本章に掲載した国友藤兵衛関係図版は、市立長浜城歴史博物館所蔵のものである。図版掲載許可を下さった所有者の国友正周様、画像提供の便宜をはかって下さった市立長浜城歴史博物館関係者の皆様に厚く御礼申し上げる。

▼2 ドミニク・テレ＝フォルナチアーリ氏は、最先端科学理論が神秘主義に類似する理由について、論究している。ドミニク・テレ＝フォルナチアーリ『非合理の誘惑――科学が神秘に触れるとき』（青土社、一九九六年）。

▼3 『勝五郎再生記聞』には、この時の様子が次のように記録されている。「此日居りあひて見もし問もしつるは。我兄なる人と。国友能当。五十嵐常雄。志賀綿麻呂。細貝篤資などなりき。斯て二十五日にも源蔵また勝五郎を伴い来り明日なむ郷へ罷れば御暇申さむために来侍りと云ふ。此日来相たるは。堤朝風。立入事負。国友恒足などなり」（『勝五郎再生記聞』、『新修平田篤胤全集』第九巻、八頁）。

▼4 藤兵衛は彦根事件の際も、鉄砲製造方法を秘伝とすべきと主張する年寄の考えに対し、批判的見解を述べている。「諸

家にて者幾多新筒張立御座候得共是等の儀乍恐御備御手当之儀と相心得罷在候所格別之御家柄ト申し井伊掃部頭様ニ限り隠し細工杯申上候儀誠ニ言語道断」「鉄炮張立仕立方ニ御秘事と申儀者無御座候尤諸家様方炮術御鉄炮御流儀により出合等之儀其御流儀の秘事と被仰付候儀も有之候得ば細工之儀ニ付御秘事と申儀無御座候間諸家様方より弟子取仕候ニも伝来仕候左候得者御象眼等に御秘事と申儀ハ決而無御座候」（「彦根事件上書」「国友一貫斎文書」『一貫斎国友藤兵衛伝』一四五頁）。

第Ⅱ部 近代国学の諸相

石川公彌子

明治以降の天皇を中心とした近代国家形成過程において、いわゆる「国家神道」が誕生するなど、国学のあり方は変容していった。一方で、この流れに対抗したのが柳田國男、折口信夫、保田與重郎による「近代国学」である。第Ⅱ部においては、彼らがいかに国学の復古神道的側面を発展させ現実批判の側面を展開していったのかをあきらかにし、現代に通じる論点を考察したい。

第4章

柳田國男の思想

1 「近代国学」と〈弱さ〉

国学は尊皇攘夷運動に影響を与えつつ幕末の志士を中心に広まり、明治維新の原動力となった。しかし維新後、その思想は変遷していく。津和野派の国学者・大国隆正（一七九二〜一八七一）は、本居派や平田派の国学者は顕幽の隔たりが存在することを知らないと批判し、顕幽は通じていないと主張した（『本学挙要』）。さらに、百姓町人までもが一身を投じる忠誠心を「やまとごころ」として称揚し（『やまとごころ』）、「日本国」の者は婦人幼子までもが国のために死ぬべき覚悟をしていると述べた（『馭戎問答』）。しかも、「忠心」は「やまとだましひ」「やまとごころ」といわれているという（『やまとごころ・異本』）。ここに、「やまとごころ」すなわち「やまとだましひ」が宣長の「雅び」ではなく、主君への忠誠の道徳に還元されたのである。

ここにみられるのは近代ナショナリズムの萌芽であり、国体論の発露にほかならない。しかも明治以降、天皇はオホクニヌシに優越する存在であるとされた。神道事務局神殿の祭神にオホクニヌシを含めるか否かを論じた祭神論争を経て、一八八一（明治一四）年の神道大会議において宮中の祭神からオホクニヌシが除外され、幽冥論が公式に否定された。このようにして、いわゆる「国家神道[1]」が作られ天皇を中心とする近代国家体制が整備されていく過程のなかで、幽冥論や弱い自己を肯定し弱い天皇の存在を措定して自己の生活世界を確証、肯定するという近世国学のあり方が変容していったのである。

　これとは対照的に、「もののあはれ」を重視し〈弱さ〉を肯定した国学を受容・発展させたのが柳田、折口、保田の思想である。本章では、柳田、折口をとくに「近代国学」と位置づけ[2]、宣長を重視しつつも、次第に鈴木重胤（一八一二〜一八六三）、伴信友（一七七三〜一八四六）、伴林光平（一八一三〜一八六四）に力点を移した保田の思想を「近代国学」の変奏と位置づける。

図4-1　柳田國男

　柳田、折口はみずからの学問を「新しい国学」「新国学」と称したが、これには戦後の「新しい国の学問」という含意がある。しかし両者の思想の核心部分は戦前・戦中に成立しているため、彼らの思想を「新国学」と総称するのは不適当であろう。また両者とも明治生まれではあるが、その思想は大正から昭和期にかけて確立されたため、「明治国学」（藤井貞文『明治国学発生史の研究』一九七七）という名称にも該当しない。彼らは国学を継承しつつも、近代学問の影響を多分に受けているため、「近代国学」と称するのが妥当である。

　柳田、折口、保田の三者のうちもっとも年長であり、「民俗学」を作り「近代国学」の嚆矢となったのが柳田國男である。柳田は、宣長が理想とした二条派の流れを汲む桂園派の歌人・松浦辰男（萩坪、一八四三〜一九〇八）に師事していた。しかも柳田の父・操は平田派の影響を受けており（「村の信仰」一九五〇）、萩坪もまた篤胤流の幽冥観を語っていたという（「萩坪翁追懐」一九〇九）。柳田は、すでに一九〇五（明治三八）年に「幽冥談」において篤胤流の幽冥観を論じている。

日露戦争後、地方改良運動の一環として神社統一整理政策が行われ、一町村一社と定められた。柳田の生家である松岡家も元来は鈴の森神社の氏子であったにもかかわらず、鈴の森神社が村社であることから、公的には郷社である熊野神社の氏子であるとされた。同時に、神職も国家によって直接把握され、神職養成事業が国家に取り上げられた。このような体験から、柳田はイエ、国家、郷土が一体のものとなり、個人が「国民」としてそれらに直接把握される地方改良運動後の状況を否定的にとらえていた。そもそも、柳田は「国家」に重きを置いておらず、あくまでも国家と直接結びつけられない郷土を重視していたのである。

柳田は主観の世界に属する心意を重視しており、国学とりわけ歌論との関係が深い。その帰納主義は、「もののあはれを知る」こと、つまり「基本的な人間経験」によって対象を解釈するという方法による。民俗事象の解釈に際しては、自分と対象とを心を一にし解釈するという方法がとられており、人びとの生活経験や感情が重視されるのである。宣長は「もののあはれを知る」方法として、古語や古歌、物語を学び、生活全般を「古の風雅の境界」で覆う擬古主義を説いていた。その過程において、古人の心になりきることができると主張していたのである。柳田が「同郷人」による心意の採集を重視したのも、宣長の擬古主義と同様に、対象と心を一にするために「同郷人」になりきることを想定していたからである。

そこで柳田が重視したのが、「同情」と「実験」という方法論である。「同情」は、相手の立場になって、その感情をみずからに移し心を同じくして考え味わい、理解することである。今日の用語では「共感」に近いといえる。「観察」は、村の人間生活を自分の目と耳で直接に観察することであり、柳田の「実験」がそれに相当する。そして「実験」は現代語の観察・体験に相当するものであり、正確な事実をあきらかにすることであった。「実験」は「実際の経験」の意であり、この方法論は「同情」によって村人の胸中に入り、内在的に理解した村人の生活を「実験」によって記述することを意味する。事実、柳田は「郷土研究」の方法論として、無形の記録を保管する人びとに対し教えを受ける態度を失わず、「同情」をもって臨むことを挙げている（「郷土研究といふこと」一九二五）。

宣長や篤胤をはじめ、多くの国学者は「凡人」「常人」などの語を用いており、柳田もまた「常民」と互換性のある用語として「凡人」や「常人」という語を用いている。とりわけ宣長と篤胤は「凡人」が「自然《オノツカラ》」の状態であることを尊重しており、柳田の「常民」概念に重要な示唆を与えている。自然人たる「常民」は儒学の倫理主義・合理主義から自由であり、人間としての「情」を有し、公的世界に開かれた存在である。宣長、篤胤が想定している「凡人」は被治者であり、人間の「自然」の心情を有する。歌の世界に象徴される自他が〈弱さ〉を表出し、それを受容することによってむすびつくという共同性を志向する存在なのである。〈弱さ〉を抱え、吉凶に翻弄されながらも日常倫理を尊重し、他者と共同して生きていくのが「凡人」であり、「常民」にほかならない。

とりわけ柳田が重視したのが「泣くこと」であった。「涕泣史談」（一九四一）において、「泣くこと」の歴史を概括し、その重要性を指摘している。柳田によれば、人が号泣することを悪徳であるかのように言い出したのは中世以降の変遷であるという。とくに偉人や豪傑は喜怒哀楽を表さずにいる点で尊敬されていたが、実は彼らも大きな衝動があれば泣いていたのだという。まして、常人が泣くことはなおさらよくあることであり、武家を中心とした義太夫節においても、感動がきわまると常に「慟哭の声」になったのである（「涕泣史談」一九四一）。

そもそも人間が泣くのは「悦び」が極まってのうれし泣きのみならず、憤り、恨み、後悔、自責等のさまざまな激情の、「はっきりと名をつけ言葉を設けることの出来ぬもの」のために泣くのである。これらの感情を表現するのに適当な言語表現が間に合わないために、「泣く」という表現法を「用意」していたのであり、そのことによって相手に気持ちが通じるならば、実は「重宝」といってもよいと、柳田は指摘する。そして泣くことをむやみに抑圧せず、ただ泣くことの濫用を防ぐよう教育するか、感情の一つ一つを適切に表現することばを与えるべきであったと主張したのであった（「涕泣史談」）。

子供も成人も泣かずにすむやうになつたのは、泣くよりももつと静かな平和な交通方法が、代つて発達しつゝある兆候と見てもよいであらう。[…]たゞその適当なる転回なり代用なりといふものが、果して調子よく行はれて居るかどうかといふことは、国を愛する人々の忘れてはならぬ観察点であり、殊に若い諸君に無関心で居てもらつては困ることだと思ふ。歴史は私などの見る所では、単なる記憶の学では無くて、必ず又反省の学でなければならぬのである。（「涕泣史談」）

このようにして、柳田は「泣くこと」が抑圧される代わりに「適当なる転回」もしくは「代用」が行われているかどうかに対する注意を促し結論としているのである。

「涕泣史談」が書かれたのは、戦死者増大のなかで「声なき涕泣」が日本全土を覆い始める一方で、泣こうとする人びとの声を押さえつける言論が横行している時期であった。「涕泣史談」は、「泣くこと」を否定的にとらえた当時の国家に対する痛烈な抵抗であった。柳田は人間の〈弱さ〉の表出を重視し、そこに他者との共同性の契機をみていた。したがって、近世国学、とりわけ「めゝしさ」を人間本性とみなした宣長の歌論を継承していたといえる。柳田は戦後、「天皇も一般的なものの考え方や行動としては常民である」と発言していたという。ここに、天皇を「もののあはれ」を体現した存在であり「凡人」の希望の光とみなす宣長の現人神天皇論の影響をみることができるのである。

2　変容する「イエ」

一九三〇年代、日中戦争の戦時下における「国民」形成過程において変質させられたのがイエであった。柳田は、イエの変質にも異を唱えている。柳田は柳田家の養子であり、養父も養嗣子、柳田の生家・松岡家の兄弟たちもまた養子に出ている。柳田は長男・為正に対して、イエを思う心は婿養子がひとしお強いと話していたという（柳田為正『父　柳田國男を想う』一九九六）。柳田が「家永と称するのも、それゆえである。

柳田は血縁による直系をイエの条件とはみなさず、イエの本質を「村もしくは組合の非血族団結」に見出している。「オヤ」とはけっして父母にかぎった語ではなかったのである（「オヤと労働」一九二九）。そしてイエとは「本能の愛情」のみでは維持できないものであり、「理智の働き」がひじょうに重要であると指摘する。だからこそ、血のつながりのまったくない「家族」がいくらでもイエに参加する理由があったのであり、本来、イエは非血縁者をも内包して維持されるべきものなのである（「大家族と小家族」一九四〇）。

しかも家族をひとつの家に住む生みの親子のみに限定するのは、特定の時代の特定の思想にすぎないという（「大家族と小家族」）。そして、このような非血縁者を包含する家職制度としてのイエを「伝統」とみなす。柳田のイエ概念は、郷土すなわち「家の代々の土地」に根ざす家職と不可分の概念であり、所与の生活条件下で生きる個人のありのままの姿を肯定するのである。柳田のイエ論は、家職国家の実態に適合的な宣長の論を継承したのであった。

また、イエを維持しなければならない特別の理由がなくなれば、イエは夫婦と子ども単位の小家族になっていくのが「自然」であるとして、柳田は小家族化が不可避である現状を認識していた。しかも小家族化の原因を、国家が直接に戸主を把握し指導と教育に当たろうとしたことに見出している。分家に便宜を供して戸数を増加させることにより、国家がイエを通じて国民を直接把握するようにしたのである（「大家族と小家族」）。イエ組織の実態は崩壊しておらず大家族として団結をつづけているのに、国家がすべてのイエを一様に独立した小家族であるとみなして戸主の数を増やしたため、「細小農」を増やし、村々の門閥を衰亡させてしまった。そしてそれゆえ、イエの流動性が高まり不安定な存在となったと批判している。このような論は、当時の国家政策に対する批判にほかならない。柳田がめざした郷土の再生、イエの再興はこのような時代状況と密接な関わりがあったのである。

かくして小家族化の進行とともに発生したのが、「母子心中」である。柳田はこの現象に着目し、「母子心中」を「古風な考へ方」と「新たな誤れる感情」が交錯して誕生した現象だとみなしている（「女性史学」一九三四）。しかも、「母子心中」の原因の筆頭に家庭の孤立、すなわち小家族化を挙げる。

今日では自分が死にたい為に、先づ最愛の者を殺さねばならぬやうな、聴くも無残なる必要を生じたといふのである。〔…〕斯ういふ家庭の孤立を促成した始の原因、即ち移動と職業選択と家の分解、及び之に伴ふ婚姻方法の自由などの、今日当然の事と認めらるゝものゝ中に、まだ何ものかの条件の必要なるものが、欠けて居るので無いかといふことも考へて見なければならぬ。（『明治大正史　世相篇』）

このような小家族化の流れのなかで、「我子の幸福なる将来」が「最も大切な家庭の論題」となって「子供を大切にする風習」が目立つようになり、親が子のために費用をかけるようになったのである（『明治大正史　世相篇』）。子どもを小さな頃から他人に与えることの最たるものが「捨て子」

であった。大正から昭和期にかけて、統計上の「捨て子」と「親子心中」の件数には逆相関関係があり、「捨て子」しにくい社会状況が「親子心中」の急増を招いたといえる（岩本通弥「血縁幻想の病理――近代家族と親子心中」一九八八）。

小家族化とは家庭からの親族や非血縁者の排除にほかならず、親子の情愛の深まりとともに私生児に対する差別的社会意識が定着し、結婚下での「我が子意識」と血縁至上主義が増大する。それゆえ他人の子どもを育てるという「捨て子」が成立しなくなり、地域住民の相互扶助に依存できなくなった「親」の養育負担は高まった。また旧習においては容認されていた「私生子」も、明治以降の「戸籍制」すなわち明治民法によって一律に「私生児」とみなされてしまうことになった（「聟入考」一九二九）。かくして、「親子心中」が急増することとなったのである。

いみじくも柳田は、一九三一（昭和六）年の段階ではこの現象を「親子心中」と称していたが、一九三四（昭和九）年の講演では「母子心中」と称している。これらの現象の背景には「捨て子」ができなくなったことのみならず、「『母性』という新しい『伝統』」（大塚英志『公民の民俗学』二〇〇七）の形成がある。昭和恐慌下で農村が荒廃し、近代のイエ制度は危機に瀕した。加えて、戦時下では、徴兵で男性がイエから引き離され、イエが変容させられていた。その過程においては、来るべき総力戦に向けて女性の役割も期待されるようになり、イエを支える新たな「伝統」としての「母性」が求められたのである。

それゆえ「母子心中」の増加と時を同じくして、「母性」をめぐる社会制度や習慣が成立した。たとえば一九三一（昭和六）年には、「地久節」すなわち皇后誕生日である三月六日が「母の日」と定められた。さらには、一九三三（昭和八）年の皇太子（現・天皇）誕生は「母の日」キャンペーンの絶好の機会となった。しかもこのような母性礼讃は、戦局の激化とともに強化されていった。戦時下では、家庭運営とりわけ育児の責任は女性に全面的に課せられ、家族の栄養摂取と健康増進を担う「国家的母性」が強調された。女子教育においても国策に忠実な「母性教育」が行われ、婦徳、貞淑礼節と母性の涵養が説かれたのであった。このようにして母子の結合は聖化され、強要され、困窮した母子を「母子心中」へと追い込んだのである。

柳田は「捨て子」の慣習に着目し、「拾い親」が「捨て子」を育てることを高く評価していた（「赤子塚の話」一九二〇）。そのうえで、「[親子心中の]今一つの原因は社会が小児の生存権を与へなさ過ぎる為だらうと思ひ、そこに我々が考へなければならない背後の大きな問題があるのではなからうか」と結論づけている（「小児生存権の歴史」一九三五）。柳田は、「子」を引き受けるのは「母」ではなく、「社会」の責任であると主張していたのである。柳田はイエ制度、すなわち家族形態が時代によって変化するものであることを認識しており、元来イエとは非血縁者を含むものだと考えていた。それゆえ、「母子心中」を増加させた小家族化と「母性」の強調を招いた教育政策を批判し、「郷土」と結びつき、非血縁者を包摂したイエの再興、子どもを包括的に引き受ける「社会」の成立をめざしていたのであった。

3　民俗学と「公民」

柳田は一九一九（大正八）年に貴族院書記官長を辞し、東京朝日新聞社客員を務めた。のち一九二一（大正一〇）年に国際連盟委任統治委員として渡欧するが、関東大震災の報を聞き新たな学問を興すために辞任し、一九二四（大正一三）年から一九三〇（昭和五）年まで東京朝日新聞社論説委員として東京朝日新聞の社説を担当した。柳田が社説を担当した一九二〇年代は自由主義と国際協調の時代であり、政党内閣制が定着していた。柳田は、その代表的論客でもあった。

柳田は、元老が首相を指名することや、選挙によらない貴族院や官僚が内閣を指導し「申合せの交代」を続けさせることを批判する。どの政党が内閣を組織するかは、選挙人が決定すべきなのである（「政治生活更新の期」一九二四）。それゆえ柳田が重視したのが、政治的責任主体の確立である。選挙に際して国民の利他心が熟睡していると批判し、青年の政治的無関心を歎いていた。

> 選挙に際して殊に深く我々の感ずるのは、総国民の利他心の熟睡して居ることである。国家の為など言へば漠然に失するかも知らぬが、少なくとも物を知らぬ田舎の人たちが、無意味に其大事な権利を浪費しようとする状態を、我が為に利用しようとする人は沢山有つても、彼等の為に警醒するだけの努力をした者が、公私新聞を通じて殆ど無かつた。〔…〕第二に気になつてたまらぬのは、青年壮年の間に政治に興味を有つ者の数が、依然として甚しく少ないことである。此は一口に言つてしまへば張合が無いからとも言へる。〔…〕騒ぐのは戦争の時だけで宜しいと云ふやうな態度は、実際老人でゝも無ければ出来ない芸である。〔…〕政治は何れの世になつても、一味のローマンチックを具備して居るので栄えるのである。（「古臭い未来」一九二〇）

柳田は、「国防の第一線」は討論、主張、反省等によるものだとしていた。そのうえで「戦争必要論」を有力政治家等が信奉しているものとみなし、他方で「無用の殺戮」を行わない非戦が「世界一般」の多数であると認識して普通選挙を和戦、平和を考えるためのものとみなしていた（「青年と学問」一九二五）。

したがって、普通選挙が実施されて有権者が投票によって非戦の意思を示せば、「戦争必要論」を信奉する政治家に歯止めをかけることができると考えていたのであった。国民があくまでも非戦の立場に立っているとみなす点において、柳田の政治論は特徴的である。

そもそも柳田は、日本人には民主政治の気風が根づいていないと認識していた（「報徳社と信用組合との比較」一九〇七）。さらに自分の判断以外に義理人情や他人に引きずられることが多いと指摘し、その理由を日本人の道徳観に見出す。本来の普通選挙制度は悪くないが、制度の運用を誤っているという（「郷土研究と民俗学」一九三六）。この背景に、選挙における選挙違反の多さが挙げられる。この時期は、選挙違反者数が圧倒的に多かった。しかも政友会と民政党が政権をめぐって激しく争っていたため、政党は議員でもある地方名望家を介して地域共同体に入り込み、組織的に買収が行われていた。柳田は日本の政治教育の最大の欠陥は政治知識を教えないことであるとし、学問の必要性を説いていった（「郷土研究と民俗学」）。第一回普通選挙に先立ち、『東京朝日新聞』の社説に、第一回普通選挙が青年の愛国心を証明する絶好の機会であると記している。

青年の国を愛する者は、今や求めずしてその赤心を証明するべき絶好の機会に遭遇した。眼前に横たはれる第一次の普通選挙即ちこれなることは、もはや何人のためにも注解を加ふる必要が無い。

［…］教養ある青年の国に対する任務は、まづ第一にこれ等古風なる憂慮が、無用の憂慮であつたことを立証するにある。宣伝の巧拙によつて左右せられず、標語の外形美に誘惑せられること無く、全く一人《にん》の独立した判別をもつて、進まんと欲する途《みち》を択《えら》ぶべきは無論であるが、更にそれ以上に大切なることは、いはゆる己の欲せざるところをもって、これを人に施さざるの用意である。［…］青年の意地と感情、必ず負けまいとする執心を利用して、間接の圧迫を加へしめたのが在来の戦略である。その結果は往々にして良心なき選挙となつた。（「和気と闘志」一九二八）

柳田はくり返し、腐敗選挙を脱する必要性を説いた。このような政治論は、満洲事変（一九三一）や五・一五事件（一九三二）を経て一九三〇年代半ばに入っても堅持されている。柳田にとっては、あくまでも一九二〇年代のリベラリズムが理想であり、投票行動によって国民が「戦争必要論」を唱える政治家の暴走を止めることを期待していたのであった。しかしその期待は破られ、柳田は『明治大正史　世相篇』を苦渋に満ちたかたちで締めくくる。

改革は期して待つべきである。一番大きな誤解は人間の痴愚軽慮、それに原因をもつ闘諍と窮苦とが、個々の偶然であつて防止の出来ぬもの、如く、考へられて居ることでは無いかと思ふ。［…］我々の考へて見た幾つかの世相は、人を不幸にする原因の社会に在ることを教へた。乃ち我々は公民として病み且つ貧しいのであつた。（『明治大正史　世相篇』）

なぜ、改革が上手くいかないのか。それは、われわれが公正な選挙を通じて適切な人材を政治家として選ぶことによって、社会問題を解決しうるということがわかっていないからである。それゆえ柳田はそれを妨げる旧習を解明すべく、民俗学を「公民の民俗学」として定位した（大塚英志『公民の民俗学』）。戦前においては、「公民」とはcitizenの訳であり、市町村等の地方団体住民のなかで、その団体の公務に参与する権利・義務のある者、とりわけ衆議院議員選挙における選挙権を有する者を意味していた（杉村章三郎『公民・公民権』一九三五）。だからこそ、「公民の学」としての民俗学は、選挙民のための学として構想されたのである。

4　戦歿と追悼

柳田の霊魂論の集大成といえる『先祖の話』（一九四六）は、一九四五年四月から五月末の太平洋戦争末期に書き下ろされた論考である。柳田は、日本人の死後の観念として「霊は永久にこの国土のうちに留まつて、さう遠方へは行つてしまはないといふ信仰」があったと指摘している。そして、日本的霊魂観の特徴として、一、死んでもこの国の中に霊は留まり遠くへは行かない、二、顕幽二回の交通が繁く招き招かれることがさほど困難ではないと思われていた、三、生者の今際の時の念願が死後には必ず達成されると思っていた、四、子孫のために計画を立てたのみならず、何度も生まれ変わって同じ事業をつづけられると思った者が多かったという四点を指摘している（『先祖の話』）。

かつて幽冥論を論じた「幽冥談」（一九〇五）と比較して、三、四の特徴が加わり、逆に死後の審判概念が削除されている。すなわち、生者の無念を晴らす方向性がみえる。ここに、戦歿者追悼のモメントを指摘することができる。喪が開け忌が終了すると、生者は日常生活に戻り、「みたま」は高く上って子孫の社会を眺め見守るという。そして、盆と正月に祖霊として「この世」に戻ってくる。「ご先祖」は、毎年少なくとも一回戻ってきて、子孫後裔の誰彼とともに暮らすことができるのである。しかも死後三三年を過ぎると人は神となり、祖霊は個性を棄てて融合して一体となる（「先祖の話」）。個々の祖霊は一定期間を過ぎると男女各一対の神に帰し、それが田の神、山の神になると考えられていた。すなわち田の神、山の神は祖神であり（「山宮考」一九四七）、時期を定めて降りてくると考えられていたのである（「神道と民俗学」一九四三）。柳田によれば、これが「常民」の「固有信仰」であり、幸福や倫理観につながっているという（「村の信仰」一九五〇）。

さらに柳田は、無縁仏、外精霊の鎮魂式としての「ホカヒ」に注目し、非血縁等の第三者による不祀の霊に対する鎮魂の可能性を探る。元来、イエの祭には無縁仏に対する鎮魂の意が含まれているという。同時に、柳田は両墓制を手がかりに子孫を残さずに無縁仏となった戦歿者追悼の問題を考察する（「先祖の話」）。碑を建てずに場所を風化させることによって霊魂を自由に往来できるものにしたとして、無縁仏をより「自由」な存在として評価しようとする。祖霊とは人間の私心の多い個身を捨て去り、自由にイエのため国の公のために活躍しうるものだという。日中戦争、太平洋戦争を通じて、多数の若者が戦歿した。柳田の長男・為正もまた、出征していた。それゆえ、少なくとも、国のために戦って死んだ若人だけは無縁仏にするわけにはいかないと主張したのである。

こうして柳田は、直系の子孫が祀るのでなければ祭祀といえないという「一代人《イチダイビト》の思想」に訂正を加えねばならないと結論づける。この「一代人の思想」が払拭されないかぎり、子なくして戦歿した霊魂は「家無し」となって徘徊するため、戦後の人心の動揺を慰撫することができないからである。そこで、死者が跡取りなら世代に加える、あるいは次男や弟ならば初代として分家を出す、オバ姪あるいはオジ甥相続法に則ったり、非血縁者に家名を継がせたりすることなどを提言する。これにより、子をなさずに戦歿した人びとも「先祖」となり、無縁仏化することを防げるというのがその目的である（「先祖の話」）。

柳田は「死後或期間に再び人間に出現しなかつた霊が、永く祖神となつて家を護り、又この国土を守らうとする」と主張する。そして「七生報国」と題した節において、国土を守るという観念と関連づけて戦歿者霊魂の問題が論じられる。戦没した「至誠純情なる多数の若者」は、死後ふたたび人間に生まれ直そうと念じているというのである。そして、こう締めくくる。

少なくともひとがあの世をさう遥かなる国とも考へず、一念の力によつてあまたゝび、此世と交通することが出来るのみか、更に改めて復立帰り、次々の人生を営むことも不能では無いと考へて居なかつたら、七生報国といふ願ひは我々の胸に、浮ばなかつたらうとまでは誰にでも考へられる。［…］人生は時あつて四苦八苦の衢であるけれども、それを畏れて我々が皆他の世界に往つてしまつては、次の明朗なる社会を期するの途は無いのである。我々が是を乗越えていつまでも、生れ直して来ようと念ずるのは正しいと思ふ。しかも先祖代々くりかへして、同じ一つの国に奉仕し得られるものと、信ずることの出来たといふのは、特に我々に取つては幸福なことであつた。（「先祖の話」）

柳田の「国」とは「カントリイ」であり、中間団体を排除せず、個人と、非血縁者を内包するイエと郷土が共同体として存在するあり方であった（「村の信仰」一九五〇）。死者の霊魂は、人間として生まれ変わってこの共同体に尽くすのである。ここに、柳田流の「七生報国」が成立する。それはいうまでもなく、戦時中に流布した「七生報国」の精神の否定にほかならない。柳田の鎮魂論は、イエを中心としたものである。だが既述のとおり、柳田のイエ概念は血縁によるイエ概念とは無縁のものであった。しかも実際に、非血縁者に家名を継がせることも提言している。ここにおいて、家族の延長が国家であるとみなしつつも、両者が対立した際には個々のイエを優先させている。すなわち柳田の鎮魂論自体が、国家による鎮魂や「顕彰」を否定するものである。

なぜなら戦歿者祭祀の特異性として、死者祭祀がひとつの墓すなわちイエによる祭祀で済まされるのではなく、それが地域社会、国家レヴェルにまで拡大し、これらが重層的に存在することが挙げられるからである。戦歿者はイエの墓や仏壇、護国神社、靖国神社に祀られることになり、単一の宗教ではなく複数の宗教による、宗教的にも多重祭祀の形態をとる。柳田の鎮魂論は、戦歿者祭祀を国家や都道府県レヴェルの多重祭祀ではなく、イエによる祭祀に一元化しようとするものなのである。

しかも、国による戦歿者追悼は碑を建てるために「弔い上げ」ができない。それゆえ、永続的な施設は「無縁墓地化（無縁碑化）」し、戦歿者霊魂は御霊《ごりょう》となってしまう。戦歿者追悼をイエの祭祀に一元化すれば、このような事態は回避できるのである。このようにして、柳田は靖国神社に体現される戦歿者追悼問題の解決を試みたのであった。柳田の思想は、「顕彰」という「国民」育成の言説を一貫して峻拒し、「弱い」個人を郷土とイエに結びつけて肯定するものであった。そしてその意味において、柳田は社会批判、国家批判を展開していたのであった。

註

▼1 「国家神道」と神道の関係については、拙稿「神道」（米原謙編『政治概念の歴史的展開』第九巻、近刊予定）を参照のこと。

▼2 このような近代国学概念は、藤田大誠の近代国学概念の対極に位置する。藤田は明治一〇年代から二〇年代の国学を「近代国学」と称して評価する。近代において国学の体系化を図ったのが木村正辞、小中村清矩、横山由清らの「考証派」であり、東京大学文学部附属古典講習科、皇典講究所、國學院がその中核を担ったという。そして藤田は、近代国学の特徴を総合性、考証性、国家性、実用性、（非）宗教性の五点であると指摘する。

藤田が挙げた近代国学の特徴のなかで重要なのは、その非宗教性である。明治以降、祭教学が分離したことにより、当時の国学は「国家の実用」に即した「国体」に関する学問、非宗教的な学問として成立したのだという（『近代国学の研究』至文堂、二〇〇七年）。しかし、藤田の近代国学概念には〈弱さ〉と宗教性、現実社会の相対化という宣長、篤胤の国学思想の中核との連続性がみられず、国学よりはむしろ近代国体概念に依拠した「国体学」と称するのが妥当である。

第5章 保田與重郎の思想

1 日本浪曼派と「青春」

いつの世も、若者批判はくり返される。かつて、哲学者の三木清（一八九七〜一九四五）は成熟する暇をもたない早熟な青年たちが気力と冒険心に乏しく（「青年に就いて」一九三六）、すべての問題を自分自身の責任において引き受けようとはしない悪しき客観主義が浸透しているため一切の責任が社会に帰せられ、問題を主体的にとらえようとしないと辛辣に批判をしていた（「ヒューマニズムの現代的意義」一九三六）。青年たちを擁護し絶大な支持を得たのが、文芸評論家の保田與重郎（一九一〇〜一九八一）である。保田は大阪高等学校を経て東京帝国大学美学科美術史学科を卒業し、一九三五（昭和一〇）年に『日本浪曼派』を創刊する。この間、高等学校時代のマルクス主義からドイツ・ロマン派のシュレーゲルへ傾倒し、さらに日本の古典へと回帰して近代批判を展開するが、一貫して関心を抱いていたのは国学であった。

保田は、大正以降、社会主義運動が「デスパレート」（desperate：崖っぷちの、絶望的）なものに変容していったと指摘し、昭和の青年たちの苦境を記す（「浪曼主義と自然主義」一九四〇）。そして、

「デスパレートな日本主義」が勃興しつつあることに警戒心を示す（「現代とインテリゲンチヤ」一九四〇）。そして保田は、自分たちのような時代を経験した世代の「青年の文学」を創始しなければならないと主張する（「後退する意識過剰」）。

我々は苦悩にみちたなりゆきとして、その青春を感じるのみであつた。［…］日本の古典的作品のまへに立つて、それを作つた昔の人を思ひ、今を絶望してゐたのである。［…］幸ひにも我々の時代にはそれを自らで知るだけの、心のくらしにゆとりがあつたことを思ふのである。心のくらしにゆとりを与へることは、だから私は必要だと思ふのである。（「危機と青春」一九四二）

図5-1　保田與重郎

保田の青春は「苦悩にみちたなりゆき」であったが、それでもなお古典的文物に触れ歴史を知る余裕があった。だが、保田より下の世代の青年にはその余裕すら与えられていなかった。そのため、青年が青春を謳歌することを保障する必要性を声高に主張していたのであった。しかし保田は、当時の状況そのものを否定していたわけではない。日中戦争下においては、戦争目的が文化をもたらす新秩序の建設にあるとされ、戦争を通して新文化を創造することが目的とされていた。すなわち、日中戦争は「文化戦争」として再定義されていたのである。そのため出征兵士も「文化戦士」としての存在意義が主張されており、文化を通して日中連携を促進し、日本兵の人間的真価を知らせる役割を担うべきだと考えられていた。

保田は北京を視察し、そこが異民族の集合と化していることに失望し、蒙疆（内モンゴル）の「一九世紀の一切のイデオロギー」すなわちヨーロッパ近代主義との訣別に希望を抱く。そして、青年たちが日本ひいてはアジアの新時代の精神文化の建設を担うと主張したのであった（「蒙疆」一九三八年）。

> 今日我等の同胞の青年は、未曾有の聖戦と曠古の外征に、誇らしい勇気を以て、我々のアジアの父祖の名誉の祈念を即身実践しつゝある。［…］日本の独立が、今やアジアの独立へとその一歩の前進が画せられつゝあるのである。そのことは文化史的には、世界文化の再建である。旧世界文化から締め出されてゐたアジアの文化と精神と叡智を主張することは、新日本の使命である。（「昭和の精神」一九三八）

保田にとっては、「文化戦争」たる日中戦争に参加することが希望でもあった。日本浪曼派ひいては保田が人気を博したこと、保田が後年、「純粋な芸術運動」であったと回顧する日本浪曼派が一種の政治性を帯びていたと認識されていたのは、それゆえである。「日本浪曼派広告」にも「日本浪曼派は、今日僕らの『時代の青春』の歌である」と記されており、保田自身も「喪失した青春と青春の喪失は、そもそも日本浪曼派が広告を始めてからの一テーマだつた」（『島での七日」その他』一九三六）と述べている。「青春」の復権の可能性を日中戦争に賭けたのであった。

保田は、教会やサロンを母胎とした西欧近代の中間集団のあり方に着目する（「文学に於ける思考と実践」一九三三）。そして、日本に多い同人誌の集まりは「かかる友情的な結合を基礎にする一つの運動の形式」「ファミリー的なグルッペ」をとらねばならないという（「文学の一つの地盤」一九三三）。浪漫主義こそが国を憂い、時代と国と社会に対峙する文芸のあり方であった。それはデカダンスを志向するものであったが、「公共的な地盤」をもつサロン的中間集団によってある種の公共性を担保されたものとして構想されていた。この運動こそが、日本浪曼派である。

日本浪曼派に参加した人びとの多くが、地方の指導者・インテリ層の子弟であった。日本浪曼派の文学運動は、都会の「近代」によって根こそぎにされた地方青年たちの「故郷」とそこに根ざした「ファミリー的なグルッペ」の奪還の試みでもあったのである。他方、彼らはマルクス主義の影響を色濃く受けた世代でもあった。そのため、彼らにとっては旧習の象徴ともいえるイエや郷土を無条件で肯定することは困難であった。そこには共同体としての明確なイメージが希薄であったのである。

日本浪曼派が主張した日本浪曼主義とは文芸復興であり、反文明開化かつ反進歩主義であったが、「日本主義的ゼスチユア」を試みたことは皆無であるという。しかし世間からは、ファシズムや日本主義であると評されてしまった（「日本浪曼派について」一九三九）。保田は明確に、「今でも我々はこの文学上の運動［日本浪漫派］を、近世の国学の再建にまで導き、さうして真の文芸復興を完遂するものでなければならぬと思つて」（「動かざるもの」一九四一）いると記していた。保田がめざしたのは日本主義ではなく、近世国学の再興にほかならない。

けれども同時に、保田による日本浪曼派の総括にその思想の隘路が示されている。日本浪曼派はなんら政治的動向を示さず、あくまでも文学の復権をめざす美的志向の集団であったと自認しつつも、現実的には「文化戦争」としての日中戦争を肯定し青年たちの出征に希望を見出していた。それゆえ日本浪曼派は青年たちの期待を集めていたのであり、そのような意味において充分政治的動向を示していたからである。

2 理想の「神代」

保田は、土田杏村（一八九一～一九三四）を経由して国学者・富士谷御杖（一七六八～一八二三）を理解し、御杖を高く評価している（「ランガアジユの世界」一九三四）。御杖は、『古事記』上巻は神武天皇が人びとに「神さび」を実践させるために書いた、いわばフィクションであるという。このような御杖の「神代」論は、『古事記』上巻を「史」とみなす宣長の立場の対極に位置する（『古事記燈大旨』）。「天下の顕事」がうるわしいのは、ひとえに天子と臣民との「私思」が通じていたからである（『古事記燈』）。これが、御杖の見出した「神代」の論理であり、言霊論であった。これを受けて保田は、言霊を至高至善の神の「絶対意志」の表現であるとする（「『好去好来の歌』に於ける言霊についての考察」一九三〇）。表出された言語に内包される真の意味を読みとって、既存の概念を相対化しようとする保田の「イロニー」の背景には、このような言霊観が存在する。

そして、御杖に即して神代から人代への転換を見出した。すなわち保田は、神武天皇が日本統一政策の神話的表現であり理想として心中に描いたのが「原始共産制」「農業共産制」であったと解釈する。このような「原始共産制」「農業共産制」の理想社会が必然であることを示すために生まれたのが、神の絶対意志を現した言霊観であるという。このような理想に対して、人間意志を表明することは許されない。なぜなら、このような理想は神の絶対意志の体現であると同時に天下人民にとっても理想であり、反対は許されないからである。そしてそのような理想を言霊として崇尊することは、古代人に一般的な、天皇の宣命に対する絶対的服従を意味したのであった（「『好去好来の歌』に於ける言霊についての考察」）。

『戴冠詩人の御一人者』（一九三八）では、保田の古代史認識が言霊論に即してさらに展開される。上代においては神と人が近接するものとして意識され、「神人一如」の状態であった。天皇と民衆がともに祭祀を行ったのであり、「自然」のなかに秩序が存在したのである。このことを示したのが宣長の『直毘霊』であり、御杖の言霊論であった。そして、このような宣長の上代描写は「簡単な原始復興」を意図したものではなく、「現代の堕落」を見て、「現代の弾劾と摘発」を行うためだったという（『戴冠詩人の御一人者』一九三八）。ここで主張されたのは、たんなる復古主義ではない。

保田にとって天皇は土地共有制と神と人間が近接していた上代文化の総体を体現する存在であり、理想の国のあり方、国体を体現する存在である（「大伴家持と相聞歌」一九四二）。しかし、のちに「海ゆかば」の「大君の辺にこそ死なめ」を「大君の御為めに死ぬという間接の道徳的表現」でなく「大君の御傍で死にたい」「御傍で死ねればうれしい」（「古典の解釈と時代思想」）という、「中間の存在を一掃した表現」（「柿本人麻呂」一九四二）と解釈し、天皇すなわち国体への直接的な忠誠を誓うこととなる。このようなパセティックな忠誠は、一面で近世国学のパセティックな忠誠の再興であるが、他方、自己の死を厭わずにむしろ死の美しさを説いて生活世界を犠牲にする点において近世国学とは対照的である。

3　祭政一致と農

大政翼賛会成立前後から、日本主義は急速に衰退し、さらに一九四一（昭和一六）年の日米開戦以後、戦争を「文化戦争」とみなす戦争観は瓦解する。すでに一九三八（昭和一三）年に『日本浪曼派』は終刊していた。国民統合の中心は軍部となり、国民イデオロギーは空疎なものとなった。戦局の変化は、保田の思想にも影響を及ぼすこととなる。簑田胸喜（一八九四～一九四六）と原理日本社が津田左右吉（一八七三～一九六一）、美濃部達吉（一八七三～一九四八）らをつぎつぎと排撃していくなかで、保田もまた「少年の無茶な夢も、亦他に代へて語るを安全と知つた」と記している（「雑事記帖」一九三五）。

保田は国学とドイツ・ロマン主義を同一の運動ととらえ、いずれも「神話回復の運動」であるとみなしている。それらはすなわち、「民族回生の原理を、民族神話に求めた運動」であり、「近代世界に於ける最大の文化思想上の運動」であった。そして、この両者に「年少の日」から接してきたという（「言霊私観」一九四二）。国学の再興をめざし（「日本的世界観としての国学の再建」一九四二）、国学の本質を憤りであるとみなしていたのである（「福井ノ里」一九四三）。

保田にとって、国学とは神代のあり方を準拠点として現実批判を行う学であり、それによって現実を理想に近づけるための学にほかならなかった。しかも理想とし現実批判の準拠点としたのは、上代であった（「国学と大東亜精神」一九四四）。大化の改新、壬申の乱の本質を土地公有という「形を変へた共産制」の試みとみなす。だが、この試みも土地私有を求める貴族に敗れた（「『好去好来の歌』に於ける言霊についての考察」）。ここにみられるのは、記紀神話時代を理想とし以下をその崩壊とみなす一種の下降史観であり、それがマルクス主義の色彩をもって語られている。

保田は高校時代、マルクス主義の影響を受けている。一九三〇（昭和五）年の夏には、大阪高等学校内の「社会科学研究会」の存在が発覚し、彼らが『無産者政治教程』を勉強していたことがあきらかになった。そのため、学校側は中心にいた保田ら六人を戒飭《かいちょく》処分に処したという。また同年一一月には、左翼宣伝ビラを撒いた事件に関与したとして生徒主事補が五名の学生を特高に引き渡したことに抗議し、「同盟休校」が決議され、全生徒が寮に立てこもった。この際、学校側が保田と竹内好（一九一〇〜一九七七）を首謀者とみなして退学処分に処するとの情報が流れたが、結局、処分者が出ることはなかった。

保田の上代観念には、マルクス主義の影響が色濃く反映されている。のちに保田は、古をムスビ信仰の時代として所有概念が存在しなかったことを評価し、大化の改新を現代にいたるまでの所有概念の発生の契機ととらえている。

御一新後に於て、所有権といふ観念が定められ、つひに大正時代に入つて私有財産制度といふ観念が国体観念と竝立的に法定せられた。これ昭和二年に改正せられた治安維持法である。しかるに戦時下の今日に及んで国民思想の変化に応じて国有国営、国有私営の二思想が競立する中へ、私有国営といふ奇怪の形で、この二思想の人為的吻合が策されんとする感がある。かくてわが生民奉公の古道たる事依さしの観念は、なほ明徴されないのである。(「神助ノ説」一九四五)

このようなかたちで、保田は一貫して私有財産制を批判していたのであった。その延長上で保田は近代、とりわけ明治以降の神社神道に対し、否定的な見解を示す。「古来の神道でなく、また国学の神道でもない。かうした流れの一思想を以て、大東亜共栄圏の皇化原理とすることを、私は不可能と考へるのである」と、神社神道を断罪する(「事依佐志論」一九四四)。祭祀と生活が一体化した上代の再興を模索していたのである。そして戦争末期に近づくにつれ、保田は祝詞の研究、校注に没頭していく。私家版『校注祝詞』を作成し、それを出征者に餞別として贈るためであった(「校注 祝詞」一九四四)。保田の祝詞論は、鈴木重胤(一八一二〜一八六三)の『延喜式祝詞講義』の影響を色濃く受けている。祝詞が表しているのはなによりも神人一如の状態であるという。この神人一如の状態においては、人間はただ神の「事依さし」のままに生きている(「みやび」一九四三)。そして保田は、農本主義を前面に押し出す。

わが国は農を基とする祭政一致の国である、[…]公民《オホミタカラ》われ等が稲作りをなすといふことは、天皇のうけられた神勅に対し奉り、天皇の御代りとして仕へ奉るといふ意味となる。[…]これが勤労の本旨である。[…]稲を中心として、一切の生産生活の成果の神前に供進されるのが、祭りである。このことは祭りが、公民の生活全体の表現だといふことである。[…]勤労といふことは、人間の人為の努力といふよりも、神の事依さしに完全に仕へ奉る上の自然の状態である。［…］この生産の生活は全体として、［…］生活の道であり、産霊《ムスビノミタマ》の思頼《ミタマノフユ》を蒙つてゐるといふ実感の伴ふ生活である。（「道徳の根基」一九四四―四五）

保田の農本主義は天孫降臨時の「事依さし」に根拠を置くものであり、祭政一致、稲の重視、神との共食と合わせて宣長の論を忠実に継承している。しかしそこから直接、勤労の精神の確立を導き、祭祀の準備としての生産を重視して日常倫理を説く点は保田独自のものである。加えて保田は「自然なる大東亜共栄圏の生民の根柢」を「米作りの農」に置き、戦後は神道には所有概念が存在しないと説き、その理念を「絶対平和論」として展開した。国学は「米作りの農」を中心とした祭政一致の国家を理想とし、そこに日常倫理を見出す学であった。したがって国学においては民の生活と道がむすびつき、その生活のなかで道を体得させることを重視していた。これに対して、生活から切断された吉田神道をベースとした「けふの共栄圏思想」にも否定的なのである（「本末ノ論」一九四四）。保田は農を基礎としない近代国家のあり方を根柢から批判したのであった。

4 「イロニー」の行方

御杖の言霊論を受け、「倒語」にフリードリヒ・シュレーゲル（Karl Wilhelm Friedrich von Schlegel, 一七七二～一八二九）ら、ドイツ・ロマン派の思想を合わせたのが、保田の「イロニー」である。言霊信仰と「倒語」とシュレーゲルの「イロニー」を背景にもち、表出された言語に内包される真の意味を読みとって既存の概念を相対化し、普遍性を志向しつつ、その自己すらをも相対化しようとする試みであったといえる。しかも、もっとも望むことはことばにせずに内心で切望するにとどめるが、神はその内心の切望を聞き届けるというのである（「後退する意識過剰」）。

しかし、「イロニー」は保田の自意識、美意識とあいまって、隘路に陥ることになる。このことを予感させたのが、保田の文学史観であった。保田の国文学史観は、折口の国文学論に依拠している。保田は高等学校時代に折口の『古代研究』から多大なる影響を受けたのみならず（「その文学」一九五四年）、両者は終生、交流があった。

保田は和泉式部を絶賛し、和泉式部流の「最も手弱女《たをやめ》ぶりに徹した文芸」の復権を強く求める（「和泉式部私抄」一九四二）。保田は、「たをやめぶり」を歌、すなわち文学の本質として見出した宣長の歌論の忠実な継承者なのである。そして、このような王朝文学の本質を体系化したとして、後鳥羽院を高く評価する。このようにして成立したのが、「もののあはれを主とした文芸」であった。後鳥羽院は、悲劇的な状況下においても、「同情者に期待せぬ歌の心」を示した（「日本文芸の伝統を愛しむ」一九三七）。後鳥羽院こそ、保田にとっては「偉大な敗北」の象徴であった。

保田が見出した「偉大な敗北」とは、理想が俗世間に敗れることであり、勝利者たる為政者の側に立つ御用文学の対極に位置するものであった（「天道好還の理」一九六四）。保田が戦前から戦中にかけて描き出したのは、これらの「偉大な敗北」の文学史であった。このことは、軍部謳歌の当代の文学に対する批判を意味していた。保田はそのために、「維新当時に決定された国学の政治性」を排除し、その本来の文学性を「恢弘」しようとした（「天道好還の理」）。しかし「偉大な敗北」は政治性を排除した文学として展開されるものであり、理想が「俗世間」に敗れることと「同情者」の存在を期待しないことを必須条件とする。すなわち敢えて過大な理想を掲げ、世間に理解されぬまま「敗北」するという保田の美意識がここに表れているのである。

つぎに保田は、後鳥羽院以降の文学史を後鳥羽院の文学を継承して隠遁した文人たちの文学史として描き出す。重要なのは、隠遁詩人たちが幕府を利さずに政治から離れた生活を送っていたことであった（「後鳥羽院以後隠遁詩人論」一九四二）。文学の政治からの独立が重大な問題だったのである。さらに保田は芭蕉以降の隠遁詩人の系譜に国学を接合し、神人合一の「上代」の「自然」を体現する「宮廷への帰依」を国文学史の中心に据えたのであった（「国学と詩人の伝統」一九四二）。

保田は、とりわけ伴信友と伴林光平に着目し、信友『長柄の山風』から光平『南山踏雲録』へという「述志の文学」のラインを設定して、「言霊の風雅」を体現したと評価する（「花のなごり」一九四三）。そして、君臣関係の徹底化を主張し臣の君への忠孝を説いた信友（『竹栄秘抄』）と信友を継承した伴林光平への共感を示す。すべてを神、天皇に委ね、「もののふの悲しい志」を謳った光平を『万葉集』の歌の論理の継承とみなす（「伴林光平の歌」一九四四）。かくして保田は、「武士道」を「偉大なる敗北」の系譜に置いたのであった。

一九四〇（昭和一五）年頃を境に、保田の「イロニー」の深化がみられるようになる。ここに、保田の御杖から宣長への力点の変化がみてとれる。保田の「イロニー」は、現実社会に適応しつつ中古を理想化して生き、現実社会を相対化した宣長の「偽装」をなぞることとなる。それゆえ、「イロニー」を語る保田の口吻はますます激しくなるが、そこに権力側の言説との外形的類似がみられるようになるのである。このような現象は、とりわけ戦争をめぐる言説に顕著である。「正しい偉大な戦争」とは、「思想上の創造」であり（「文化の世界構想」一九四二）、聖戦論として農を中心とした民の生活の保持を説く（「攘夷新論」一九四四）。保田が主張する「戦争」や「総力戦」の内実は、実際に行われた「戦争」や「総力戦」とはあきらかに異なっている。だが、その言説は外形上、総力戦への参加を煽った権力側の言説と一致してしまう。

その理由として、保田の自意識、美意識の増大を挙げることができる。「偉大なる敗北」に自己を投じようとする保田の自意識、美意識は「俗世間」から理解されない「玉砕」の論理を展開し、その精神を美化する（「玉砕の精神」一九四三）。「皇軍の本質」とは「偉大なる敗北」であり、「悲劇」を厭わずに甘受し、むしろそれを望む精神であった（「憤激の心を己に見定めよ」一九四四）。保田は「戦争は大悲劇であり、大沈痛であり、さらに大慈悲である」と主張し（「大東亜文化論の根柢精神」一九四二）、戦争の本質を「人を死なし殺す」ことであると看破している（「有馬少将の遺書」一九四四）。それゆえ、本心においては反対してやまない戦争に身を投じ、戦歿することが「偉大なる敗北」であり「悲劇」となる。これは、後鳥羽天皇から光平にいたる国文学史に保田が見出した美学にほかならない。

さらに保田は、この美意識を発展させる。戦歿は「自殺的討死」になぞらえ、肯定される（「現代日本に缺如せるもの」一九三九）。保田は戦後、戦中を振り返り、「すべての若い精神の誠実さが、邪悪なものに奉仕せぬことの証をたてることは、神に対する最も高いつとめである」（「ヱルテルの死以後」未発表）と述懐している。保田が戦歿すなわち「自殺的討死」という美意識によって守ったのは、「邪悪なものに奉仕せぬこと」という内面の自由であった。それは一見、保田が敬愛してやまない宣長の「偽装」としての生をなぞっているようにもみえる。しかしながら、保田の「偉大なる敗北」の「悲劇」は政治から切断されたものであり、政治的な主張、行動を伴わないものであった。そしてなにより、強いられた死という運命に抗わず理解されないことに最大の「美」を見出していた。

それゆえ、中古を理想化して「今」に対する冷徹なまなざしを保ち、「今」に翻弄されないことをめざした宣長とは異なり、保田の思想は「死」を強いる権力側の言説との外形的類似をもたらすことになる。そしてそれは、皮肉なことに消極的な戦争協力を行うことになるのであり、権力にとっては外面的操作をしやすい主体にほかならなかった。保田のような自己を美と一体化させる言説は、戦争遂行を目的とする権力側に取り込まれやすい。軍部イデオロギーは国家のために死ぬことを強要したのではなく、桜に象徴される「美」と一体化し、それを守るために死ぬことを暗示した。とりわけ、煩悶することに疲れた若者たちは、美的なるものとの一体化を迫る言説に取り込まれやすかった。保田の思想もまた、この構造を有していた。桜を「偉大なる敗北」の象徴として美化したのであった（「若桜こそ尊かりけれ」一九四五）。

保田は柳田、折口と異なり、郷土や共同性に対するイメージがきわめて希薄であった。日本浪曼派も共同生活とはかけ離れた「サロン」に留まり、保田が重視した「米作り」にも「祭り」にも共同性イメージが欠如していた。保田は「サロン」への志向を鮮明にし、伴林光平に代表される憂国の情を抱きつつ敗北していった集団に自己同一化しつつも、イエや郷土、あるいは「親密圏」などに対する共同性よりも自己の美意識を優先させ、戦局の激化につれて主観主義的立場を強調することとなった。それゆえ、保田の自己の言説に対する主観的な位置づけと政治的イデオロギー性に齟齬が生じる結果となったのである。なにより保田は、神道を神学ではなく宗教的情緒や情操にもとづくものとし（「涙河の弁」一九六三）、これを宗教観念より「たしかな」ものであるとしている（「天道好還の理」一九六四）。保田の神道は神学といいうるものではなく、権力批判の契機としては不徹底なものである。

また、保田の自我は「偉大なる敗北」への志向に彩られており、政治的行動には直接むすびつかなかった。たしかに美意識を中心とする文化・芸術を政治より優位に置いていたが、あくまでも政治や社会等の外的世界の動向は美的な感興や情緒や意識を生みだす契機として意味づけられているため、非政治的ではあっても反政治的になりえなかった。このような意味において、まさに保田の思想はドイツ・ロマン派に代表される「政治的ロマン主義」（die politische Romantik）の位相にとどまった。

保田は私的世界を重視して主観主義的立場を強調するあまり、他者との共同性を結果的に軽視し現実への追随にとどまることとなったのである。それゆえ、保田は近代国学をめざしながらそこから逸脱し、権力側の言説との外形的類似を示し、外形的には容易に権力の操作を受ける隘路に陥ったのであった。保田が一貫して主張しつづけた、米作りを重視し、神々との祭祀につながる日常生活を尊重する「生」のあり方は、戦局の悪化にしたがい「倒語」として語られることがなくなっていった。外形的には、保田は読み替えられた「死」を語りつづけたが、複雑な「イロニー」の彼方に保田が切望していたのは「生」であったのである。

保田がたどった軌跡は、「失われた世代」のそれと同様であった。彼らは政治的な態度を表明できず、戦争に表立って反対できぬまま、内面の自由を保持するために国家のために死ぬのではなく、みずからの信ずる美のために死ぬという読替を行ったのである。権力への「抵抗」が即「死」につながりうる状況下において、それは彼らが示しうる最大の「抵抗」であったことは間違いない。しかしそれゆえに、権力側からは容易に利用されることとなった。彼らが身をもって示したのは、そのような逆説であり「偉大な敗北」という悲劇であり「イロニー」であった。保田が戦中に熱狂的に支持されたにもかかわらず、戦後は「忘れられた思想家」となり、さらには激烈な批判の対象となってきたのは、このような「失われた世代」の隘路の象徴であったためである。保田の思想・生き方そのものが、権力をめぐる「イロニー」の体現にほかならなかったのである。

第6章

折口信夫の思想

1 〈弱さ〉と文学

柳田の弟子であり、保田に影響を与えたのが歌人・釈迢空《しゃくちょうくう》としても著名な折口信夫である。折口は大阪府第五中学校、國學院大学国文科を経ているが、その国学観は國學院主流派と相容れなかった。折口の祖父、父はいずれも折口家の養子であり、母の妹である同居の叔母が父とのあいだに双子を産むなどの複雑な家庭状況にあって、自身も両親の実の子なのか出生に疑惑を抱き続けるなど、イエに対して複雑な心情を抱いていた。▼1

師・三矢重松（一八七二〜一九二四）の「源氏物語全講会」を遺族の勧めで再興した（一九二四年）ことから、折口はくり返し『源氏物語』を論じている。だが『源氏物語』は時局柄、不敬文学であると否定的に扱われていた。しかし折口は、『源氏物語』から貴人がみずからの罪によって身をやつして遠い地をさすらい、その苦悩により罪をあがなうという話型を抽出して「貴種流離譚」と命名した（「日本文学の発生　序説」一九四七）。そして、この伝承を「人」が「流離・困憊の極」や「死の解脱」によって「神」となるという主題をもつものとして類型化した。このような伝承の背景として、古代以来、「神の子」が人間界に出現して「神」となるという信仰があったのである。

折口によれば、『源氏物語』は日本の小説のもつべき主題や理想を完全に示しているという（「日本の創意」一九四四）。とりわけ重要なのは、「源氏物語の場合は、常に他人と同化出来ない、むしろ源氏の弱さから、他人と違つた源氏の純潔なものが出て来る」（「慶應義塾大学通信教育講座教材　国文学」一九五一）と、光源氏の〈弱さ〉を指摘していることである。また折口は、光源氏を尊敬すべき理想の男性像とみなし、「大和魂」という単語を用いて説明する。「大和魂」とはあくまでも「文化的な心」であり、日本文化をしっかり備えた心を意味する。教養人は、「唐才《カラザエ》」すなわち外国文化の知識と「大和魂」を兼ね備えなければならない。「大和魂」は、「世の中を処理し判断して行く立派な魂」と定義づけられるのである（「人間としての光源氏」一九五四）。折口は〈弱さ〉をもつ光源氏が過ちを犯しつつも反省し、向上して神に近づこうとする営みを肯定して贖罪を見出し、迷う姿を評価する。

図6-1　折口信夫

> 源氏物語は、我々が、更に良い生活をするための、反省の目標として書かれてゐた［…］。光源氏の一生には、深刻な失敗も幾度か有つたが、失敗が深刻であればある程、自分を深く反省して、優れた人になつて行つた。［…］この点は立派な人である。［…］内からの反省と外からの刺戟と、こゝに二重の贖罪が行はれて来

ねばならぬ訣である。(「反省の文学源氏物語」一九五〇)

そしてさらに、折口はそのような光源氏を描写した『源氏物語』こそが、「日本人の最も深い反省を書いた、反省の書」だと断言する。最終的に折口は、光源氏に天皇の理想像を見出す(「反省の文学源氏物語」)。弱く、過ちを犯すこともあるが反省と向上をくり返して神に近づこうとする天皇像、人間像は、折口が宣長から学んだものであった。折口は、宣長ほどの『源氏物語』の理解者は今後もそれほどは出ないという。そして、「先生は結句、自分の考へを『もの、あはれ』と言ふ語にはち切れる程に押しこんで、示されたものだと思ふ。私の色好み論も、宣長先生のあとを追ひさうな気がする」と締めくくっている(「国文学」)。折口は、宣長の人間観を継承したのである。▼2

折口は、青年期に自殺未遂をくり返した。生命ははかないものであるからこそ生死の境はあいまいであり、そこに人間の生死を決定する神という生命を超越した絶対的な存在を想定せざるをえない。それゆえ、はかない生命を自覚したうえで、それでも生きようとする意志に美を見出す。このことを示すのが、「芥川龍之介さんが、あんなに死にたいならば、あんなに死に栄えのする道を選ばなかつたらよかつたと思ひます。世の中には死にたくつても、それを以て死んだ、と思はれることの堪へがたさに生きてゐるものが、沢山あるのです」(「緑が丘夜話」一九二八)という発言である。折口は、幾多の困難を乗り越えてそれでも生きようとする意志、精神を言祝いでいる。「生」とは困難に堪えて生きようとする意志を内包するものであり、それゆえに尊く美しいのである。

そして、生死の境があいまいで生がはかないものであるゆえ、折口は人間を死へと誘導することを厭い、死を礼賛し死に美を見出す言説を峻拒する。青年時代を振り返り、「日清戦争は死のたやすいことを、事実を示して経過した。修身書も、文学書も、累代の宗旨も、皆生を重いものとは教へなかつた。生の重大なことは、知識として授けられても、情調は死を肯定し懐かしんだ。[…]学校や社会の訓ふる所は、生に執着してはならないといふことを、国民的生活の第一信条としてゐた」(「零時日記Ⅰ」一九一四)と述べ、死を美化し礼賛する言説を批判している。

このことは、万葉論にも顕著である。人間の生命の相場が「一分五厘」にすぎないとされた近世以前には、人びとが「死を厭ふをたけび」を挙げて死んだという。人びとは死への拒絶感をオホクニヌシに投影し、オホクニヌシを死後に復活した不死の存在として措定したというのである(「万葉びとの生活」一九二二)。だからこそ折口は、出征を厭い家庭生活に想いを馳せた「万葉びと」の心情を慮る(「万葉集に現れた征戦の歌」一九三二)。そして防人歌から「忠烈悲壮なもの」や「家を思ふ心・忠君的な思想」を読みとるのではなく、「『防人にさす』と男らしく不平を吐き出した直截な点」を評価すべきだと指摘する(「万葉集講義一」一九三二)。

さらに折口は特別攻撃隊精神を「悲痛なる美の精神」と称し、「その精神の輝く窮極の美」をさらに完成させようとして死に赴いたと指摘する。そのうえで、「日本精神・愛国心、その他われわれの感激を揺る語はその時々、痛切感を以て語つてゐるのだが、現実に直面するとその空疎だつたのに驚く。それ程現実の烈しさは、われわれの常の生活を蹴飛ばしてしまふのである」と批判している(「悲痛なる美を完成する人々」一九四五)。「悲痛な」特別攻撃隊を美化し「感激」する言説は、「空疎」なものにすぎないのである。

このような生命観は、短歌論に顕著に表れている。折口は生命や自然を単純には言祝ぐことができず、男性的で大らかな家風の「ますらをぶり（益荒男振り）」に徹しきれなかった。斎藤茂吉（一八八二〜一八五三）は、折口を「君の今度の歌は、なんだか細々しく痩せて、少ししやがれた小女《こをんな》のこゑを聞くやうである」と酷評した。これに対し折口は、茂吉らを「力の芸術家として、田舎に育たれた事が非常な祝福だ、といはねばなりません」と皮肉り、「万葉ぶりの力の芸術を、都会人が望むのは、最初から苦しみなのであります」と主張した。「ますらをぶり」の重要性を認めつつも、ひとや鬼神を動かす力があるという意味において女性的で優美な歌風の「たをやめぶり（手弱女振り）」も「ますらをぶり」と同様の力をもちうると指摘し、「たをやめぶり」を「ますらを」の力に「浄化」する日が来るに違いないと述べた（「茂吉への返事」一九一八）。

折口は、関東大震災を機に叙情のみを重視する短歌への批判を強め、非定型口語詩への転換を試みた[▼3]。同時に、奢侈に耽る人びとへの罰として震災が起こったとする天譴論に疑いを抱くことなく納得してしまう人びとの姿を目の当たりにし、「頑固なわけのわからぬものを与える」宗教の必要性を痛感した（池田彌三郎『私製・折口信夫年表』一九六一）。非定形口語詩への転換は、「真の意味の万葉調、厳正なるますらをぶりの力を、完全に生み出す迄の、此陣痛の醜いのたうち廻る容子を見て頂きたい」（「茂吉への返事」）という、茂吉に対する一種の「挑戦」でもあった。折口は「たをやめぶり」こそが「厳正なるますらをぶり」であると主張し、そこに「力」を見出した。そこで試みたのは、「たをやめぶり」の復権であったのである。ここに、人間の〈弱さ〉の肯定をみることができる。〈弱さ〉を直視しながら生きることの重要性を主張したのである。

2　「道念」と天皇

折口は平安期の物語、日記の敬語表現に着目し、これらの文章を伝達する伝達者「みこともち」の存在を読み解く（「神道に見えた古代論理」一九三五）。「みこともち」とはみこと、すなわち神言を伝達する者という意味である。そのなかの最高位の「みこともち」が天皇であり、天皇は天神の「みこともち」である（「神道に現れた民族論理」一九二九）。しかも、いかなる小さな「みこともち」でも最初にみことを発した者と少なくとも同一の資格を有し、皆、神言を伝えている際にはその力を受けて神と同一になるという（「神道に現れた民族論理」一九二九）。したがって、みこともちの力は外在的な、神から一時的に付与されたものにすぎない。神言を唱えていないときは神ではなく、人間である。つまり、天皇は神ではなく人間にほかならない。ここに、天皇非即神論の論理が成立する。

一方、神言伝達の瞬間は神と同格になるという発想が後年永続することにより、天皇が天つ神であるという観念が誕生し、このことを「惟神《かむながら》」ということばで表現するようになった（「神道に現れた民族論理」）。だが「神そのまゝ」という「かむながら」の解釈は適当ではなく、「かむながら」は「『神であつてまた人で』ある資格」を示し、それ以上に「人であつてそれに神である」ことを含意する副詞である。このことを示す名詞が「現神《アキツカミ》」であるという（「神道に見えた古代論理」）。天皇は現神ではあるが現人神ではない。

折口はあくまでも、日本における天皇神格は譬喩ではなく、「信仰上の事実」であるとし、天皇が「現神」である理由を「みこともち」論と後述の大嘗祭の論理に限定する（「古代生活における惟神の真意義」一九三〇）。しかも、「今では神様のやうな方と、たとへのやうに申しますが、昔の人は天皇陛下を現つ神と申上げた」（「民族生活史より見たる農民の位置」一九三三）とし、かつて天皇は人でありながら神でもあると信じられていただけにすぎないという。戦前の折口は表面上「現人神」論に見える議論を行いながら、実際には「現人神」とはまったく異なる「現つ神」のあり方を想定していたのである。

戦後の折口の論によれば、天子即神論の主張は明治以降に成立したものであり、「数度の戦争の間」に天子即神論が栄えはじめたのだという（「宮廷生活の幻想」一九四七）。戦後の講義において、「これは恥ずかしいが、ごく最近まで、戦争が済むまで、天皇即神論だった」（「神道観の改革」一九四六）と述べている。折口が戦後、天子即神論否定に用いた根拠、論理は「みこともち」論やそれにもとづいた惟神、現人神概念であった。折口の戦後の天子非即神論は戦前・戦中にその萌芽があり、戦後の天子即神論の虚構性の自覚を経て、改めて展開されたものなのである。

筧克彦（一八七二〜一九六一）は、「神ながら」は「神様又は神様の御心其のまま」の意であり、「神ながらの道」は「本来動きなく定まりつつある御一系、唯一なる天皇の総攬の下に、之と離れぬ上下人々の本来の一心同体を実現すること」であると主張した。そして筧は天皇を「神、然も最高なる神の表現として存在せらるる御方」と称した。それゆえ、天皇を戴く日本はすべての国家の頂点に君臨するという（『神ながらの道』一九四一）。

これに対して折口は、以下のように筧を批判している。

惟神なる語は近頃では、筧博士に依つて盛んに用ゐられて居り、［…］我々の生活も惟神の道であるというやうな事がよく言はれてゐるが、果してさう言へるであらうか。私は、我々自身の生活に惟神の道があるとは、おほけない言ひ方であると思ふ。（「古代生活における惟神の真意義」）

折口は一九四五（昭和二〇）年一〇月に、「天子さまを神といったりするいい方は出来なくなるだろう。［…］西洋人は宗教の力を信じているから、日本の天皇が神であるといえば不満だろう」と発言し、戦中に國學院大学学長を務めた河野省三（一八八二〜一九六三）を批判している（戸板康二『折口信夫坐談』一九七八）。あくまでも、天皇非即神論を主張していたのである。

折口は、宮中祭祀とりわけ大嘗祭に関する論を展開することにより、天皇即神論に異を唱えた。大嘗祭の最大の目的は「鎮魂式」とされる「たまふり」「みたまふり」、「たましづめ」であるという。天皇に外来魂を付着させることが第一義、「分割の魂」を人びとの「内身」に入れることが第二義、そして鎮魂を意味するのが第三義である。とりわけ、大嘗祭における鎮魂が外来魂の付着を目的としていることを明記する。しかも、「此鎮魂を行ふと、天子様はえらくなる」と指摘している（「大嘗祭の本義」一九二八）。すなわち、天皇霊、群臣の魂、各国の魂などの外来魂の付着を天皇権威の源泉とみなすのである。

昔は、天子様の御身体は、魂の容れ物である、と考へられて居た。天子様の御身体の事を、すめみまのみことと申し上げて居た。［…］此すめみまの命に、天皇霊が這入つて、そこで、天子様はえらい御方となられるのである（「大嘗祭の本義」）。

天皇の身体とは魂の入れ物であり、天皇霊が入ってはじめて天皇は天皇としての権威、権力を身につけることができるというのである。したがって、「天皇の御身体ばかりでは未だ天皇ではない」(「古代生活における惟神の真意義」)。そして肉体には生死があるが天皇魂は一貫して不変であり、肉体は変わっても、魂が入ると「全く同一な天子様」となる。血統上は天皇が先帝から皇位を継承したことになるが、信仰上は先帝も今上天皇も同一で、等しくアマテラスそのものである(「大嘗祭の本義」)。すなわち、身体は一代ごとに変わるが魂は不変なのである。

一九四七(昭和二二)年の講義において、折口は「天子は、天照大神の必ずしも血族でなくても、信仰においてはさしつかえなかった」と発言している。天子は天つ神が始めた「仕事」を伝承していた「人」にすぎないのであり、血族関係は考えなくてもよいという(「神道概論」講義、一九四七)。折口が重視しているのはあくまでも魂、「仕事」の継承であり、血統はさほど重視されていない。しかも、「真床覆衾」による物忌みを経て「血統以外の継承条件をも獲られたものであらう」と述べる(「小栗外伝」一九二九)。この理論を突き詰めれば、究極的には皇統外の人間による皇位継承も想定されているのであり、このことは折口が当時の万世一系思想に批判的であったことを示すのである。

大嘗祭では悠紀殿・主基殿と呼ばれる仮設の神殿が建てられ、一晩に同一の神事が二つの神殿のなかでくり返し行われる。日の皇子となるべき人物はその資格を完成させるためにこの神殿の寝所にこもって深い物忌み、鎮魂《ミタマフリ》を行う。このとき真床襲衾《マドコオフスマ》と呼ばれる裳にくるまれているあいだに天皇霊が付着し、物忌みが終わると真床襲衾が取り除かれる。そして日の皇子は斎場《ユカハ》で禊ぎに奉仕する「水の女」によって天の羽衣を脱がされ、聖婚が行われる。「性の解放」があるのである。▼4 かくして、日の皇子は神人となる（「大嘗祭の本義」）。そののち乳母の乳、飯嚼《イヒガミ》の飯によって外来魂を付着させるという（「大嘗祭の本義　別稿」一九二八）。

群臣が天皇に対して寿言を述べることにより、群臣の魂が天皇の身体に付着する（「大嘗祭の本義」）。このことは群臣が守護霊を天皇に献上することを意味しており、それが「天子が、国々を統治して行かれる根元力」となる（「上代貴族生活の展開」一九三三）。また、かつては大嘗祭時に東方の国と西方の国を指す悠紀・主基二国から風俗歌を奉納し、各国の魂を天皇に付着させた。さらに悠紀・主基の地位の高い巫女である造酒子《サカツコ》や稲穂の君らが大嘗祭前に稲の魂を守って都へ行き、酒を造ったり飯を炊いたりして天皇の身体に稲の魂を付着させたという（「大嘗祭の本義」）。折口は、これらを各家庭や神社の祭りに通じる大嘗祭、新嘗祭の本質とみなす（「祭りの話」一九四七）。これこそが、天皇の「まつりごと」の本質であった（「大嘗祭の本義」）。大嘗祭の主眼を外来魂を天皇の身体に付着させることに置いている点に、折口の独自性がみられる。他者の霊魂である外来魂の存在なくして天皇は天皇たりえず、権威が得られない。ここに、他者の到来という発想がうかがえるのである。

柳田と折口の大嘗祭論の相違点としてさらに重要なのが、大嘗祭に関わる人びとと天皇の関係、とりわけ、「水の女」、あるいは「神の嫁」と称される巫女や皇后などの役割である。

其処に水の女が現れて、おのれのみ知る結び目をときほぐして、長い物忌みから解放するのである。

即此と同時に神としての自在な資格を得る事になる。〔…〕みづのをひもを解いた女は、神秘に触れたのだから、神の嫁となる。（「水の女」一九二七）

かくして、天皇は「解放されて、初めて、神格が生ずるのである」（「大嘗祭の本義」）という。最終的に天皇に最大の力を賦与するのは「水の女」であり、霊的な秩序に関しては天皇と「水の女」の位置が逆転していることになる。「水の女」の存在なくして天皇は天皇たりえない。折口は上下関係を前提としつつも、臣下の役割を重視しているのである。同様に、寿言を述べることによって魂を天皇に「差し上げる」群臣、天皇に外来魂を付着させる役割を担っている乳母、飯嚼、造酒子、稲穂の君らが存在しなければ、天皇単独では天皇にはなれない。

このような折口の天皇論は、天皇に後述の親密圏イメージを投影したものと考えられる。天皇を中心とし、「水の女」や臣下による親密圏が形成されているのである。「水の女」や臣下の存在がなければ天皇の存在は成り立たず、天皇は天皇たりえない。天皇が天皇としての神聖性を発揮できるのも、これらの人びとがあってのことである。このような大嘗祭論は、天皇が単独で行う潔斎を重視する柳田の大嘗祭論の対極に位置する。イエを重視した柳田と親密圏を主張した折口の相違は、天皇論にも反映されているのである。

そもそも折口は、信仰における女性の役割を高く評価している。「国家意識」が成立した頃から、下級巫女であった采女を通じて信仰の習合がはかられた（「国文学の発生　第二稿」一九二七）。しかも宮廷の女性たちは「みこともち」としての役割を果たしていたという（「神道に現れた民族論理」）。この論の背景には、明治以降の巫女の排除が存在する。盲人のギルドである当道座が太政官布告等によって解体され、漂泊の芸人・宗教者が駆逐された。ついで文明開化期には迷信、民間習俗、慣行、行事が禁止され、巫女等が排除・追放され巫女儀礼が禁止された。したがって、このような巫女論は宗教政策批判でもあった。柳田の「巫女考」同様に、それを継承した折口の巫女論もまた神社合祀への批判であったのである。

そして、折口がとりわけ重要視したのが、「水の女」である。宮中祭祀における皇后の役割の大きさから「中皇命」に着目する。神と天皇の仲立ちをする存在が「なかつ・すめらみこと」であるとし、女帝はそもそも「なかつすめらみこと」であり、「男君から男君への、中つぎのすめらみこと」ではないと主張している（「万葉集研究」一九二八）。すなわち、女帝を中継ぎであるとみなす歴史学者・喜田貞吉（一八七一～一九三九）の説（「中天皇考」）を否定し、天皇制の本質を「なかつすめらみこと」が神意を受け、「すめらみこと」がそれを元に政治を行うことに見出したのである。この「なかつすめらみこと」が前面に出て来るのが、女帝のあり方であるという。それゆえ、「なかつすめらみこと」のみが存在したとしても実際の政治を行う者がいれば国は整っていったとし、折口は女帝の存在を天皇制の伝統に則したものとして肯定しているのである（「女帝考」一九四六）[5]。

源氏物語論に顕著に表れているように、折口は天皇を強者、権力者とは想定していない。それゆえ、一九二四（大正一三）年の『東京朝日新聞』の「探してゐるもの」欄に「争臣を」と題したエッセイを寄せ、「探しても見つかりさうもないものを申し出た方がぱらどつくすめいても、気持ちはよい様です。私は、『争臣を』とお答へします」（「争臣を」一九二四）と記している。「争臣」とは、君主に諫言し、聞き入れられなければ命を捨てる覚悟をもっている臣下のことを意味する。したがって、折口は天皇の存在を絶対君主であるとはみなしておらず、親密圏イメージとも相俟って補弼する臣下、すなわち官僚や政治家一般の責任を重視し、「争臣」を求めているのである。このような認識は、自由主義と国際協調を基調とした一九二〇年代の政治状況にも一致する。

実際、折口は以下のように記し、天皇の存在の「寂し」さを指摘している。

天子は、我々が考へるよりももつと、何も持たない方である。平安期に於ける天子の位置は実に寂しい。〔…〕御自身は、何も持つて居られなかつたのである。勢力ばかりでなく、何の所有もない程すがすがしい生活〔…〕信仰的な尊い位置は、全く何もない、わびしい、辛い、たまらない生活であつたのであらう。（「古代の氏族文学」一九四八）

そしてなにより「宮廷の神道では、〔…〕その［身分の］高い人ほど、厳重な物忌みをしたのであつた。今でも、大嘗祭に当つては、天皇が一番、お苦しみになるのである。三度も、風呂をお召しになる。〔…〕昔は、宮廷では、天皇が一番、苦しんでゐられた。一年を通じて、殆絶えることなしに続く祭りを、御親祭になるお苦しみは、非常なものであつた」（「古代人の思考の基礎」）と、天皇の祭祀に伴う物忌みの苦しみを指摘する。私的所有が禁じられ、祭祀の負担も重い天皇への同情を、折口は禁じえない。しかも、天皇は「魂の容れ物」にすぎず、自己の恣意的な判断を入れる余地も自由もない。

したがって、折口の有名な歌「大君は　神といまして、神《カム》ながら思ほしなげくことの　かしこさ」（『天地に宣る』一九四二）もまた、天皇非即神論を詠んだことになる。なぜなら、天皇の祭祀の負担を念頭に置いたうえで、「人間である大君は、いま神のみこともちとしていらっしゃって、神ではないのに神さながらにして、お思いなげきなさることの、おそれ入ったことだ」（岡野弘彦『折口信夫伝――その思想と学問』二〇〇〇）という解釈が成立するからである。従来、この歌は折口の天皇即神論を示す「戦争協力」の証拠であるとされ、『天地に宣る』自体が戦争協力・戦争賛美の歌集であると批判されてきたが、そのような解釈は妥当性を欠く。

また戦後、一九四六（昭和二一）年、東京都世田谷区民による「米よこせ区民大会」参加者が「朕はたらふく喰っている」というようなプラカードを掲げて皇居へデモを行った際には、折口はなんという恥知らずなことをするかと怒り、「この間まであの人〔昭和天皇〕は人間である自由すら持つことが出来ず、その犠牲の上に国民の心の集中と軍国の繁栄が成り立っていたことを、戦に負けるとたちまち忘れて、みずからを省みることもなく掌の裏を返すように行動する日本人の軽薄さこそ、国を滅ぼすもとなのだ」と、昭和天皇への同情と市民への憤りを表していたという。折口の想定した「わびしい、辛い、たまらない生活」に堪える「寂しい」天皇像もまた、一面の真実を反映していると考えられる。そして、このような天皇像こそ、宣長が示した、「凡人」を包摂する温かい「現人神」天皇像の継承であるといえるのである。

3　神道普遍宗教化論

折口は、戦前から神社神道を手厳しく批判している。たとえば、経済活動に余念がない神職らの様子を揶揄し、「此調子では、やがて神職の事務員化の甚だしさを、歎かねばならぬ時が来る。きつと来る」と断じている（「神道の史的価値」一九二二）。由来の古い神社の特殊神事などの「旧伝習」を、長い過去と広い民衆の情熱から織りなされているものであり、政治意識あるいは教化意識から出たものとは異なると定義し、神社神道を「極めて劃一せられ、その劃一的な理想、寧空想が、だんだん由来の古い神社の特殊神事を、平凡に、常識的に、合理化しようとしてゐる。[…]単に抽象的な、当世向きの功利主義から出た、極粗雑な整頓を試みたに過ぎないといふ欠陥があるのではなからうか」と批判するのである（「民間神道と神社と」一九二九）。

折口が批判するのは、宗教としてではなく、政治の所産である神社神道である。神社も神職も民衆意識から乖離してしまい、支持を失ったのだった。さらに神職に向かい、日本精神論に無批判に取り込まれていく神社神道を痛烈に批判する。

> 神道そのものが、吾々の生活に常にあるのでなくてはならないと思ひます。何か国民精神の揺ぎ出したやうな時に、神道をかつぎ出すやうではいけない。[…]実践すると言ふことが、つまり「神ながらの道」であります。[…]併し、世間の人々は抽象的に考へてゐます。日本人の理想や善と思ふことを皆持つて来て、それを説明してゐます。[…]よい事なら仏教にも儒教にもある筈です。それを何でも皆神道に入れてしまふので不純なものになります。これは本道の神道からは迷惑なことです。[…]

事実、日本的なものには合つてゐない事が多いやうな気がします。今のふあつしずむの様なものです。（「神道と民俗学」一九三二）

神道は「宗教」でなければならず、信仰は日々の生活のなかで実践されねばならなかった。だが、現実には神職は「事務員化」し、神道は抽象的な道徳として日本主義の主張に取り込まれてしまった。非常時に体制を正当化し国民を動員する手段として、神道が利用されていることに折口の憤りがあった。国家に歩み寄り利用された神社神道は、「ふぁつしずむ」にほかならなかったのである。このように、神社神道に対する先鋭的な批判意識をもちつづけていたのであった。

折口が、このような神社神道批判の拠り所としたのが国学であった。自身を「国学最後の人」であると規定し、国学を「『気概』の学」ととらえている（「国学とは何か」一九三七）。

総ての国文学の中から自由なる道念をば引き出して来て、我々の清純なる民族生活を築き上げようとする欲望、それを学風としてゐるものが国学なのです。［…］非常に自由に、日本の国文学及び国文学的な伝承の中から出て来る道念、今の言葉で言ふともらるせんすと申しますが、それを引き出して来て我々の清純なる民族生活を築き上げて行く、その欲望を学風として居るのが国学ではないかと思ひます。（「国学と国文学と」一九三七）

「道念」すなわち「もらるせんす」を基準とし、「気概」を発するのが国学者であるという。折口は憤りを「おほやけばら」といい、「これで一体どうすればよいのだと言ふ激しい気持ち」とした。

そして「気概」を発し公憤を発することを、「公腹がたつ」と表現した。また五・一五事件（一九三二）や二・二六事件（一九三六）を、判断力に欠けた気概だけの持ち主や国学の知識のない「反動論理の徒」の所業と断じ、テロリズムを否定している（「三矢先生の学風」一九三六）。「気概」の学としての国学は暴力によらない社会や国家批判であり、時代批判でもあった。とりわけ、二・二六事件では天皇機関説の打破、すなわち内閣の機能不全と天皇側近の天皇補佐を不可能にすることが目的とされ、天皇と側近が弱体化された。「争臣を」と述べて、天皇を補弼する臣下の役割を重視した折口には、臣下に対するテロリズムは許しがたいものであったのである。

折口が主張した国学とは、古代の美しい文学・芸術と比較し現代に対する「新しい反省」を行い、「美しい世の中」を築き上げようとするもの、すなわち一種の文芸復興・社会復興であった。しかも、「世間に迎合する、おべんちやらの野幇間《ノダイコ》学問」のような「弱いしり」はないのだという（「異訳国学ひとり案内――河野省三足下にさゝぐ」一九二〇）。加えて、「国学者といふものは学者なんです。学者といふものは壮士ではない。だから争ふ為に生きてゐるのではない」と述べて、国学が暴力にむすびつくものではないと強調している。折口は暴力や武力によらず、「道念」を死守する「平時の国学・平穏時の国学」への覚醒を主張したのであった（「国学と国文学と」）。

戦後、一九四五（昭和二〇）年一二月に、GHQによって完全な政教分離をめざした神道指令が出され、翌一九四六（昭和二一）年元旦には、昭和天皇が詔書によってみずからの神格を否定し、いわゆる「人間宣言」を行った。これらの動きにより、神社神道は存続が危ぶまれる状況となった。この時期、折口は「国学は今正に、新国学を名のつて、鮮やかに出直す時が来た。［…］日本宗教学を確立すべき時が来たのである」（「新国学としての民俗学」一九四七）と述べた。敗戦を「神々の死」、宗教心をもたない日本人の心の敗北と認識していたのである。

神様が敗れたといふことは、我々が宗教的な生活をせず、我々の行為が神に対する情熱を無視し、神を汚したから神の威力が発揮出来なかつた［…］神々に対する感謝と懺悔とが、足りなかつたといふことであると思ふ。［…］神をこのどん底に落したのは、我々神に仕へる者が責任をとるべきだ。
（「神道宗教化の意義」一九四七）

折口は「神々の死」をつねに意識していたが、それを決定的なかたちで宣告したのが敗戦であった。折口は講義中に、「日本人が自分たちの負けた理由を、ただ物資の豊かさと、科学の進歩において劣っていたのだというだけで、もっと深い本質的な反省を持たないなら、五〇年後の日本はきわめて危ない状態になってしまうよ」と「憂いに耐えがたいという面持」で述べたことがあったという（岡野弘彦『折口信夫伝』）。この「憂い」が、戦後の神道普遍宗教化論への想いを新たにさせたのであった。[6]

折口は「日本では、昔からよいときにも悪いときにも、全体というものが考えられず、自分らの生活を守るために戦争をするのに、天子さまのために戦うのだと言うて、責任を天子にもってゆく。［…］日本人の道義観は、その点から見ると幼稚である。［…］道義学から、この考えだけは排除せねばならぬ」（「心意伝承」一九三六）と、苦言を呈していた。戦後もこのような認識は変わらず、「今、悪い子どもは、親が責任を負わせるものを失ったことを悦んでいるだろう。今までは親たちは天皇にのって、しゃべっていたのだ。それがなくなってしまった。しかし今はそれを神に負わせればいい」（池田彌三郎『私製・折口信夫年表』）と、責任者のみに一方的に責任を負わせ、自己の責任を追及しない構造を批判していたのである。

この構造は、丸山眞男（一九一四～一九九六）が「無責任の体系」（「軍国主義者の精神形態」一九四九）として指摘した構造と共通する問題意識を提示している。天皇を頂点に戴くことにより天皇以外の人びとは「無責任の体系」に組み込まれ、個人の行動はすべて天皇の名の下にそのつど上位者から強制されたものとして認識され、反省の契機が生じないのである。丸山は天皇も責任を取らないと批判していたが、折口の場合は、丸山の「無責任の体系」より広く、一般国民まで含めて戦争責任を論じる。個人の行動規範は神と個人との関係にもとづいた「道念」ではなく、国家への帰属意識からもたらされ、責任主体としての個人という概念は消滅する。それは、折口にとっては神への冒涜にほかならなかったのである。

一方で、戦後の折口の問題意識のなかにつねにあったのが、膨大な戦死者の未完成霊であろう。折口の養子・春洋《はるみ》は硫黄島で戦死している。従来の日本人の霊魂観――とりわけ柳田民俗学――は祖先信仰を核に据えていたため、霊魂は子孫によって祀られるべきものとされていた。だが、春洋のように未婚で子孫がおらず、さらに天寿を全うしなかったり、異国で異常死を遂げたりした霊魂は怨みを残しやすい。春洋のような戦歿者は、容易には鎮められない未完成霊の最たるものであった。春洋のみならず、数多くの若者が戦死し未完成霊となった。「慰められない霊はやはり国の中に充ちて居る」（草稿「随想三題」執筆時期不明）と記しており、未完成霊を完成霊に導く論理の模索は折口の責務であった。生涯独身で子に先立たれた折口自身も未完成霊の仲間であったからである。

折口の霊魂観の集大成が、一九五二（昭和二七）年の「民族史観における他界観念」である。まず祖先信仰とそれにもとづく霊魂観を概括したうえで、以下のように主張する。

何の為に、神が来り、又人がその世界に到ると言ふ考へを持つやうになつたか。さうして又何の為に、邪悪神の出現を思ふやうになつたか。最簡単に霊魂の出現を説くものは、祖先霊魂が、子孫である此世の人を慈しみ、又祖先となり果たさなかつた未完成の霊魂が、人間界の生活に障碍を与へよう、と言つた邪念を抱くと言ふ風に説明してゐる。[…] 私は、さう言ふ風に祖先観をひき出し、その信仰を言ふ事に、ためらひを感じる。この世界における我々――さうして他界における祖先霊魂。何と言ふ単純さか。宗教上の問題は、祖・裔即、死者・生者の対立に尽きてしまふ。我々は、我々に到るまでの間に、もつと複雑な霊的存在の、錯雑混淆を経験して来た。（「民族史観における他界観念」一九五二）

ここにおいては祖先信仰の否定が試みられ、未完成霊の行方が主要テーマとして掲げられている。折口は、明治神道の解釈が近代神学一辺倒であり、この亡霊の処置を「つけきつてゐない所」があると指摘している。霊魂の完成には、年齢の充実と横死、不慮の死、呪われた為の死などとは異なる完全なかたちの死が必須条件であるとされていたのである（「民族史観における他界観念」）。それ以外のものは未完成霊であり、完全死によるのが完成霊である。完成霊は他界、すなわち常世に赴き、男性と女性の各一種類の霊魂に帰する。男女各一種類に帰した霊魂はムラ全体の祖先神であり、個々の家や家系の祖先神ではない。これらが盆の精霊や正月の年神といった「まれびと」として来訪する（「日本人の神と霊魂の観念そのほか」一九四九）。このようにして、霊魂はイエから切断されるのである。

折口の未完成霊の条件に、子孫の欠如は入れられていない。かくして、未完成霊も他界に到達するが、動植物や鉱物となって人界近くにとどまる。これが、アニミズムの起源である。そして未完成霊には、「成仏せぬ霊」と同様に祟るという性質がある。未完成霊のうち、年齢不足のために完成霊になれない場合に関しては、救済策が存在する。ある期間の苦行によって完成霊となり、他界に赴くことができると考えられていたため、苦行を象徴する儀式を加えることによって、死者を完成霊にさせることができるのである。これにより年齢不足による未完成霊が救済されることになる。だが横死等の不完全死の場合は、これらの修練や死後の儀式によっても救済できない。生年の不足は補えても、不完全死を補う方法はない。つまり、戦歿者は完成霊にはなれないことになる。しかも、戦争により「御霊の類裔」が激増した（「民族史観における他界観念」）。

そもそも、出血や横死はいかなる方法によっても救済されない不完全死であった。戦死者の未完成霊を救済する方法は見出せない。戦歿者は横死による御霊として定義づけられ、戦死の「国家により強いられた死」という側面が強調されている。ここには、国家が死を強要したという折口の太平洋戦争観が如実に表れている。

戦歿者の問題はあまりに重かった。これほど大量の戦歿者が出たことは近代以前にはなかったため、日本の民間信仰にはそれを回収する論理が現れえなかった。そこで折口は、民間信仰以前、

「中世初期」以前の信仰を仮定する。未完成霊が庶物として現世にとどまるという民間信仰を逆転させ、現世にとどまる庶物にすら常世に赴いた霊魂からなる「常世神」が宿っていると解釈し、未完成霊が存在しないと説く。さらに、古人は霊魂そのものにはっきりとした「思慮記憶」があると思っておらず、霊魂がすなわち祖霊であると認識していなかったと主張する。霊魂と祖霊が切断された状態にある他界というものを「古代の更に前なる古代人」は想定していたという（「民族史観における他界観念」）。

他界における霊魂と今生の人間との交渉についての信仰を、最純正な形と信じ、其を以て「神」の姿だと信じて来たのが、日本の特殊信仰で、唯一の合理的な考へ方の外には、虚構などを加へることなく、極めて簡明に、古代神道の相貌は出来あがつた。其が極めて切実に、祖裔関係で組織せられてゐることを感じさせるのが、宮廷神道である。之を解放して、祖先と子孫とを、単なる霊魂と霊魂の姿に見更めることが、神道以前の神道なのだと思ふ。［…］祖先と言ふ存在には、今一つ先行する形があつた。他界にゐる祖裔関係から解放せられ、完成した霊魂であつたことである。（「民族史観における他界観念」）

「神道以前の神道」では、すべての霊魂が祖裔関係から解放され、完成霊として他界に赴くとされていたのである。そのうえで折口は、祖霊が子孫の農作を見守るために春に田に降りてくるという信仰を「古代信仰」から離れて変化した新しい信仰であると解釈する。つまり、柳田説を「新しい信仰」にすぎないとみなし、このように結論づける。

我々が他界と言ふと、必まづ祖霊を思ひ浮べるのは、正しく起る考へ方でもない。近代民俗［…］式に考へて抱く直観と言ふだけである。他界にあるものは、我々の祖先霊魂だと考へてゐるのが、民俗の一面であるが、全面に渉つて行はれてゐたとは言はれぬ。［…］他界に入つて、神や伴神《トモガミ》――其以前には霊魂及び霊魂群――になることが、私どもの問題とする所である。（「民族史観における他界観念」）

このようにして、折口は霊魂を祖裔関係から切断し、すべての霊魂は完成霊であるとの認識を示した。この霊魂論は、人間及び死者たちへの平等な思考に貫かれた、戦歿者祭祀のありように対する貴重な提案であった。祖先信仰やそれと結びついたイエの概念から切断された折口の霊魂観は、『先祖の話』で示された柳田の霊魂観と鋭く対立している（「日本人の神と霊魂の観念そのほか」）。イエの祭祀を重視したのが柳田であり、それとは対照的に個人単位あるいは親密圏単位の祭祀を創出しようとしたのが折口であった。

折口は、神道の本質たる宗教性を忘れ、神道研究を怠って政治に浸食されたことを「神々の死」の原因としている。▼7 それゆえ、神社神道は御都合主義的な倫理を追求する「日本社会倫理化運動とも言ふべき政治行動」と化してしまった（「神道の友人よ」一九四七）。折口が目の当たりにしたのは、神道が政治主導で恣意的に改変されていく様子であった。それゆえ折口は、蒙昧な有力者や政治家に利用されないためにも、神道家による、強く普遍的な学説を築かねばならないと主張する（「神道宗教化の意義」一九四七）。

神道をかゝげることは、神をかゝげることである。[…]如何にして、神社が――神道の定義において、正しい教会となり得るか。いづこに、私どもは、宗教生活の知識の泉たる教典を求めればよいか。私どもの情熱が、何時になつたら、その私どもの情熱を綜合して、宗教神道を、私どもに与へてくれる教主の出現を、実現させることが出来るか。(「神道の友人よ」)

まず、天皇の「人間宣言」を機に、神道と皇室との特殊な関係を絶つべきだと主張する。神道が天皇をアマテラスの子孫とみなし、皇室、なかんずく天皇と結びついてそれを正当化する論理として展開され宗教性を喪失したことから、両者の結びつきが神道普遍化の障碍となると考えていたからである(「民族教より人類教へ」一九四七)。同時に折口は、祖先神と神を結びつけてはならないとも主張する。そして、神と人間との系図を分離することにより、系図につながる神と宗教上の神とを峻別しなければならないという(「神道宗教化の意義」)。このようにして、宗教的な普遍神を確立することを主張したのであった。

さらに、神道が一神教であるか多神教であるかについては、神道を再興させる人物の発想や時代状況・社会条件等に任せるとする(「神道宗教化の意義」)。しかし実際には、事実上、日本の神を考える際には、一神教的な考え方になるという(「神道の新しい方向」一九四九)。神道宗教化によってめざしたのは、贖罪観念の確立であり(「民族教より人類教へ」)、とりわけ個々人に「道念」を内面化させる超越神の存在の確立であった。折口はすでに一九二二(大正一一)年の講演において、「当世の人たちは、神慮を易く見積り過ぎる嫌ひがある。人間社会に善い事ならば、神様も、一も二もなく肩をお祖《ぬ》ぎになる、と勝手ぎめをして居る」と、「許す神」ばかりを求める姿勢を手厳しく批判している（「神道の史的価値」）。人間理性を最優先させ、神意を人間の善意に従うものとみなす立場を徹底的に批判するのである。

折口は、古代社会には神概念成立以前に「既存者」と称すべき存在があったと主張する。しかも、「既存者」は「えほば」になぞらえられる。そして、この「既存者」が「宗教感覚」「罪」観念、「道徳行為」やさらには「原罪」観念をもたらしたのだという（「道徳の発生」一九四九）。この「既存者」が発展したものとして、折口は「罰する神」の存在を想定する。

何でも彼でも寛容してくれるものにしておかうといふ懶惰性［…］殊に近世では神を非常に純粋にしたといふことは、その懶惰性に合ふやうに神様を仕立てたといふところがあるやうに思ふのです。［…］どんなことをしても神は罰しない、どんなことをしても神は怒らないと信じてゐる為に皆がどんなことでもする。これではとても大変な国になつてしまひます。ですから、こゝでその怒りの神は大いに怒るものだといふことを考へて見たいと思ひます。（「神道とキリスト教」一九四八）

ここにおいて、罰する神、あるいは裁く神というモメントが成立する。それは、「まれびと」が教戒を行い「道念」を喚起する神として定義づけられていたことの延長上に位置する発想である。そしてまた、篤胤神学におけるオホクニヌシによる「死後の審判」というモティーフの徹底化でもある。▼8 そして、「何としても、創造者でもよし、キリスト教のエホバみたいな神様に当る方を求めなければならない。出雲の方は寧ろ私は創造者も持つてゐるといふふうに考えます。［…］もつと大国主命を中心に考へるのが本当だと思つて居ります」（「神道と仏教」）と述べ、裁く神・創造主たるオホクニヌシを中心とした神道の普遍宗教化を構想していたのである。

このようなキリスト教の影響を受けた折口の神道普遍宗教化論の背景には、GHQによる神道指令（一九四六年）と昭和天皇のいわゆる「人間宣言」（一九四六年）以降に神道界が置かれた状況も関係する。神社神道は存続が危ぶまれており、また昭和天皇のキリスト教改宗が目されていた。一九四七（昭和二二）年二月二四日付『神社新報』には高松宮のインタビューが掲載されている。高松宮は、「現代宗教として立つには仏教、キリスト教とタイアップすることによって神社神道の新しい型を生むべきではないかと思ふ、特に普遍的人生観、世界観と云つた［…］神道に缺けているものをキリスト教とタイアップすることによつて学ぶべきではなからうか」と発言している（「神社界に対する高松宮さまの御感想」一九四七）。

このような状況下で昭和天皇のキリスト教改宗説が流れるようになり、一九四八（昭和二三）年九月六日付『神社新報』は天皇が前年に詠んだ御製を引用し、「御自身の信仰とは、神道的な御信仰を意味するものと拝察される」と記している。折口が神道普遍宗教化論を論じた講演「民族教から人類教へ」は神社本庁創立満一周年記念講演会での講演であり、「神道の友人よ」は高松宮インタビューに先立って一九四七（昭和二二）年新年号の一面トップを飾っていた。折口の神道普遍宗教化論の講演の大半が神社本庁関係のものであったことからも推察されるように、折口の神道普遍宗教化論は、神道指令後も神社神道の存続を図ろうとする神社界の要請に合致したものであったのである。だが神社神道の存続が決まり、一九四九（昭和二四）年に神道指令の適用条件が大幅に緩和されると、折口の神道宗教化論は神道界の猛反発を買い、[9] 折口は神道界から排斥されたのであった。[10]

4 「まれびと」と親密圏

折口が思想の根柢に据えているのが、まれびと論である。「まれびと」は時を定めて来臨する神であり、大空や海のあなたから富と齢と幸福をもたらすと信じられた（「古代生活の研究」一九二五）。ムラとイエの存続と家人の健康と生産を祝福し、農村生活における不徳や人間の過ちや「手落ち」に対する教戒を行う（「国文学の発生　第三稿」一九二九）。さらにのちには、「まれびと」は天上や地上のある地域から来臨すると考えられるようになったという（「古代生活の研究」一九二五）。

「まれびと」はのちに男性・女性の祖先一統を代表する霊として考えられ、高年の翁・媼が想像されるようになった。平安以降は人神であると考えられ、さらには時代の推移とともに来訪回数が増加して、専門の祝言職が置かれるようになった。「まれびと」は、祝言を唱える人間をも包摂して考えられるようになったのである（「国文学の発生　第三稿」）。「まれびと」は、神でありかつ人である、神事に関わる人間の総称である。「まれびと」概念は、具体的な身体をもつ人間として措定され、身体性を有している。「まれびと」は神事を離れれば生活者でもあり、生活空間と密接な関係をもつ。このため、「まれびと」は生活律をもたらす、日常生活から乖離しない神となるのである。

折口はつぎに、文学の語り手に着目する。村々が上位の村に併合され、信仰の習合、すなわち宗教の合理的統一がなされた。それにともなって、「語部《カタリベ》」という職業団体が徐々に成立した（「国文学の発生　第一稿」一九二九）。これらの語部から、職業者としての「漂泊伶人」「巡游伶人」（「唱導文学」一九三四）が出現した。「漂泊伶人」「巡游伶人」らは、「国籍」をもつことなく移動をくり返したという。これらの人びとは信仰の変わり目に順応できず豪族の保護を失ったため、漂泊せざるをえなかった。

今一度考へ直さねばならぬのは、団体亡命に関する件である。住みよい処を求める旅から、終には旅其事に生活の方便が開けて来て、巡遊が一つの生活様式となつて了ふ。彼等の持つて居る信仰が力を失うても、更に芸能が時代の興味から逸れない間、彼等の職業が一分化を遂げきる迄の間は、流民として漂《うか》れ歩いたのである。（「国文学の発生　第二稿」一九二七）

本来、住みよい場所を求める「旅」であった「集団亡命」から、「巡遊」が生活様式となり、「流民」として漂泊するようになったのである。漂泊民は、かならずしも血縁によらず、「まれびと」信仰を紐帯として文学と芸能を伝える共同生活を行う。「まれびと」は、亡命者として、強靱な意志をもって困難を乗り越えていく。このような生き方を志向する人びとが結びつくのであり、定住する者もいれば漂泊を続ける者もいる。そこにおいては、共同生活からの退出可能性が留保されているのである。したがって、これらの漂泊民の共同性を「親密圏」（intimate sphere）と称すべきだろう。他界観、祖霊観に体現されているように、折口はイエの論理を峻拒していた。しかし、単身生活を志向していたわけではない。まれびと論は、血縁にもとづく家族関係が固定化され、それが国家に直接把握される時代に対するアンチテーゼでもあった。

また、「まれびと」は託宣のかたちで人びとの過ちや「手落ち」を誹謗する（「国文学の発生　第三稿」）。すなわち、まれびとは過ちや「手落ち」のない生き方を要求する。親密圏では「まれびと」の行為が共有されているため、「まれびと」の祝言内容や教戒内容も共有される。したがって、親密圏内では規範、折口のいうところの「道念」をも共有することになる。「道念」は「もらるせんす」であり、一種の生活律である（「国学と国文学と」）。折口の企図した親密圏は、「道念」にもとづいた秩序ある空間でもあり、「道念」とそれを根拠づける神の存在とその信仰を親密圏の核に据えて考察しているのである。「道念」を紐帯とした親密圏を描き出すことが、折口の「まれびと」論の主眼であった。

折口は生涯独身ではあったが、単身者として生きたのではない。一九一四（大正三）年に今宮中学校の教え子たちと下宿に同宿したのを皮切りに、折口のそばにはつねに弟子たちの姿があった。折口は厳しい師でもあったが、弟子たちを「我が子ら」（「応報」年代未詳）と呼んでいた。互いにふざけ合ったり、食卓をともに囲む弟子たちの顔を思い浮かべつつ炊事を愉しんだりしていた（「をとめに誨ふ」一九二五）。折口は、「無力な父」であるみずからが「我が子ら」によって支えられていることを深く実感していた。それは直接的に身の回りを整え、ライフスタイルを構築してもらったというかぎりではない。折口の主要論考のほとんどが、弟子の口述筆記によるものである。筆記者との対話が折口の思索をさらに深遠な次元へと導いた。学問でも生活面でも、彼らは互いにとってまさに不可欠の存在としてむすびついていた。

そこには穂積生萩のような女性弟子も出入りしており、また米津千之のように結婚を機に共同生活を離れ、のちに夫婦で折口宅に住み込んだ弟子もいる。折口の親密圏は自在に出入りができる空間でもあり、イエやムラのような呪縛性は存在しなかった。「わたし及子どもら」（「武田祐吉宛書簡」一九一五）の親密圏「いへ」（「家の子」一九二六）が成立していたのであった。そしてこの「いへ」には、全員をむすびつける「道念」があり、独自の生活律というべきものが存在していた。折口と弟子たちをむすぶのは血縁ではなく、学問と「道念」と生活律であった。

一方、折口の親密圏は、公共空間を一切無視した自閉空間ではなかった。戦前の折口は必ず投票し、無産政党を好み、「今日は加藤勘十に入れてきたよ」などといっていたという（牛島軍平「ひとり語り」一九七八）。折口は一九二八（昭和三）年一〇月に大井出石町に転居し、終生をそこで暮らした。大井出石町は加藤の選挙区である東京五区に位置しており、第一七回総選挙から第二〇回総選挙のいずれかの時点、あるいは継続して加藤に投票したと考えられる。とりわけ第一九回総選挙（一九三六）では、加藤は「反ファッショ民衆戦線ノ強化」を第一の公約に掲げ（加藤勘十「立候補ノ御挨拶」一九三六）、全国最高得点で当選した。第一九回総選挙は、戦前日本においてもっとも反戦、反ファッショの民意が示された選挙であった。折口の反ファシズムは言論上のみのものではなく、実践されていたのである。

さらに、折口が第二〇回総選挙（一九三七）において加藤に投票していたとするならば、折口の厭戦の姿勢はより顕著になる。反ファシズムを掲げた社会大衆党は平準化をめざした改革と軍拡の「広義国防」を主張し、戦争を肯定していた。これに対し、加藤勘十が委員長を務めた労農無産協議会は反ファシズムと議会政治防衛からなる人民戦線論を主張していた。選挙結果を左右するのは、ファシズムと戦争の危機が有権者にどの程度認識されていたかという点にかかっていたのである。結果、社会大衆党が再躍進し、日本無産党は敗北した。有権者の戦争に対する危機感の欠如が露わになり、総力戦体制へと向かうこととなったのであった。

総力戦体制下にあっては、国家が国民を直接把握する諸システムを作り上げ、個人は「国民」として強制的に均一化され、画一化された生活を強いられる。総力戦体制整備の過程では、国民を直接把握しようとする国家の意思と簡便な政治参加を求める人びとの意思が合致し、町内会、隣組等の組織が整備された。これらの組織はさまざまな活動を通じて消費生活、さらには日常生活そのものにまで侵入するようになった。こうして公私の境界はかぎりなく曖昧になり、私的世界が公的論理によって営まれるようになったのである。このような志向・思想までもが画一化を強いられる状況下では、画一化されたライフスタイルを拒むことは即、反体制的志向・思想とむすびつけられてしまう。

消費者運動に代表されるような親密圏を母胎とした政治運動は、国家の公共性の論理と鋭く対立する親密圏の公共性の論理を提示する。親密圏を形成していくこと自体が、国家システムから独立し、国家の論理とは異なった、国家に対する先鋭的な批判を内包した空間を形成することになる。そこに、国家のシステム内で収束する政治ではなく国家システムそのもののあり方に疑問を呈する政治が成立するのである。「国民」としての画一化された日常生活を拒否し、国家の論理に回収されない親密圏を形成し、「個人」として生きていく折口のライフスタイルは、根源的な国家批判であり国家との境界がかぎりなく曖昧になった社会への批判にほかならない。折口にとっての親密圏とは、国家の論理を批判し、それに抵抗するための拠点でもあった。親密圏の「公共性」を創出するまでにはいたらなかったものの、親密圏は個人の内面の自由を担保していた。確固たる主体性、すなわち自律の精神を涵養する場でもあったのだった。

5　近代国学と現代

柳田のイエは非血縁者を含み、郷土に根ざした一種の共同体であり、血縁が重視されて非血縁者が排除される小家族化にくり返し警鐘を鳴らしていた。したがって柳田もまた、非血縁者を含む郷土に根ざした共同体としてのイエの再興を説き、広義の親密圏の確立をめざしていたととらえられる。

近代国学はまた、その中核に超越的価値を体現する神の存在を措定し、国学の復古神道的側面を再興しようとした。柳田、保田、折口の三者とも倫理を内面化させる存在としての神を措定し、その必要性を説いた点において共通していたのである。とりわけ、折口が自己の揺るぎない生を生き抜くための核に据えたのが、「まれびと」という他者であり、神であった。折口が志向したのは、神をつねに意識しながらも神の説く「道念」を内面化し、強制されなくとも強靱な意志をもって困難な生を生き抜いていくという姿勢である。それにより、内面の自律、個人の自律が確保される。

しかも宗教とは社会から隔絶したものではなく、つねに他者に向かって開かれている思想であり、なにより日々の実践でもある。他者と関わりながらも自己の精神の自律、そしてそれに裏づけられた自由をめざすための指針でもあった。

柳田、折口の近代国学とは、復古神道の社会批判機能に着目してそれを日常倫理として内面化し、言論や投票といった政治行動によって社会変革をもたらそうと試みた運動であった。彼らは一九二〇年代の自由主義と国際協調、非戦の政治と普通選挙を重視した。とりわけ、二・二六事件などのテロリズムに対して鋭い批判を展開したことは、なによりも普通選挙を重視していたことの証左となる。折口も積極的に選挙に投票しており、とりわけ柳田は普通選挙運動を展開し、「公民」すなわちよき選挙民の育成に力を入れていた。しかも、両者とも国学を「憤り」の学とみなし、社会批判、国家批判の学であると規定していた。このようにして、柳田、折口の近代国学は体制に対する〈抵抗〉の契機となったのであった。

これに対して、柳田、折口よりものちの世代に属する保田は「サロン」への志向を鮮明にしつつも、マルクス主義の影響を受け、イエや郷土に対する積極的評価を展開することができず、「サロン」にも実体的なイメージを投影することができなかった。そのため、『日本浪曼派』はわずか三年という短い期間で終刊し、同人たちは行動をともにすることもなくなった。加えて、保田が普通選挙やリベラリズムを積極的に擁護したわけではなく、表立って政治的態度を表明することはなかった。さらに、保田は戦局の激化につれて共同性よりも自己の美意識を優先させ、「偉大なる敗北」を志向する主観主義的立場を強調していったため、その思想は「反政治」にまではいたらず権力批判の契機としては不徹底なものにとどまった。共同性よりも個人を重視して近代的個人主義への志向を強めていったため、保田は逸脱していったのである。

戦後においては、民俗学は隆盛したものの、柳田、折口の近代国学の主張は忘れ去られていった。しかも、国学自体が日本精神論や日本主義、あるいは水戸学、いわゆる「国家神道」と密接にむすびついた神社神道などと混同され、正当な評価を得られなかった。たとえば、仏教学者・鈴木大拙(一八七〇～一九六六)の「神道が始末せられない限り日本の霊性化は実現しない」(『日本の霊性化』一九四七)といい、「固陋・偏執・浅慮を極めた国学者の『神道』イデオロギイ」(『日本的霊性』一九四四)とする国学批判は、そのことを如実に物語っている。極論すれば、誰もがイエや郷土から離れて「自立」した個人となることをめざしたのが戦後、とりわけ高度経済成長以降の日本であった。そのような状況下においては、イエと郷土、家職を重視する近世国学を継承した柳田、折口、そして保田の近代国学もまた、前時代的なイメージを抱かれがちであったのである。

近代日本は、〈強さ〉に価値を求めた時代であった。福澤諭吉(一八三五～一九〇一)は、主権国家としての地位を確立するため、近代日本が国民国家となる必要性をくり返し主張していた。そのため人びとを支配していた「古習」を一掃し、経済的にも精神的にも独立しなければ国家も独立できないと論じたのである(『文明論之概略』)。このような福澤を高く評価したのが、丸山眞男(一九一四～一九九六)である。丸山は、福澤が伝統や慣習や政治的権威に「惑溺」することを徹底的に否定し、「田舎」の人情の素朴正直を称揚する俗論やゲマインシャフト的共同性も断固として退けた点を評価し(「福沢諭吉の哲学」一九四七)、このようにして個々人が精神を「独立」させ、「自主的人格」を確立し、さらに、各々が能動的に政治に関わることにより、近代国家としての自律が達成されると主張した。すなわち丸山の考えにしたがえば、「強い」個人たりえなければ政治的主体たりえないことになる。

陸軍・統制派の中心人物であった永田鉄山（一八八四〜一九三四）は、日本人の特徴を「依頼心強く自治自律の念に乏しい［…］自覚にかけ責任感が十分でない点があるように思われる」（「国防に関する欧州戦の教訓」一九二〇）と指摘し、批判していた。永田もまた日本人の〈弱さ〉を批判し、〈強い〉個人を肯定していたのである。この永田の論はのちに国家総動員論のベースとなり、総力戦体制を作り上げることとなった。〈弱さ〉を否定し〈強さ〉を肯定する主張は、思想的立場を問わず、広く受容されていたのである。

このような状況下で、〈弱さ〉を肯定し、「弱い」個人を中心に据えて秩序構想を試みた近代国学のあり方は、あらためて評価されるべきである。とりわけ、恐慌下の就職難により「自主独立」の道を絶たれた青年層を擁護し、「心のくらし」に余裕をもたせる必要性を強調した保田の思想には、〈弱さ〉を肯定する近代国学の特徴が顕著に表れている。

今日では単身世帯や夫婦のみの世帯が増加し、イエ制度はもはや存在していないとすらいえる。しかも過疎化や高齢化も相俟って、地域共同体も解体の危機に瀕している。個人はイエや郷土から解放されたかのようにみえる。しかし、われわれは〈強い〉個人たりえているのだろうか。現実は理論とは正反対である。戦後日本を支えた中間層はやせ細り、セーフティネットが不充分ななかで個人はますます〈弱さ〉を抱えている。個人はまったく他者と関わりなく生きていけるわけではない。柳田はもちろん、とりわけイエ、郷土に代わる共同体として折口が提唱した、同じ思想、志向をもつ個人が共同生活を送る親密圏のあり方はますます重要性を増しているように思われる。

丸山眞男は他方で、個人を道徳主体として自立させる「超越的絶対者へのコミットメントにもとづく共同体」への志向を示し、国家と社会のあいだに、政治的価値とはまったく異なった価値基準に立脚した、信仰共同体を原型とする「自発的結社」を措定していた（『一九六六年度　日本政治思想史講義』）。近代的市民社会の個人主義的なモラルの基礎付けだけでは限界があり、労働者階級の連帯意識にもとづく「集団的な組織的訓練」が必要となるのである（座談会「日本人の道徳」一九五二）。したがって、オホクニヌシを中心とした普遍宗教としての神道と「道念」を核に据えた折口の親密圏のあり方は、個人道徳の限界を超えた連帯意識にもとづくモラル、すなわち「道念」の構築をめざしたものにほかならない。しかも、このような親密圏は民主主義の確立・発展の拠点となりうるものである。

国学では、個人の〈弱さ〉に着目し、人間を弱い存在であると認識している。そこから、国学固有の、自我形成の問題と政治構想との結びつきを考察する思想がもたらされる。近代国学が〈弱さ〉を考察する手がかりにした「もののあはれ」は、現代にもたびたび論じられる「やさしさ」の問題の出発点であった。「やさし」とは、「身も痩せ細るほどに恥ずかしい」というあり方を基本として出発したことばである。そこにはなんらかの本体、根本、本来といったものが想定されており、本来あるべき姿から外れることを意味している。「人の生きる他者との場」、すなわち関係、共同体、集団や現世をも超越した地平、本来的なありうべき自己像が前提とされている（竹内整一『日本人は「やさしい」のか――日本精神史入門』一九九七）。また九鬼周造（一八八八～一九四一）は、「やさしさ」を「労り」「憐れみ」と同置し、それらを「もののあはれ」として総括している（「情緒の系図」一九三八）。それゆえ、「やさしさ」とは他者との共生の倫理であり、それにもとづいた生の肯定の思想でもある（栗原彬『やさしさのゆくえ』一九九四）。

「もののあはれ」はそのような、共生と生の肯定の思想を内包していた。「やさしさ」とはすなわち、国学的人間像の問題である。国学とは、秩序に関わるための人間の資質を問うた学問であり、〈弱さ〉を内包する天皇を自己に近い存在として戴き、国学的人間像にもとづく自由な秩序の形成を模索した学問であった。そして柳田、保田、折口の三者は、〈弱さ〉が徹底的に否定された戦時下にあって、〈弱さ〉を人間観の根柢に据えて擁護し、〈弱さ〉を内包した個人が共同するあり方を模索しつづけたのである。そこには、コミュニティの伝統を自覚し、成員の相互扶助と成員全体の「共通善」の実現をめざし、現実批判のモメントを内包した共同体主義（communitarianism）（菊池理夫『現代のコミュニタリアニズムと「第三の道」』二〇〇四）の可能性が内包されている。

国学はまさに家職という「結社」を中心とした秩序形成をテーマとしており、とりわけ近代国学は〈弱さ〉すなわち「やさしさ」を本質とする人間がイエや親密圏、郷土などの共同体形成をしながら、国家から自立した主体性を獲得するための方法を模索した思想にほかならない。グローバリゼーションのなかでいかに日本の国益を守るのか、少数者擁護をはじめ、〈弱い〉個人をいかに守り共生していくのかを指し示すヒントを、現代のわれわれに与えているのである。

註

▼1 折口の精神史に関しては、拙論「〈道念〉の政治思想——折口信夫における〈抵抗〉の方法」（二〇〇四年、『国家学会雑誌』第一一七巻・第一一・一二号）第一章を参照のこと。

▼2 小林秀雄が戦中に折口邸を訪問した折、別れ際に折口は「小林さん、本居さんはね、やはり源氏ですよ、では、さよなら」と述べたという（『本居宣長』一九五二年）。

▼3 折口の震災体験と非定型口語詩への転換については、前掲拙論第二章第一節を参照のこと。

▼4 昭和天皇の即位式、大嘗祭に参列した新渡戸稲造は、「かういふ場所に三時間陛下は唯お一人でお伽を遊ばされる」（『新渡戸稲造伝』一九三四年）と、「聖婚」の秘儀の存在を匂わせている。

▼5 折口の女帝論に関しては、拙稿「『女帝考』とその周辺」（『現代思想』二〇一四年四月臨時増刊号所収、二〇一四年）参照のこと。

▼6 このような折口の関心は、戦前から継続している。とりわけ、『死者の書』（一九三九年初稿、一九四三年出版）には、他宗教をも包括する宗教への志向が色濃く表れている。

▼7 たとえば、戦時中には、アメノミナカヌシとアマテラスをめぐる「別天神（コトアマツカミ）論争」という論争があった。太平洋戦争開戦とともに、軍部や官僚のあいだで神道思想を一学説に統一することが決定され、アマテラスを中心とする説が採用されて政治的決着が図られた。

▼8 折口の墓がある能登一ノ宮の気多大社はオホクニヌシを祀っており、地形的にも出雲大社と類似性がある。このような地に位置する墓から、折口は日本海の彼方に他界を見ようとしていたと考えられる。さらに、戦後、折口が好んで通った久留米村南沢（現・東久留米市学園町）にもまた、オホクニヌシを祀った氷川神社の社殿があった。なにより、折口の生家にほど近い大国主神社と祖父・神酒ノ介の生家・飛鳥坐神社の祭神は、オホクニヌシであった。一九五一年頃の未発表原稿「来世観」に記された折口の他界観は、まさに篤胤の幽冥観と一致している。

▼9 とくに、神道を皇室から切断すべきであるという主張が反発を招いた。神社本庁評議員の抗議に対し、神社本庁当局は「この折口学説は一参考に過ぎず、神社本庁がこの説を公認するものではない」との釈明を行った（神社新報社編『神道指令と戦後の神道』一九七一年）。また現行の神職教育課程用テキストにおいては、「折口の『天子非即神論』に、神道者の惑はされることなどあってはならないのである」と批判されている（上田賢治『神道神学』一九九〇年）。

▼10 葦津珍彦、神社本庁教学部長（当時）・澁川謙一宛書簡（『葦津珍彦選集』第一巻、一九七七年）。

第Ⅲ部

戦後「国学」精神の一系譜

川久保 剛

明治以降の拝外思想にアメリカ占領軍の洗脳工作や国際共産主義の影響が重なり、日本の伝統思想を否定する風潮が猛威を振るった戦後日本において、日本人としての自覚と誇りに生きた思想家たちが少数ながら存在した。ここではそのなかからとくに新京都学派の学究と湘南・鎌倉の保守派の文学者たちに焦点を当て、この東西の知性の底に共通して流れている「国学」の水脈を明らかにしたい。

第7章 新京都学派に流れる「国学」の心

1 戦後日本の「国学」精神

日本の歴史を眺めると、いつの時代にも、外国を崇拝して、日本の文化・習慣・流儀を貶め、蔑ろにする傾向が存在してきたことが分かる。

江戸時代には、中華思想に染まり支那（中国）から伝来した儒教に心酔する知識人が大量に生まれた。儒者にあらざれば知識人ではない、日本には学ぶべきものなど何もないというような風潮が蔓延したのである。

近代以降は、支那（中国）に代わり西洋が知識人の崇拝対象となった。西洋列強の世界支配という状況のなかで、日本が独立を保つためには、西洋に学んで近代国家を建設する必要があったわけだが、その過程で、西欧にかぶれる知識人を大量に生み出した。

戦後になると、西欧に加え、敗戦と占領政策の影響から、アメリカが憧れの対象になった。また、マルクス主義の影響を受けた知識人たちが、ソ連や中国に倣えと唱えた。北朝鮮を理想国家と見なす知識人がたくさんいた時代である。

そして現代は、国家の枠組みを超えて、人・物・金・情報が世界を自由にかけめぐる時代が到来したと唱える「グローバリズム」が時代の空気となりつつある。グローバル社会で生き残り繁栄するには日本語よりも世界共通語である英語を使わなければならないと考えて英語を公用語にする企業が注目を集め、大学の授業も英語で行うという流れが加速している。グローバル社会に対応するには、日本を見捨てなければならない、日本人であることを忘れなければならない、といった具合になってきている。▼1

このように、日本では、日本的なもの、土着的なもの、ナショナルなものを捨て去ろうとする動きが、いつの時代でも大きな力をもってきた。

しかしすべての国民が、それに同調してきたわけではない。いつの時代も社会の少数派ではあったが、異を唱える人間たちが確実に存在した。

江戸中期には、本居宣長を代表とする「国学」の隆盛があった。宣長は、日本人の生き方は、支那（中国）に由来する「から心」ではなく、日本古来の「やまと心」のなかに求めなければならない、と説いた。

近代になると、政教社や『日本』グループのようなナショナリズムの主張が一定の影響力をもった。また夏目漱石や西田幾多郎、和辻哲郎といった人々が、西欧と日本の間で葛藤し、両者の新たな統一のあり方を模索した。

そして、第4章でも論じられているように、柳田國男が創始した日本民俗学の取り組みがあった。柳田は、宣長の「国学」を発展的に継承することを志すとともに、日本民俗学を「新国学」と称した。

戦後になると、「新京都学派」と呼ばれた、京都大学人文科学研究所を中心とした学者グループのなかに、今西錦司、梅棹忠夫、梅原猛といった人々が出てきて、やはり、日本的なものを重視した学問・思想を展開した。[2]

また、小林秀雄や福田恆存、江藤淳といった文学者が、欧米に憧れ自分だけは日本人ではないかのような顔をした進歩的文化人の群れを批判して、ナショナルなものが持つ意味を論じた。

このように、安易な外国崇拝の動きに流されることなく、日本の自立性・主体性・アイデンティティを追求した知性たちが、いつの世にも在した。

本章と次章では、以上のなかから、とくに戦後に焦点を当て、今西、梅棹、梅原ら、新京都学派の思想と、小林、福田、江藤といった保守派の思想を取り上げたい。

今西たちには、柳田國男への関心があった。また、小林たちには、本居宣長への共感があった。そういう意味では、ともに、「国学」の水脈を汲んでいるといえる。

ここでは、こうした戦後日本における「国学」精神の一展開を概観することを通して、現代日本にこだます「グローバル化」の掛け声を相対化する視点を模索してみたい。

2　今西錦司による「自然学」の展開

まずは、新京都学派の今西錦司から見ていこう。[3]

今西は、一九〇二（明治三五）年に京都西陣の織元の家に生まれ、京都一中、旧制三高を経て、京都帝国大学を卒業。「今西進化論」と呼ばれる独自の進化学説を打ち立てる一方で、世界をリードする日本の霊長類学の礎を築くなど、生物学者・人類学者として独創的な業績を残すとともに、ジャンルを超えて多くの優れた学者を育てた。また登山家・探検家としても先駆的な歩みを残した。京都大学教授、岐阜大学学長などを歴任し、一九七九年には、文化勲章を授与されている。

今西の学問を特徴づけているのは、「自然学」という視点である。今西の研究対象は、カゲロウ↓ウマ↓ニホンザル↓ゴリラ↓人間と変遷したが、研究の目的そのものは一貫していたといえる。今西は、それを「自然学」の探究と呼んでいる。

長い過去をふりかえるとき、私が学問を続けてきたことは、確かなのであるけれども、ではいったい何学を志向してきたのであろうか。若いころは昆虫学をやっていた。生態学もなにほどか齧っている。五十近くになってから人文科学にうつり、蒙古の遊牧民と触れ、アフリカにあっては、ゴリラやチンパンジーを観察した。七十を過ぎてから進化論を手がけ、いまそのしめくくりをしている。（「自然学の提唱――進化論研究の締めくくりとして」一九八三、『今西錦司全集増補版』（以下『全集』）第一三巻）

図7-1　今西錦司

いろいろのことをしてきたけれども、終始一貫して、私は自然とは何かという問題を、問いつづけてきたように思われる。それも何々学に代表されるような部分自然ではなく、つねに全体自然というものを、追い求めていたような気がする。私の求めていたものは自然学なのであった。（同）

今西が「自然学」を追い求めた背景には、従来の「自然科学」に対する根本的な不満が存在した。つまり、「自然科学」の方法的限界に対する認識が存在したといえる。今西によれば、「自然科学」は、全体として存在している自然を部分に切り分け、要素に還元して分析・理解するという手法をとるため、自然にかんする総合的な知見を獲得することができず、したがって、自然とは何かという根本の問いに対して答えることができない。科学者は、「部分自然」の専門家にすぎず、「全体自然」がいかなるものであるかについてコメントすることができない。今西は、こうした問題を踏まえ、「自然科学」による「部分自然」の解明と平行して、「全体自然」の探究に取り組む「自然学」が必要であると考え、みずからそれを実践してみせたのである。

では、そもそも、「自然科学」の方法は、どのような思想を基盤として成立したのであろうか。周知のように、その基盤は西欧思想に求めることができる。それゆえ、今西は改めて、西欧の思想がもっている特色に目を向け、そこに含まれている問題点を明らかにしようとする。またそこから逆に、「自然科学」を補完する「自然学」の思想的基盤を探ろうとする。少し長くなるが、今西の学問の根幹にある思想を理解するうえで重要な論点であるので、そのまま引用しよう。

キリスト教というのはご承知のように神か悪魔か、あるいはキリスト教か異教徒であるか、善か悪かというふうに、とにかくなんでもスパッと二つに割り切ってしまうくせがあるのです。その割り切り方の一つとして、人間と自然というものを二つに割り切ってしまう。われわれに一番縁の近い類人猿、例えばゴリラやチンパンジーでさえも、人間から切り離されて自然のほうにくっつけられている。それならばわれわれの身体というものは自然なのかどうなのかということになりますと、これもやっぱりそういう割り切り方からいきますと「霊肉」といって二つに切ってしまいまして、肉体のほうは自然につけてしまう。そして霊あるいは精神だけが人間の人間たる値打ちのあるものにされてしまう。精神といいましてもその作用のなかで、理性がとくに尊ばれている。これはデカルトにしてもカントにしても、西欧の哲学のもつ極めて顕著な特色でございまして、それに裏付けられて今日の自然科学というものも発達したのでございまして、例えば、医学一つとりましても、おとなりの中国では、中国の大学では、東洋医学と西洋医学を並列的に研究しておりますが、わが国の医学は西洋医学一辺倒であります。つまりお医者さんはわれわれの身体を診たり、切ったりするときに、物としてこれを取り扱っているということですね。薬というのもやはり物ですから、物をもって物を制するという立場に終始している。もっともこういう立場ではあっても、医学がたいへん進歩発展したことは事実として認めざるを得ません。これからももっと進歩発展してもらいたいとは思います。しかし、西欧流の人間の合理的精神が最高のものであって、これさえ磨けばなんでもわかり、人間の力でなんでもつくりだしてゆけるという考えは、自然科学という枠の中ではどうやらかなり成功し、人間は月までゆくこともできましたけれども、それは自然科学といっても自然をものと見、ものとして取り扱う範囲内での科学であり、したがってそれは物理学を模範とした物質科学の進歩発達に他ならない。ところで、こういう物質科学の進歩発達に影響されまして自然の見方まで変わってきた。つまり自然は依然として自然なんですけれども、これをわれわれと続いているとは見ないで、われわれとは切れたもの、われわれとは対立した物の世界とみる見方が強くなってきた。自然を生命に満ちみちた世界であるとか、あるいは「天地有情」といいますか、自然と人間とは情緒的にお互いに通じ合うものである、というふうな見方というものが、だんだんできなくなってきているのではないか。もしそうだとしたら、これはたいへん憂うべきことであります。

そもそも生命のある生物をさえこれを単なる物とみなし、その生物に満ちみちた自然をさえこれを物質の世界と見ようというのは、物理学を模範とした自然科学における一つの約束なのでありまして、それから自分の主観を入れずに対象をひたすら客体として取り扱うという要請も出てくるのでありますが、それにもかかわらず花は依然としてわれわれの眼に美しく映る。あるいは美しく映るというのが、われわれ人間に与えられた自然なのではないか。それが人間性といわれるものの一つの現れなのではないのか。そうすると主観をすてて客観に徹しようという自然科学の要請は、われわれが生物や自然に対するときのことを思うと、これは人間性にもとった要請であるといわねばならない。[…]自然科学的・物質的・非連続的な自然観のみが、唯一の正しい自然観であるかのように考えるのは、間違った考え方であるといわざるを得ないのであります。(「自然について」一九七五、『全集』第一一巻)

今西は、今日の「自然科学」を根本から規定している西欧の人間中心主義の思想に目を向けているわけである。そこでは、人間と自然とが対立的に理解され、自然は合理的精神をもつ人間によって支配される単なる物質ととらえられている。いわゆる機械論的自然観である。自然を機械的物質と見なすがゆえに、分解して理解するという発想が出てくるわけである。

しかし、いくら分解しても、自然の全体的本質は明らかとはならない。それは、自然がもともと、機械のような物質的存在ではなく、生命的・有機体的存在だからではないか。実際に、日本には、自然と人間とを、おなじ生命をもったものとして、連続的にとらえ、自然を人間と類比的にとらえる思想がある。このような日本的な有機体的自然観に根ざした自然研究が、西欧的な自然観に由来する「自然科学」とバランスをとり、それを補完することで初めて、「全体自然」の解明が可能となるのではないだろうか。今西の「自然学」は、このような考え、つまり自然観における西欧から日本への転換を基軸として生み出されていったといえる。くり返しになるが、自然と人間をともに、いのちをもつ存在として、連続的・一体的・同列的にとらえる思想が今西の学問の根本となっているのである。[4]

では、その具体的な展開は、どのようなものだったのだろうか。まずあげるべきは、いわゆる今西進化論の提唱である。進化論というと、誰でもダーウィンの名が思い浮かぶであろう。実際に、今日においてもダーウィンの進化論は定説の位置を占めている。しかし今西は、ダーウィンに異を唱えるかたちで、独自の進化論を展開するのである。

今西によれば、ダーウィンの進化論は、まさに西欧的・キリスト教的な思想の影響を色濃く反映した理論と見なすことができる。そこでは、生物の進化が、突然変異と自然選択（自然淘汰）によって説明されるが、それは、生物に主体性を認めず、どこまでも受動的な存在としてとらえることを意味している。今西は、主著である『生物の世界』において、次のように述べている。

自然淘汰説というものは生物の環境に対する働きかけというものを全然認めないで、環境の生物に対する働きかけだけを取り上げているのではないだろうか。なぜというに、生物が上にのべたような意味で三六〇度の変異をはたして現すものとするならば、生物は環境に対して、全然これを認めることすらできないまったく盲目的な存在である。そうなると主体性などと難しくいわなくても、生物が生きるということがわからなくなるはずだ。［…］環境に淘汰されていわゆる優勝劣敗の優者しか残りえないものとするならば、生物のやっていることは創造ではなくて投機である。進化は必然の自由によつてもたらされたものではなくて、偶然の不自由に由来するものである。生物がこの世に現れて以来じつに何億年何十億年を閲したことか。その間に生活した生物はすべて環境に対して働きかけ、また環境に働きかけられることによって生きてきた。ひとり生物の変異にかんするかぎり、生物はその指導原理から遊離し、環境から超然として偶然のなり行きのままに拱手傍観してこの長い歳月を送ってきたということがありうるだろうか。（『生物の世界』一九四〇、『全集』第一巻）

ダーウィンと異なり、今西は、「生物はおのずから進化すべくして進化した」と見なすのである。言い換えると、「主体性の進化論」を唱えるのである。しかも進化は、ダーウィンが言うように「個体」単位の現象ではない。そうではなく、「進化がおこるときには、同じ種に属する個体が全部同じように変わるのである」。つまり今西は、「種」の「社会」こそが生物進化の単位であると言うのである。この点について今西は、次のように述べている。

そもそも生物の個体というものは、一つの複雑な有機的統合体である。全体は部分なくしては成立せず、部分はまた全体なくしては成立しないような全体と部分との関係を持しつつ生成発展していくところに、生きた生物があり、生物の生長が認められる。このような全体と部分との、いわば自己同一的な構造を持つものであるがゆえに、生物個体の全体性はつねにその主体性となって表現せられるのである。(前掲『生物の世界』)

そもそも種とは何であったか。それは一つの血縁共同体として同じ身体をもつゆえに同じ生活をなし、同じ生活をなすゆえに同じ身体をもった個体の地域的な拡がりであった。しからばいまこれを一歩進めて考えると、同じ生活をなすものであるゆえに彼らは同じ生活の方向を持ち、したがって同じ変異を現すべく方向づけられているといえるであろう。[…]一番いの雌雄が変異して、その子孫が生存競争の適者となって、変異しなかったものの子孫を次第に滅ぼし、次第にこれに代って拡がって行くと考えるのが一般的な自然淘汰流の考え方であるが、種自身に変異の方向がきまっていて、種自身が変って行く場合には、早く変異をとげた個体はいわば先覚者であり、要するに早熟であったというだけで、遅かれ早かれ他の個体も変異するのである。(同)

もともと個体がさきにあったのでも種がさきにあったのでもない。すると個体と種との関係もやはり部分と全体との関係として、それは自己同一的な構造を示すものといえるであろう。したがって種の全体性にはやはり種の主体性といったようなものが考えられてもよいと思う。種もまたみずからをつくり行くものでなければならないのである。種の起原は種自身にならなければならないのである。(同)

今西はさらに、地球全体に拡がった三百万種にも及ぶ生物の「種社会」のすべてを含んだ「生物全体社会」（「全種社会」）を想定し、「種といえどもそれが構成単位となっている生物全体社会と無関係に、気ままに変われるわけのものではない」と説く。つまり、〈「種個体」―「種社会」―「生物全体社会」〉という三つの層が有機的に連関しながら、「全体的」つまり「主体的」に変化していくというのが、今西の生物進化論の見取り図なのである。

そこから、ダーウィン的な「個体」の「競争」原理ではなく、「全体」の「共存」原理、つまり「棲み分け」で生物の世界を説明する今西進化論のもう一つの重要な特色も析出されてくるのである。

生物のばあいは、種が違った環境に発展して行ったときに、その環境に適応して別の種類になって行く。それで結局一種類が二種類に分かれることによって相対立し、同時にそれが相補的であるということ、これが非常に大事なんですね。相補的であるということによって、一つの系統のおのおのがほかの別系統のものを排除して、自分らである場所を占領してゆける。動物はこのばあい、寒いところだからといって人間のように着物をよけい着たりするわけにいかぬから、身体を変えてしまわなければならぬ。それで別種になる。別種になり、棲息場所を棲み分けることによって、この二種がたがいに共存する。

それでぼくに言わしたら、生物の進化でいちばん大きいことは何かというと、もともと何も生物のいなかったこの地球上に、生物があらわれて、こんなにたくさんの生物の種類がふえてきた、ということだ。それはつまり次から次へと棲み分けが行われて、いままで利用しておらぬところを隅々まで利用しつくそうという生物の生きる意欲の現われに他ならない。私の説は結果論だと批評する人もあるが、ともかく結果としては、棲み分けができたことによって、むだな競争がのぞかれ、生物は繁栄と秩序をえたのである。（今西錦司・上山春平「今西錦司（下）」『思想の科学』一九六一年六月）

今西の「棲み分け」学説は、川に棲む四種のヒラタカゲロウが「岸から流れの中心に向かって、流速に対応して、きれいに生息場所を異にしている」ことを発見したことに遡る。ヒラタカゲロウのみならず、地球上のすべての種が棲み分けを通して、多様な世界を創造していく。今西は、生物進化を、最終的に、「種社会の棲み分けの密度化」と定義するのである。もちろん、運悪く消滅する種もあるが、全体的には共生を原理としているのである。[5]

このようにダーウィンと今西の立場は対極的ともいえるが、今西は、その所以を、やはり西欧と日本の文化伝統の違いに求め、次のように論評している。西欧の世界観の根底を形作っているのは、聖書に記された神の創造説である。つまり、一神教の全知全能の神が、意図的・選択的に、人間といくつかの生物を創造したと見なす思想である。ダーウィンの進化論は、この神による選択（divine selection）を、自然選択（natural selection）に置き換えたわけであり、選択という発想で世界をとらえる点では、同一であるといえる。言い換えると、ダーウィンの自然選択説は、一神教の厳しい神のイメージを自然界に投影することで形成されたと見なすことができるのである。しかし、自然とは、生物にとって、ほんとうにそのように厳しいものであろうか。以上のように論じたうえで、今西は、次のように続けている。

私が、自然はほんとうにそのように厳しいものだろうか、といったのは、われわれの考えている自然というのは、そんな厳しい自然ではないからなんですね。もちろんわが国には地震も頻発するし、また台風も再々訪れて、そのための被害は絶え間がないけれども、これらは昔から天災といい、天災にやられることを災難といって、あえてたれにも、またどこにもその責任を問おうとはしなかった。その一方でわが国は天恵に満ちみちていて、五穀のみのりはもとより、山の幸海の幸もふんだんにあり、自然とはわれわれをはぐくみ育てる慈母にもたとえられるべき存在であった。それでわれわれは山へ行っても、母の胸に抱かれるとか、仏の御手に抱かれるというのと同じように、山ふところに抱かれることをもって、一種のやすらぎというか、得がたい幸福感にひたることができたのであります。「善人なおもて往生す、いわんや悪人をや」というのは親鸞の有名な言葉でありますが、この豊かな自然を形づくっている草木も禽獣も、虫けらに至るまでが、その豊かさを楽しんでいるように見える。生きんがために四六時中あくせくとしているようなものは、どこにもいない。最適応しているもの以外は切り捨てられるという関門など、どこにもなくて、適応のできたものも生きよ、適応が少々できていないものも生きよ、この世に生をうけたものはみな生きよ、というすばらしく広い抱擁力をもっているからこそ、自然は仏にも通ずるのである。〔…〕私の棲み分け理論も、私の進化論も、みなこうした自然観と矛盾するものではない。むしろこうした自然観に根をおろしたものである、といったほうがよいのかもしれません。私の進化論は選択なんて不必要だ、なにもかも抱擁したらよいではないか、というのですから。〔…〕汎神論というと西洋の思想に染まった人たちは、一概に軽蔑するけれども、わが国はもともと汎神論的な国がらであって、八百万の神の存在を認め、それだけではなお足りないというので、チミモウリョウの存在まで認めようとする。西洋や近東の一神論あるいは一神教の教えとは、えらいちがいがあります。

キリスト教でもそうですが、最高の神は一人で絶対で、人間はどんなにしても神になれない。そこに絶対の断絶がある。つぎに人間は神が自分になぞらえて作り給うた秘蔵っ子であり、いわゆる選民でありますから、生物と同等ではないというので、もろもろの生物と人間とのあいだにも深い切れ目が入れてある。こういう縦のヒエラルキーができているのです。そこへデカルトが飛び出してきて、「われ考える、ゆえにわれあり」といって人間をおだてあげたものだから、生物の立場はますます悪くなった。自然科学ではいまでも生物を生物として認めないで、物質扱いしようとする。

これに対して、われわれの伝統的なものの見方からいいますと、こういう縦のヒエラルキーを設定しないところに、特徴があります。[…]神も人も生物もみなこの地上を棲み分けて、仲よく暮らすことができたら、それがいちばんええのやないか、ということであります。ダーウィンの自然選択説を闘争原理にたった進化論であるというのにたいし、私の棲み分け説にたった進化論が、共存原理にたった進化論だといわれる所以です。(「進化論のルーツ――アンティセレクショニズムの立場から」一九八二、『全集』第一三巻)

こうした今西進化論の根っこにある日本的世界観は、彼がその扉を開いた日本の霊長類学の基盤ともなっている。

今西の影響を受けながら日本の霊長類学のリーダーとして活躍した河合隼雄は、自分たちの研究の方法論上の最大の特色は、動物と人間との一体感、つまり「生きとし生けるものとしてサルと繋がり合っている」という「日本人の自然観」(『学問の冒険』一九八九)を反映した点にあるという。

言い換えると、サルを人間よりも下のものと見下さない態度にあると指摘している。「私はサルの数を数えるとき、何匹といわないで、何頭ということにしている。匹ではサルに対して気の毒のような気がするからである」（「私の履歴書」一九七三、『全集』第一〇巻）という今西の言葉がそれを象徴していよう。

実際に、日本のサル学は、研究者が、餌付けを行うことによって「サルの生活に溶け込み、その一員となって、かれらとつき合う」（前掲『学問の冒険』）という点に、その特色を有している。これにより、サルの個体識別と長期観察が可能となるのである。これらは、外国にはない手法と言われている。

第二に、サルの世界にも「社会」が存在すると考える点も、日本のサル学の特徴と指摘されている。欧米では、動物の社会を認めても、それは、単なる個体の集合でしかない。しかし日本のサル学は、人間同様、サルにも、共同生活体としての「社会」が存在すると見なすのである。この点は、先に見たように、今西が「種社会」という概念を提起したことと軌を一にしていよう。今西や河合の尽力により設立された京都大学霊長類学研究所は、外国には類例のない、「社会」部門を設置していることで知られている。

ところで、こうした「自然学」に至る今西の歩みの原点には、少年時代からの登山の体験があると言える。その入り口となったのが、京都の北に連なる丹波高原の峰々、通称、北山である。今西は、言う。

夕日がさして濃い陰影のついた北山を、加茂川のほとりに立って眺めるとき、その北山は中学生であった私を、はじめて山に誘い入れたときと同じ迫力をもって、今も私の心に迫ってくるのである。すると私はやはり心の奥に何かしら不安に似たものを感じ、それがしだいにひろがって行くと、もうすべてのことがつまらなく、ただただ遠い彼方の見知らぬ国々に渡って、人知らぬ自然の中に分け入ってみたいという願望に閉ざされてしまうのである。（「わが道」一九六九、『全集』第九巻）

京都という土地は、三方を山に囲まれている。今西は、その恩恵を受ける形で、少年期から山に親しみ、次第に、山の世界に魅了されていったのである。若き今西をとらえたもの、それは、山に開ける豊かで鮮烈な自然であり、またそこに生きる人々の存在であった。今西は、次のように述べている。

山に登って山村に入って、そうして場合によったら日が暮れて泊めてもらうことがありますわな。そういう場合でも、まだ上流に村があったらそこまで行くねん。それでもうこれ以上村がないというところで泊まるのが好きやったね。そういうところでは生活様式や何やらが、町とはちがいますしな。そういうところの年寄りにいろいろな話を聞くのが、ひじょうに楽しみやったんやね。（「「自然学」の提唱に寄せて」一九八七、『全集』第一三巻）

自然観が確立していたら、その人の人生観とか世界観というものも右ならえしてくる。山の中に行って、山村に泊るでしょう。そうすると、そこの人たちの動作はね、みんなその人たちの自然観と一致してるね。これがわれわれのふるさとかと思うよ。（同）

つまり今西は、山のなかに、町や里とは違う世界を見出し、そこに人間の「ふるさと」のようなものを感じとって行ったのである。つまり、山に生きる人々の暮らしのなかに、人間の生き方の原点のようなものを発見したといえよう。それは、自然と神と人間とが一体となって生きている世界であった。[6]言い換えると、人間中心の文明社会が忘れてしまった世界であった。

そして、その時、同時に、みずからの先行者として、柳田國男を意識したのである。つまり、山の世界に生きる人々の存在を浮き彫りにした柳田民俗学に惹かれていったのである。今西は、柳田から受けた影響について何度も触れているが、ここでは、次の箇所を引用しておこう。[7]

人間の学問に対して、何か興味を呼び起こす動機になったものがあるとすれば、やっぱり柳田国男さんでしょうな。(「「今西自然学」について」一九七五、『全集』第一三巻)

三高時代、柳田さんの『遠野物語』を古本で買いました。番号入りで三十何番とかいう本やけどね。あれはちょっと大げさに言うたら暗記するぐらい読んだよ。[…]それから『雪国の春』『山の人生』という本があったな。これもええ本です。(「「自然学」への到達」一九八六、『全集』第一三巻)

柳田民俗学は、当初、主たる研究対象を「山人」(山の民)に置いていた。著作でいうと、今西がここで紹介している『遠野物語』や『山の人生』が該当する。しかし、のちに、柳田は、里に生きる稲作民、いわゆる「常民」に研究の対象を移行した。この点を踏まえると、今西が受けた柳田の影響とは、初期の「山人」研究からの影響ということができよう。実際に、今西が何度も取り上げているのは、『遠野物語』(一九一〇、『柳田國男全集新装版』第二巻、筑摩書房、一九九七)と『山の人生』(一九二五、『柳田國男全集新装版』第三巻、同)なのである。▼8

今西は、柳田たちが古老からの聞き書きによって、日本民俗学を打ち立てて行ったように、その若き日に、山村を訪れ、古老から学び、同時に柳田の「山人」研究から影響を受ける形で、みずからの学問の道を踏み出して行ったのである。▼9

そして柳田同様、日本の文化伝統のなかに、日本人の生き方を求めて行ったのである。『遠野物語』には、「此書を外国に在る人々に呈す」というプロローグが記されているが、これについては、外国に魂を奪われた日本人に対する柳田の皮肉あるいは批難だという指摘がある。その解釈の是非はさておき、柳田のなかに、祖国への深い愛情と欧化が進む日本の現状に対する強い危機感が存在したことは確かなように思う。そして、同じことは、今西にも指摘できるように思われる。

今西は、自分の「根」が日本の文化伝統のなかにあると述べ、「その根を切ってしまうたら、それでもう生長がとまって人間廃業や」(今西・飯島衛『進化論——東と西』第三文明社、一九七八)と述べている。そして「それは運みたいなものや。ぼくが日本に生まれたということは」(同)と述べている。今西にとって、日本への関心は、一種の〈運命愛〉のようなものだったということであろう。そして、そのような心で、日本の自然や文化、思想を学んでいくと、そこには、日本人のみならず、人類全体に役立つ知恵や価値が含まれていることが見えてくる。そこで、今西は、こう言う。

日本なんか、何も西洋のまねせんでええのに、西洋に一生懸命になってるわな。（前掲「「自然学」の提唱に寄せて」、『全集』第一三巻）

もちろん、これは、日本礼賛論ではない。そうではなく、いかなる民族、国民であっても、土着的なものを蔑ろにせず、むしろ、土着的なものに含まれている価値を再発見せよ、と言っているのである。今西は、自らの「棲み分け」説に立って、こう呼びかけている。

欧米文明もぽしゃるときがくるかもわからん。われわれは自分の一生でものをみてるから、欧米文化はものすごくしっかりしたものと思うけど、もう少し長い目でみたらぽしゃるかもわからん。まだいままでに文明をつくっておらんのはだれやいうたら、アフリカあたりは、これという文明をつくっとらんですよ。そこらが、人間の幸福を目指して、技術文明とは別の道を切り開いてゆく可能性があるかもしれん。人類が地上に広がったときに、ひとつの文化でなく、地域ごとに異なった文化をもつようになった。これが地上における人類の棲み分けであり、文化の棲み分けといってもよいであろう。（今西・藤沢令夫「自然・文明・学問」一九七〇、『今西錦司座談』河出書房新社、一九七三）

こうして、土着的なものを土台とした学問の重要性も自ずから理解されてくることになる。この点でも、柳田との共通性が浮かび上がる。柳田は、大東亜戦争の敗北後に、祖国再建の思いをもって著した『新国学談』三部作の第一巻『祭日考』において、次のように述べている。

ただわたしなどのいやでたまらぬのは受売りと翻譯、ちがつた国語でもう外国人の云つてしまつたことを、そつくり持つて来てへい是が学問と、云はうとする者の頭を出すことである。（『祭日考』一九四六、『柳田國男全集新装版』第一六巻、筑摩書房、一九九九）

これは、今西の気持ちでもあったろう。すでに見たように、今西の学問は、その進化論にしても、霊長類学にしても、日本の土着の自然観を基盤にして構想されている。今西のダーウィン批判の書に、『ダーウィン論』（一九七七）があるが、その副題は、「土着思想からのレジスタンス」となっている。今西は、ダーウィンについて、「どうしてもぼくの肌に合わん」と言う。もちろん、だからといって、ダーウィンを打ち倒そうというわけではない。そうではなく、西洋人のダーウィンとは異なる、日本人らしい感性に根ざした進化論を、一つのありうべき議論として、つまり一つの可能性として、提示しようというのである。今西は、こう述べている。

よく私をダーウィン進化論の反対者のようにいう人があるけれども、私は反対しているのではない。彼の進化論が私の体質に合わないから、私の体質に合う進化論をつくりだそうとしてみたにすぎない。（「教育と宗教」一九八一、『全集』第一一巻）

二つの相容れない進化論が、東西にわかれて棲み分けしていたら、それでよいのじゃないでしょうか。（前掲「進化論のルーツ――アンティセレクショニズムの立場から」『全集』第一三巻）

近い将来に誰かが翻訳なり何なりして、ぼくの「自然学」を広く外国に紹介すべきやという人もあるけれど、ぼくはそんなことせんでもええ、というている。ぼくの進化論によれば、しいて争わなくても、どうせ滅びるものは滅びるし、生き残るものは生き残るのやからな。生きている間に勝利を得なければいかんとか、それが名誉として帰って来なければいかんとか、そういうことは自然学とはおよそ無縁なことや。（前掲「「今西自然学」について」『全集』第一三巻）

今西は、学問は思想から生まれる、と考えていた。そして、実際に、日本の思想に由来する「自然学」を創造した。

そういう今西に、柳田のほかに、西田幾多郎の哲学の影響が存在したことは、彼自身、何度も語っているところである（前掲「「今西自然学」について」など）[10]。なるほど、西田哲学もまた、多くの論者が指摘しているように、日本の思想を西欧の論理で解釈しようという試みであった。それは、西欧と日本の間で格闘しながら、両者の新たな統一のあり方を模索した人生であった。もっとも、今西は、柳田の方が、西田よりも、より純粋に、土着のものに取り組んだ、と述べている（前掲「自然学の提唱に寄せて」）。

柳田の「新国学」の心。それは、今西の「自然学」のはるか淵源として存在している。今西は、その水脈を汲みながら、柳田とは相異なる自然科学の分野に、祖国の大地に根ざした大輪の花を咲かせたといえよう。

3　梅棹忠夫による「新国学」の提唱

今西同様、柳田の水脈を汲みながら、学問の世界に創造の花を咲かせた人物に、梅棹忠夫がいる。梅棹は、今西の薫陶のもと、研究者として出発し、生態学、民族学、文明学といった幅広い分野で、独創的な業績を残した。代表作である『文明の生態史観』（一九五八、『梅棹忠夫著作集』〔以下、『著作集』〕第五巻）は、世界的にも類例のない文明史観として、今日でも大きな存在感を放っている。

梅棹は、一九二〇（大正九）年に今西とおなじく、京都の西陣に生まれ、京都一中、三高と進み、登山に熱中した青春時代を過ごした。

図7-2　梅棹忠夫

わたしは、生物学の研究者としてスタートを切り、生態学から民族学に目を転じ、さらに諸文明の比較研究というようなことを仕事にするようになった。たしかに、それで大学に職をえて、人生をおくることができたのである。それも根をあらえば、すべて山からはじまったことである。山をしらなければ今日のわたしはなかった。山はわたしの人生のルーツであり、すべての出発点なのである。（『山をたのしむ』山と渓谷社、二〇〇九）

入口となったのは、今西同様、北山であった。梅棹は、北山を通じて、植物や動物など、自然に対する知的関心を深め、学術探検への憧れを強めていった。京都帝国大学理学部動物学研究室に進学すると、当時若手の講師であった今西の指導のもと、ポナペ島や大興安嶺の学術探検隊に、川喜田二郎、中尾佐助、吉良辰夫などとともに参加し、フィールド研究の方法から、文章の書き方まで、学問の基本を徹底して学ぶことになる。今西学派とも称される、このグループについて、梅棹は、次のように述べている。

単一の学科での仲間というのではない。学科をこえて、あるいは学部をこえての交友だったのである。このことは、わたしののちの学問観の形成におおきな役割をはたすこととなった。専門の枠をとびこえて、まったく自由な討論をするのである。専門の垣根のなかにとじこもることは、もっともはずべきことと思っていた。わたしたちが共通の師とあおいでいた今西錦司先生の学風がそうであったことにもよるが、わたしたちの仲間で、せまい専門領域にとじこもったものはひとりもいない。[…]わたしはいちおう、生態学が専門ということになっていたが、そんな枠はとっくにこえて、さまざまな学問を学び、そしてたのしんだ。わたしはこれを「学問の横あるき」と称していた。つぎつぎに横にあるいて、のちには、ついに学問の二大分野である自然科学と人文科学の垣根もこえて、民族学を専門とするようになってしまった。(「学問三昧」一九九一、『著作集』第一二巻)

しかし、梅棹が、今西から受け継いだのは、領域横断的な学問態度だけではない。日本の土着的なものに眼を向ける姿勢もまた、今西同様、梅棹に強く見られるものである。知の巨人とも称される梅棹の仕事は、生態学・人類学・文明学以外にも、情報学や未来学・知的技術論など多方面に及び、また国立民族学博物館の設立をはじめとする学術・文化行政方面での先駆的な業績も存在するが、ここでは、土着的なものを重視し、柳田を継承して「新国学」を唱えた人物として、梅棹をとらえ、その主張を概観してみよう。[11]

まず、注目すべきは、「アマチュア思想家宣言」であろう。これは、『思想の科学』創刊号（一九五四年四月）の特集「今日の思想」に掲載されたもので、梅棹が最初に、土着思想を展開した論説といえる。梅棹は言う。明治の開国以来、日本の思想は、採長補短の原則に基づく和魂洋才を特色としてきた。しかし敗戦後、そのような日本的なものに根ざした西欧化が日本の進路を誤らせたという意見が支配的となり、全き西欧化を目指す洋魂洋才に方針を転換してしまった。しかし、と、梅棹は、言う。

わたしたちは西洋人ではない。日本の土民である。日本の国土のうえに、日本の文化のなかに、日本の生活をいとなんできたところの、日本の土民である。土民には土民の生活があります。これは文句なしにまもらなければならない。思想もなにも、すべてのものはこのうえにきずかれなければならない。日本において、思想家はあまり西洋のことを勉強しすぎた。いま必要なのは、日本の土民をみつめることだ。（「アマチュア思想家宣言」『著作集』第一二巻）

つまり、あくまでも日本を主体とした和魂洋才の精神に立ち戻れ、というのである。梅棹は、続けて、言う。

要するに、自分は自分だという心の心ばり棒である。こいつが、［…］奴隷化をふせいだ。むかしのひとが神州の精気とよんだのは、これではありませんか。神の国ではなくなってしまったけれども、

さいわいにしていまなお土民の国である。土民には土性骨がある。これが植民地化に抵抗する。（同）

梅棹は、敗戦後、一度戦争に負けたくらいで日本人としての自信を失う必要はない、日本はきっと復活すると説いて、周囲から「旭日昇天教の教祖」と呼ばれた（『行為と妄想——わたしの履歴書』日本経済新聞社、一九九七）。

しかし、戦後日本の言論界で主流派となったのは、西欧近代思想やマルクス主義を理想化して、洋魂洋才を説く、いわゆる進歩的知識人たちであった。

今西もそうだったが、梅棹も、こうした人々とは対極的な立場から、ものを見、ものを考えたといえよう。

さて、こうした梅棹の立場は、数年後の共著『日本人の知恵』（林屋辰三郎・多田道太郎・加藤秀俊、一九六二）になると、「土着主義」と呼ばれることになる。同書は、花見やあんぱん、実物模型など、日本ならではの事物をピックアップして論じたものであるが、梅棹は、同書を貫く基本的な立場について、次のように説明している。

日本の文化や思想を論じた戦後の論説には、自己批判的色彩のつよいものがずいぶんと多かった。それは、日本人自身の手で日本の文化や思想を告発し、論告し、断罪する趣があった。そこでは、法廷のなかに立たされた被告を裁くように、日本の文化や思想が裁かれた。それが、終戦直後から最近にいたるまでの、わが国論壇の一般的傾向であったといってよい。被告を裁く論説が、秋霜烈日、苛烈をきわめればきわめるほど、拍手をあびたのである。

これとまったく逆に、戦時中の日本文化論や日本思想論は、自己礼賛ふうのものが圧倒的であった。そこでは、日本の思想や文化は、表彰台に立って賞状をうける受賞者のように、いつも持ち上げられ、誉めそやされた。戦後の論壇の主流が「自己批判」で占められたのは、そうした戦時中の、むやみやたらな「自己礼賛」に対する反動でもあった。

さて、最近では、被告を裁く論説の口調は、ひと頃よりおだやかになったかにみえる。しかし、日本の文化や思想に対する自己嫌悪感・自己批判性は、やはり依然として根強いものがあるといわねばならぬ。日本人による日本批判風潮は、簡単にぬぐいさられてしまうほど一時的のものでも、表面的なものでもない。否、むしろ、明治維新以降こんにちにいたるまで、日本文化論・日本思想論をつらぬく基本的モチーフは、自己批判であったといって差支えない。これを一口にいえば、日本には近代がない、もしくは近代をもっていても不完全・不徹底だ、ということである。そしてその際、わが身とひきくらべて理想とされたのが西洋の近代であり、お手本になったのが西洋の国々である。それは時と場合に応じて、たとえばイギリスであることもあれば、フランスであることもある。戦後になると、西洋以外の国々が、ときには中国が、ときにはインドがモデルとして立ち現れるようになった。だが、外国と対比して日本を批判するという点では、基本的に異なるところはない。自己批判の尺度になっているのは、いつの場合も外国なのである。〔…〕

日本を測るのに外国の価値体系を使うから、適合度が落ちて、無理が生じたり空想化が進行したりするのである。日本には、日本に適した体系があるはずである。そうしたわれわれ自身の価値体系を、個々の事物のなかから探究し、確認し、形成しようというのが、この『日本人の知恵』でわたしたちの意図したところにほかならぬ。

われわれ自身の価値体系と、外国の価値体系とを比較検討して、その是非を評価しようというのではない。つまり、こういう点では日本は外国より優れている、あるいは劣っている、ということを主張するのではなく、日本とはこういう国なのだ、ということをはっきりさせたかったのである。自己礼賛でも自己批判でもない。日本に存在するものをすべてよしとする「伝統主義」でもなければ、日本はダメで遅れているとする「近代主義」でもない。しいて主義という名をつけるなら、「土着主義」の立場とでもいおうか。(『日本人の知恵』『著作集』第一九巻)

「近代主義」を代表する学者として、丸山眞男の名をあげることができるが、梅棹は、丸山の主著の一つである『日本の思想』について、次のように評している。「筆者はやはり従来の西欧思想の立場から、土着的思想のあり方をさばいているというほかはない」、「このような筆者の立場は、近代日本の知的エリートたちの、思想的主流の一つであり、筆者はそのチャンピョンである。じっさい、筆者の考えは、それぞれの部分的考察においてはまったくブリリアントだが、全体の文脈としては、あんがい陳腐なものかもしれない」(『週刊朝日』一九六一年一二月二二日)。

梅棹の眼から見ると、近代以降の日本の主流派知識人は、あまりに政治主義的であるように思われた。彼らの関心は、いかに民衆を統治するかという点にあり、その観点から、西欧の近代主義が意義づけられている。梅棹はこの点について、次のように論じている。

知識人というのは、[…] 政治に対してひじょうにつよい関心がある。それも、世界政治、国際政治のほうはそれほどでもなく、日本一国の政治に特別の関心がある。[…]あたかも、自分自身が日本一国の政治の責任を負うているようなかまえになっていることがおおいのであります。

わたしは、日本における知識人というものは、じっさいに、政治家とひじょうにちかい地点にたっている階層だとおもうのです。もうすこしいえば、政治家と知識人とは、もともとおなじグループに属する存在かもしれない。すくなくとも、人生あるいは社会をはかる尺度が、ほぼおなじになっている。かんたんにいえば、政治をおこなうことが、人生においてもっとも価値あることであり、民衆を統治することが、社会におけるもっとも重要な課題である、というかんがえかたになっている。すべてのことがらを、なにかの意味で、政治的実践の立場から判断をくださないではおさまらないようになっているのであります。

もう少しこの見方をおしすすめると、わたしは、日本の知識人の主流は、やはりできることなら政治家になるはずの人たちであったのではないか、とかんがえています。はじめから、つよい政治的志向性をもって人間形成をおこなったのであるが、たまたま条件がゆるさなかったので、じっさいの政治家にはならなかった。いわば、なれなかった政治家なんです。あるいは、挫折した政治家なんです。［…］どうもフランスなんかはたいへん日本に似ている。［…］サルトルなどという人は、そういう傾向の代表的な例とみることができるでしょう。（「生態史観から見た日本」一九五七、『著作集』第五巻）

梅棹は、こうした日本の主流派知識人の原型を、江戸の武士階級に見出している。彼らは、民衆統治の思想として、中国の儒教を学んだ。別に、儒教を信じていたわけではない。ただ、イデオロギーとして儒教を学んだのである。近代以降も、儒教が西欧思想に変わっただけで、基本的スタンスは同じだと、梅棹は言うのである（「私の学問人生」『近代日本文化論④知識人』岩波書店、一九九九）。

したがって彼らは、統治の「理論」には関心があるが、人間や世界の「事実」には、それほど関心がない、ということになる。梅棹は、「文明の生態史観」で、独自の世界史モデルを提示し、日本については、西欧と平行しながら、自分自身の自己展開として近代化をなしとげてきた、という見方を提起した。もちろん、日本の主流派知識人からは、批判をはじめ、多くの反応が寄せられたが、みな、「議論のまえに事実を知らなかった」と、梅棹は述べている（「新教養をめぐる対話」、筒井清忠『新しい教養を求めて』中公叢書、二〇〇〇）。

前述のように、梅棹をはじめ今西学派は、「自分の足で歩いて、自分の眼で見て、自分の頭で考え」る姿勢を大切にした。「西洋人の受け売り」は、軽蔑の対象となった。「事実」を知る喜び、これが、学問の基本をなしていたのである。

梅棹たちは、日本の思想・文化を論じる際にも、まず具体的な「事実」を知ろうとする。そして、個々の事物を知ると、それを通じて、日本への愛着がわいてくる。彼らに共通する文化ナショナリズムが、こうして形成されてくる。梅棹は、次のように述べている。

われわれの国でかんがえると、ナショナリズムというのは、政治的な国家主義、民族主義とは別に、まさにナショナリズムのほんとうの中身をつくるものとして、この国土にたいするあくなき知的好奇心みたいなもの、これがあったとおもうのです。ひとつひとつ、植物をしらみつぶしに記載し、絵を描き、注を書く。江戸時代からうんとそれがあった。日本の動・植物と中国の本草学の本に書いてある記載といかにちがうか、あるいは、これとこれとは、どうもおなじらしいというアイデンティフィケーション（同定）がさかんにおこなわれた。この作業が日本のナショナリズムの中身をつくっている。そういうものがでてこないと、ほんとうのナショナリズムとはならないね。（梅棹忠夫・吉井良三「国学の拠点としての博物館」梅棹忠夫編『博物館の世界』中公新書、一九七九）

さて、自分の足で歩いて、自分の耳で聞いて、日本各地に伝わる土着文化を学び取り、そのなかに日本人の生き方を求めていく学問、それが柳田國男が創始した日本民俗学であった。梅棹は、当然のように、日本民俗学に関心を示し、柳田の「新国学」を発展的に継承した作品の系列を生み出していくことになるのである。

梅棹と柳田との関わりは、梅棹の論文「ヤク島の生態」（一九五一、『著作集』第一九巻）に始まる。この論文は、今西を隊長に実施されたヤク島の学術調査の成果報告で、ヤク島の生活様式を、生態学の方法を用いて解明した点に特色がある。これを読んだ柳田は、「この方法は日本民俗学のいまだかつてこころみざるところである」と高く評価し、梅棹を自宅に招き、「おもしろいからこういう仕事をつづけるように」と激励したという（『著作集』第一九巻）。

梅棹の日本民俗学に関する見方は、『日本読書新聞』の特集「日本の民俗学」に掲載された「思想と土との摩擦——その水面下の力はどう役だつか」（一九五七、『著作集』第一九巻）に示されている。ここで梅棹は、次のように三点にわたり、日本民俗学を意義づけている。▼12

第一に、「日本文化のもつさまざまな特質を正確に理解するための科学的な拠り所を提供する」

という点である。梅棹は、「科学としての柳田学」（一九六二）と題した小文でも、柳田民俗学は、実証的事実の蓄積、その内的関係をみやぶる洞察力と発想力、全体をおおう論理的体系化という科学の三要素を満たしていると述べている。もっとも、より正確に日本文化の特色を把握するためには、現在の「一国民俗学」のあり方を改め、外国との「比較民俗学」の視点をもたなければならないと補足している。

第二に、日本民俗学は、「思想が、日本の国土の上で空転することをさけるための、有効な接地点を提供する」という。梅棹は、「外から羽が生えてとんできた外来思想は一ぺん民俗学の成果と、いちいちぶっつけてみるとよい」と述べている。前述の「アマチュア思想家宣言」にも、「日本民俗学は、日本の思想家のおさめるべき必須科目である」とある。

第三に、「日本民俗学は、まったく新しい思想が生れ出る基盤になる可能性がある。それによって日本という土地は、世界の文明にユニークな寄与をなし得るかもしれない」と梅棹は言う。つまり、日本には、他の文明国では失われてしまった原始的な精神文化が生き残っており、それが今後世界的に意味をもってくる可能性が考えられるが、そのさいに、日本民俗学は、発想的にも、資料的にも、豊かな源を提供するだろう、というのである。

そもそも梅棹には、それぞれの国が、土着的なものを掘り起こして、世界の文明に寄与すべきだ、という考えが存在した。前述の『日本人の知恵』についても、「各国人の知恵の体系探究のいわば日本版」という位置づけがなされており、その作業は「われわれ日本の知識階級が人類文化のためにはたしておかねばならぬ義務」であると述べられている。[13]

そして梅棹は、この三点目を、もっとも重視していたといえる。梅棹が言う「新国学」も、この点を踏まえて構想されたものであった。

梅棹は、上田正昭、梅原猛、林屋辰三郎とともに、『日本人の知恵』の続編として、『新・国学談』（文藝春秋、一九六七）と題した本を出しているが、その基本的なコンセプトについて、次のように述べている。

柳田さんは、民俗学は新しい国学だといっておられる。［…］そもそも旧国学〔本居宣長に代表される江戸の国学〕が、どういう条件の中で成立したかを考えると、それには非国学、つまり外国学の存在がまず前提としてあったわけでしょう。それに対抗するアンチテーゼとして、自己確立の学として国学があとから出てきた。そういう事情がある。［…］われわれが旧国学と違うのは、外国学に対抗して身を守らんならんという位置にいないということじゃないか。そういう外に対するアンチテーゼではなくて、もっと開かれている。多様性の哲学みたいなものの一つに自分自身を定着させているわけでしょう。［…］新国学は外国文化との落差からくる緊張感の上に立っているのではなく、いまやむしろ異質な外国文化の没落の上に立っているのではないか。そういう自信というか思想的ゆるやかさを、われわれは獲得しつつある。かつてはおびやかされたこともあったが、ほんとはわれわれはダンナ衆であった（笑）。（「座談会『国学』」『神戸新聞』一九六六年四月九日）

日本の土着思想は、日本人にしか意味をもたないものではなく、人類に裨益する普遍性をもったものである。これまでは、西欧文明が世界の中心だったので、あまり目立たなかったが、西欧文明が力を失いつつある今、日本はもっと積極的に、自らを発信し、人類に貢献すべきだ――。このような考えに立って、日本の土着思想を探究するのが「新国学」だ、と梅棹は言うのである。[14] そのような問題意識に立って、梅棹は、多くの日本文化論を発表していくことになる。[15]

では実際に、日本は、西欧に代わって、どのような思想を、世界に発信することができるのだろうか。梅棹は、次のように言う。

現代は、テーゼ、アンチテーゼ、ジンテーゼという弁証法がくずれてきて、多様性の時代になっている。それが新国学の哲学的基礎なるものでしょう。〔…〕ヨーロッパ文化は自分の独自性ばかり主張した。イスラム、インド、中国などの異質の文明とぶつかって自分をきたえたんですが、相手を克服する形でしか成長できなかった。常に相手をアンチとしてとらえ、ジンテーゼすなわち最後の勝利は自分の方にあるという弁証法をとるんですね。〔…〕弁証法はたたかって勝ったやつを正当化する論理になってるんで、弁証法で行けば必ず流血の惨事がおこりますよ。〔…〕万国博〔一九七〇年に開催された大阪万国博覧会〕のテーマの人類の進歩と調和というのは新国学の精神ですよ。西洋思想にはないものなんだ。だから、互いに競い合う博覧会になっては日本的ではないな。誇示ではなくて多様性の共存が必要です。（前掲「座談会『国学』」）

日本は、多様性の共存を重視する思想を、世界に発信し、それによって、新たな世界秩序の形成に貢献すべきだ、というわけである。

多様なものを大切にする日本の思想は、「アニミズム」の宗教伝統と結びついていよう。「アニミズム」は、文明国のなかでは、日本にのみ生き残っている思想といえる。梅棹は、「アニミズム」思想もまた、今後の世界で意味をもちうると考えていた（前掲「思想と土との摩擦──その水面下の力はどう役だつか」）。梅棹は、次のように言う。

たしかに日本には、高度に洗練された仏教の諸宗派があり、神道もまた独自の発展をとげております。しかし、日本人の心の奥底にひそんでいるものは、やはり一種のアニミズムといわざるをえません。すべてのものに神がやどり、すべての場所に神がすんでいる。これは一種汎神論的世界観とかんがえることもできます。もう一歩すすめていえば、すべての物が神である。世界は、人間と神々との共存・共栄の体系である、こう考えているのであります。このような汎神論こそは、日本文化における正統であって、唯一神をみとめる一神論、あるいは複数の神がみをみとめる多神論は、日本ではむしろ異端であります。「八百よろずの神がみ」の存在に対するゆるぎのない確信が、この文明の背後にあって、それをささえているのであります。（「人の心と物の世界」一九七三、『著作集』第一三巻）

ここには、日本的自然観に立って「棲み分け」説を唱えた今西に通じる思想があるといえよう。今西と梅棹の根本にあるのは、日本的なるものへの愛着である。梅棹は言う。

ナルシシズム［自己愛］こそは諸善の根源、すべてここからうまれるのだ、これがなければダイバージェンス［多様性］もなにもおこらないのだということです。（「京都文明と日本」一九八五、『著作集』第一七巻）

個々人が自分の個性を大切にすることで、多彩な社会をつくりあげることができる。各地方人が、郷土愛をもって土地の個性を大切にすることで、幅のある国家が形成できる。同様に、各国人が、祖国愛をもって土着のものを大切にすることで、人類社会にふくらみがもたらされるのである。各国人は、大いに自己主張をすればよいのである。多様な意見のぶつけ合い、それが、人類の利益となり、真の調和の条件となる。自己卑下や他者への迎合は、無益である。梅棹は、言う。

国際交流ということは、はじめから、異質なるもののふれあいであります。生活習慣のちがいがあるのは当然であります。したがって、外国人に接する場合に、異質性を背後におしやって、かれらの生活習慣にあわせるという、いわば迎合的な配慮は、ほとんど無益であるばかりか、有害でさえあります。[…]

国際交流というと、しばしば、無国籍的ふんい気のもとに、ニコニコ・ムードの友好親善をおこなうことと了解されるようですが、わたしはそうはおもっておりません。国際的関係の基本は、前提ぬきの友好親善ではなくて、むしろ、異質文明のきびしい対立であるはずです。だからこそ、対立を克服する手段として、国際交流が必要になってくるのです。異質の対立をこえて、ただしい理解に到達するためには、ときにはむしろ、外国人に対してはきびしすぎるかとおもわれるほどの、自信と自己主張を、われわれ自身がしめさなければならないのではないでしょうか。(「国際交流と日本文明」一九七四、『著作集』第一三巻)

同時に、守るべきものは、しっかりと守らなければならないのである。土着文化の要は、言語

（国語）であろうが、梅棹は、次のように述べている。

　このままでは、英語にしてやられてしまう。これからは大情報戦争ですからね。たとえば、いまインターネットで使っている言語のほとんどが英語ですね。［…］それでよろしいのか？［…］いまのような漢字に依存した表記法では情報戦争に勝てないから、思い切って、ローマ字で日本語を書くことにしてはどうか、という提案です。［…］

　日本語そのものをやめて英語にしようとか、そんな発想とはまったく違います。むしろ日本語をいかにして守るか。漢字に汚染された日本語をどういう具合に守るかということです。（前掲「私の学問人生」）

日本語の守り方については賛否が分かれるところだろうが、日本語を守ろうという梅棹の姿勢そのものは、「人類文化のためにはたしておかねばならぬ義務」の遂行として評価されるべきであろう。

上山春平は、今西、梅棹、それに同じ今西学派の人類学者・川喜田二郎に共通して流れている「ナショナリズム」について、次のように指摘している。▼16

　それは、戦争中の「閉じられた」ナショナリズムにたいして「開かれた」ナショナリズムというべきかもしれない。日本人のいとなみを、日本人だけの排他的利害に貢献する方向にではなく、世界の人類に貢献をする方向において、他の国民に見劣りのしないものに育て上げていこうとする心意気が、そこには強く打ちだされている。（「今西錦司（上）――「開かれた」ナショナリズム」『思想の科学』一九六一年五月号、『上山春平著作集』第九巻、法藏館）

彼らにとって、祖国愛と人類愛は、一体のものであった、ということができよう。そして、それこそが、「新国学」の精神であった。それは、普遍的な精神なのである。

4　梅原猛による「日本学」の探究

上山春平が今西グループの共通点として指摘した「開かれたナショナリズム」、つまり「日本人のいとなみを、日本人だけの排他的利害に貢献する方向にではなく、世界の人類に貢献をする方向において、他の国民に見劣りのしないものに育て上げていこうとする心意気」（前掲「今西錦司（上）」）は、彼らより年少の梅原猛にも存在した。

梅原は、一九二五（大正一四）年生まれ。愛知県から京都大学に進学し、西洋哲学を専攻した。戦火に青春時代を送った影響で、人生を否定するニヒリズムに陥り、当初は、死や不安、絶望といった実存思想の主題に取り組んでいたが、次第に、そこからの脱却を求め、笑いのなかに人生を肯定する思想を探るようになる。その取り組みは人間の感情の体系的考察に発展して行くが、各論として、日本人特有の感情世界の解明に取り組むなかで、日本の文学や宗教に改めて触れ、梅原は、日本の伝統のなかに、豊かな思想的可能性が宿っていることを発見することになる。

時を同じくして、京都大学人文科学研究所（以下、人文研）では、日本の土着思想に眼を向ける若手学者のグループが台頭しつつあった。前述の梅棹や上山、多田道太郎、加藤秀俊などである。彼らを紹介した当時の新聞の一節を引用しよう。

彼らの意識の底に共通したものが流れているのを見逃すわけにはいかない。その第一は、みな多かれ少なかれナショナリスティックな改革派であることだ。現状に対して批判的ではあるが、問題の中心に日本やアジアをすえ、実際的な解決策を打ち出そうとする。つまり日本の社会や文化を論ずる場合、すぐヨーロッパやアメリカをものさしにしてはかるというやり方に反対する。[…]いわば土着的発想法とでもいおうか。(「新京都学派(下)」『朝日新聞』一九五九年九月六日)

図7-3　梅原　猛

梅原は、当時立命館大学で教鞭をとっていたが、上山の紹介で、人文研の研究会に参加し、彼らと交流を深めることになる。また他方で、林屋辰三郎を中心に立命館大学で発足した日本文化史の研究グループにも加わっていく。この両グループは、同じ京都ということもあり、相互に合流があり、同じ若手世代として、既成の権威に挑もうとする姿勢も共通していた。前述の共同企画『日本人の知恵』や『新・国学談』などは、両グループの相互交流の産物ともいえる作品で、『新・国学談』には、梅原も加わっている。

梅原は、このような新たな潮流を背景に、自らの発見した日本の思想的可能性を探究して行くことになる。[17] この頃、仏像に関するテレビ番組への出演を通じて、仏教思想への造詣を深める機会を得たことも、梅原の探究を後押しした。[18]

こうして梅原は、斬新な着想と雄大な構想を特色とした独自の「日本学」を力強く打ち立てて行くことになる。のちに「梅原日本学」と称されることになるその探究の取り組みは、現在も刺激的な展開を続けているが、ここでは、その原点に存在した問題意識を明らかにしておこう。

梅原の「日本学」は、従来の日本研究を取り巻く三つの「偏見」を疑うことから出発している。梅原は、第一の偏見について、次のように述べている。

> 多くの偏見が、日本の思想の研究をさまたげてきた。いちばんの偏見が、ヨーロッパ文明至上主義の偏見である。日本は明治以来、ヨーロッパの科学技術文明をとり入れるのに全力をあげてきた。その実践的目的が、ヨーロッパ文明にすべての善があるという偏見を生んだ。日本のインテリは、多くのヨーロッパにあこがれの目を向けるだけ、自国には軽蔑の目をそそいだ。それゆえ、日本において哲学の研究と称せられるものは、ほとんどヨーロッパ哲学の研究だった。(「日本の偏見」一九六九、『梅原猛著作集』(『著作集』第一七巻)

梅原によれば、西欧文明至上主義にとらわれているのは日本人のみではない。西欧人自身が、西欧の文明のみを唯一絶対とする偏見に支配されてきたのである。彼らは、西欧文明の基盤であるキリスト教とギリシャ思想のみが普遍的であると考えてきた。それゆえ西欧が生み出した近代科学技術文明が世界を支配するのも当然だと見なしてきた。日本人は、西欧文明を取り入れるにあたって、こうした偏見をそのまま受け継いでしまったのである。しかし今日、西欧文明は行き詰まりを見せている。日本は、西欧が支配する近代という時代において、西欧文明の受容に成功し、成功することによって欧米列強の植民地になることを免れた。しかし成功者であることによって、現代日本は、西欧と同じ行き詰まりに直面している。今こそ、日本人は、西欧至上主義の偏見から脱却し、みずからの足元を見つめ、そこから西欧に代わる新たな文明原理を創造することによって人類に貢献すべきではないか——。このように梅原は説くのである（「日本の文化を流れる三つの思想原理」一九六八、『著作集』第三巻）。これは、今西や梅棹にも通じる問題提起であり、上山の言う「開かれたナショナリズム」の主張であるといえよう。[19]

しかし梅原は、日本の足元を見つめてきた「国学」の側にも偏見があると指摘する。

上述のように「国学」は、江戸期に、支那（中国）至上主義がはびこるなか、本居宣長などが、古代の神道に日本人の生き方を見出すべく樹立した学問・思想である。

「国学」は、確かに、支那（中国）至上主義の偏見から日本人を解き放とうとした。その点は、大いに評価されるべきであろう。しかし、と梅原は言う。国学は、日本人の生きる道を神道に限定することによって、聖徳太子以来の日本仏教の歩みを否定してしまった。しかし、宣長が日本的な「もののあはれを知る心」を見出した『源氏物語』にしても、慈悲や無常といった仏教思想の影響ぬきには理解することができないであろう。梅原は、次のように言う。

われわれは日本と日本の思想を見る眼をもう一度、この国学の偏見から解放しなければならない。本居宣長は言う、今の学者はインドや中国のことばかりしか知ろうとしない、自国のことは何も知らず何も知ろうとしないではないかと。宣長にとって、インドや中国の学とは、仏教と儒教であった。自国の学とは、古事記であり万葉集であった。宣長のおかげで、われわれは日本の最古の文献である古事記や万葉集を理解することが出来るようになった。しかし、宣長の思想の伝統に立つことにより、われわれは多くのことが分からなくなってしまった。仏教がどのように日本文化に影響をあたえたか、それは宣長にとって問うべからざる問いであった。

今も尚、宣長のいうように外国のことばかり知って、日本のことは何も知らず、知ろうとしないのが、日本の哲学者ばかりか思想家の現状である。日本のことを知らねばならぬ。しかし、それを知るには宣長の思想の限界を越えねばならない。つまり日本の精神が、古代的な神道にのみ限定されるべきではなく、仏教や儒教をとり入れながら、尚且つその根底に存在する精神が何であるかが新しく問われねばならぬ。いったい日本の神道や、日本の仏教や、日本の儒教に共通して流れる精神とは何か、あるいはいかなる原理で、日本の精神は、外国文化を取り入れてきたのであろうか。伝統精神は古代だけにあるものでなく中世から近世にまで流れる精神に求められねばならない。（前掲「日本の文化を流れる三つの思想原理」）

梅原が、「国学」あるいは「新国学」という言葉ではなく「日本学」という言葉を用いる所以がここに示されているといえよう。[20] ただ梅原は、引用文にあるように、宣長たちの学問的貢献を基本的には認めているし、それを「新国学」の名のもとに発展的に継承した柳田や折口信夫からは大き

な影響と刺激を受けているといえる。▼21

さて、仏教の系譜も視野に入れた総合的な「日本学」を構想するうえで、もう一つの阻害要因となっているのが、「仏教宗派の偏見」である。

梅原によれば、仏教宗派は、それぞれ自宗派を中心に、日本の思想史を眺める傾向にある。とくに、仏教学の世界では、鎌倉仏教宗派に属する学者が比較的多いため、日本仏教を論じる際に鎌倉仏教中心になりがちで、それ以前の平安仏教に十分に眼が向けられてこなかった。今後は、そのような偏見から脱却し「日本の仏教思想を全体として正しく見る眼の上に立たない限り、日本の仏教も、日本の文化も、日本の哲学も、正確には理解されないのである」（前掲「日本の文化を流れる三つの思想原理」）と梅原は言う。

梅原は、以上の三つの偏見を指摘するとともに、それぞれの偏見を象徴する学者たちを次々に批判して行った。いずれも梅原が敬意を抱く学者であったが、彼らのなかに偏見を見る以上、「真理のために言うべきことは言わねばなるまい」（「明治百年における日本の自己誤認——日本人の宗教的痴呆」一九六六、『著作集』第三巻）という姿勢で批判を加えていったのである。

第一の西欧至上主義の偏見を体現する学者として梅原が取り上げたのは、当時学問の神のごとく仰がれていた進歩派政治学者・丸山眞男であった。梅原は、日本の思想には骨格がないと論じた丸山の著書『日本の思想』を、次のように批判している。

丸山氏は日本では精神史が書けないという。日本の思想は先天的にバラバラとツギハギの集まりであるという。彼の言葉に従えば、先験的に日本の思想はタコツボ型であると言う。一体タコツボ型なのは日本の精神か、それとも彼の思想なのか。『日本の思想』が出たとき、梅棹忠夫氏は、遠慮勝ちではあったが、丸山氏のこの『日本の思想』も、また、やや大きいスケールにおけるタコツボではないかという疑問を呈した。私は更に言う。日本の思想全体をタコツボとしか見られないほど、深いタコツボに明治以来の日本の思想家はおちこみ、そのタコツボの中で誰よりも丸山眞男氏は思索していたのではないかと。

私はもし丸山氏が、古事記を読み、日本書紀を読み、祝詞を読み、『成唯識論』を読み、『華厳経』を読み、『法華経』を読み、『大日経』を読み、浄土三部経を読み、空海を読み、最澄を読み、円仁を読み、源信を読み、法然を読み、親鸞を読み、日蓮を読み、一遍を読み、羅山を読み、宣長を読み、篤胤を読み、慈雲を読み、そして、日本の美術や文学や芸能や民俗の実際をしらべ、その上で、精神史は不可能だ、座標軸はないというのなら丸山氏を許してもよい。しかし、そういう本を読まず、またほとんど読もうともせず、日本の美術や風俗について一向に調査しようともせず、性急に、日本では精神史が書けない、日本の思想はツギハギだ、タコツボだというのは到底許しがたいのである。丸山氏は彼がヘーゲルの哲学にそそいだ学問的情熱の何分の一かを、『法華経』や『浄土三部作』にそそいだ後に、断定すべきだったのである。〔…〕

一人の人間が、バラバラのタコツボ的思想しかもたないと断定するのは、一人の人間をバカだというにひとしい。一つの国を、バラバラのタコツボ的思想しかもたないと断定するのは、一つの国をバカだというのにひとしい。ここでバカだと断定されているのは、自国なのである。そんなに容易に、自己の精神に愚劣の烙印をおしてもよいのか。〔…〕私は、丸山氏のこの分析は、日本人がみずからの精神に投げた一つの自虐の書と見るのである。［…］大声で己れを馬鹿よ、アホウよとののしることが、時には精神の健康のために人間には必要なのだ。しかしいつまでもわれとわが身を傷つけ、自虐の甘い快感によいしれるのは、健康な道ではない。創造のために、健康な精神の力をとりもどすことが必要なのだ。（前掲「明治百年における日本の自己誤認——日本人の宗教的痴呆」）

また梅原は、第一の西欧主義の偏見と第二の国学の偏見の結びつきを、和辻哲郎に見た。和辻は、日本で最初に、独自の倫理学を体系化した学者で、日本倫理思想史並びに日本文化論の開拓者でもあるが、梅原は、次のように論評している。

彼は原始仏教を大体カント哲学の立場で解釈し、『法華経』を戯曲的な詩と見ているが、原始仏教がカント哲学ではないのは勿論、『法華経』は決して戯曲的な詩ではない。［…］和辻精神史には、大乗仏教を哲学の問題として問題にする問題意識が欠けている。それ故、仏教、特に平安仏教を問題とせず、平安文化を語る。和辻精神史から、宗教意識の発展史が落ちていることは、国学と外国学によってなされた精神の痴呆化の線にそうものだろうが、その宗教不在の空間を、彼は尊王意識の発展史によっておぎなおうとする。［…］彼は近代のニセナショナリズムの後継者なのである。（同）

引用文の最後に出てくる「尊王意識」という言葉は、水戸学の思想を指しているが、梅原は、天皇中心の国家神道を作るにあたって仏教を排除した水戸学もまた、和辻に影響を与え、その日本思想観を歪めているのだと批難しているのである。

梅原はまた、仏教を人間に普遍的な宗教心という次元でしかとらえず、日本思想の問題として扱おうとしないと述べて、白樺派の柳宗悦も批判している。第三の仏教宗派の偏見の典型としては、国際的な仏教学者として著名な鈴木大拙をあげ、禅という一点のみで日本の精神を論じるその姿勢に疑問を呈している。

以上の議論は、梅原の単独のものとしては最初の著書にあたる『美と宗教の発見』（一九六七）に収録された諸論文で全面的に展開されている。しかし、そこでは同時に、以上の偏見から自由な眼でとらえられた日本思想の文明史的可能性も意欲的に論じられている。

梅原が注目しているのは、生きとし生けるもの全てに平等に生命の働きを認め、闘争ではなく調和に生命の本質を見る日本的生命観であり、多様な思想が共存する日本文明の姿である。梅原は、そこに、新しい人類共生の哲学を生み出す可能性を見出すのである。梅原は、丸山に反駁する形で、次のように述べている。


日本文化のもつこの価値多元性は、今の世界ではむしろ人類がとっくに失ってしまった一つの長所であるかにみえる。なぜなら、世界は現在においてヨーロッパ思想の支配下にある。そしてヨーロッパ思想は、価値の一元論を思想的伝統の中心としている。ギリシャ哲学による世界解釈の理論的一貫性は、キリスト教により唯一絶対神の支配の思想の理想と結びつき、ヨーロッパ文化の中心軸を構成する。丸山眞男氏は唯一神をもつその文化をササラ型とよび、日本文化をタコツボ型とよび、ササラ型の方を上とするが、ササラ型がタコツボ型よりよいという客観的理由はない。私は日本文化はササラ型ではなく、マンダラ型だと思うけれど、ササラ型が複数になり、それがたがいに一元的な価値論を最上のものとして主張した場合、その文化相互に争いがおこることは明白な道理である。今、世界はトインビーがいうように、本来のヨーロッパ的原理と、マルクスによって始められた異端のヨーロッパ原理とが、それぞれ己の一元的価値を主張して、互いの文化を破壊しあおうとし、その対立する意志によって、きびしい緊張関係に立っているかにみえる。［…］この問題の解決に価値の一元性を主張するササラ文化が、価値の多元性を主張するマンダラ型より危機解決の手段としてより有効であるという理由は一つもないのである。われわれの仏教とわれわれの文化的伝統を生かすべき道が、ごく近い歴史の将来に来ているのではないか。（『仏像――心とかたち』一九六五、『著作集』第二巻）

こうした主張は、前述の今西や梅棹と共通のものと言えよう。実際に、梅原は自説を展開する際に、今西の棲み分け説を参照し、引用している。もっとも梅原は、哲学者なので、こうした問題を哲学・思想史に関する豊かな学識をもとに、より専門的な形で論じていると言える。

以上、梅原「日本学」の原点を確認した。その後、梅原は、思想、宗教のみならず、古代史や文学、美術、芸能、民俗にも視野を広げ、壮大な「日本学」の世界を作り上げていくが、その中心には、つねに、日本文化は人類文化にいかなる寄与をなし得るかという問いが存在した。そして、その答えは日本に今も残る原始的な生命観にあるのではないかという予感は、思索と研究を重ねるうちに、確信へと変わっていった。最新作である『人類哲学序説』（岩波新書、二〇一三）では、森羅万象に魂を認める「草木国土悉皆成仏」の思想こそ縄文から続く日本文化の根本思想であり、これこそ環境破壊や戦争、紛争などの人類が抱える問題を根本的に解決する新たな哲学となり得るのではないかという提言が行われている。

註

▼1 日本におけるグローバル化の諸問題については、施光恒『英語化は愚民化――日本の国力が地に落ちる』（集英社新書、二〇一五年）を参照されたい。

▼2 梅棹忠夫は京都学派について次のように述べている。「京都の知識人は、東京経由でものごとをかんがえる習慣をもっていない。いつでも世界と自分を直結して思考するところがあるようにおもう。そこから、なにごとによらず、権力の都市、東京とはちがった発想と学問がうまれた。戦前の哲学者、西田幾多郎、田辺元の活動などはその端的な例であろう。こうした学問的姿勢をもった京都の哲学者たちは、「京都学派」とよばれていた。戦後になると、そうした伝統をひきながら、京都にもあたらしいながれができた。京都大学人文科学研究所の今西錦司、桑原武夫らを中心とする、専門をこえた研究が発展した。これらのながれを、「新京都学派」とよぶこともある。日本の都市でひとつの「学派」と総称される知識人集団が成立しうるのは、京都だけであろう」（『私家版京都小事典』一九八七年、『著作集』第一七巻）。

▼3 今西の学問思想の全体像の理解にあたっては、上山春平の業績から多大の示唆を得た。参照した文献については、参考文献にあげておいた。

▼4 文明・文化間における自然観の相違については、伊東俊太郎「「自然」概念の比較思想」（『伊東俊太郎著作集』第一〇巻、麗澤大学出版会、二〇〇九年）を参照願いたい。

▼5 今西は、「棲み分け」説を、人類社会の理念としても説いている。また、その観点から、石原莞爾の東亜連盟構想に見られる共存共栄の思想に共感を示している（今西・伴忠康「ヒトは進化するか」一九七一年、『今西錦司座談録』河出書房新社、一九七三年）。また前述の施光恒『英語化は愚民化』は、日本が世界に向けて発信すべき世界秩序として

「棲み分け型の多文化共生世界」が存在すると述べている。

▼6 今西は、「私は山岳を渇仰し、かつての山岳宗教の名残りをとどめるような心情さえあって」(「私の自然観」一九五三年、『著作集』第九巻)と述べている。

▼7 柳田と今西の関わりについては、鶴見太郎『民俗学の熱き日々——柳田国男とその後継者たち』(中公新書、二〇〇四年)が、本章とは文脈を異にするが、概括的に触れている。

▼8 今西は、「『山の人生』などを読むと、つい近いころまで、わが国でも山男だとか山姥だとかいうたぐいのものがすんでいて、髪をふりみだした異様な姿を、ときどきは現しているのである」(前掲「私の自然観」『著作集』第九巻)と述べている。

▼9 今西の次の言葉も検討に値しよう。「その昔、若かりし日に、私は登山に心酔し、一時まじめに「山岳学」なるものを構想したことがあった。いまその山岳学のかわりに、私の晩年になって自然学という言葉が出てきた。自然学とは私にいわせたら全体自然を対象とする学問である。私の山岳学が、与えられたままの山全体を対象としていたように。」(「カゲロウ幼虫から自然学へ」一九八三年、『著作集』第一三巻)

▼10 今西は、「ぼくが文章を書けるようになったというか、影響を受けたのは、西田幾多郎、柳田国男、それと二葉亭四迷だね。四迷はどこがどうということではないが、とにかく好きだった」(市川良一『今西錦司語録——自然の復権』柊風舎、二〇〇八年)とあるように、二葉亭四迷の影響も受けている。

▼11 梅棹と柳田の関わりについては、伊藤幹治『柳田国男と梅棹忠夫——自前の学問を求めて』(岩波書店、二〇一一年)に詳しい。本章は、同書を参考にしつつも、新たな視点を提起したつもりである。

▼12 梅棹は、発表当時のことを、次のようにふり返っている。「柳田国男の業績はその当時までは、かならずしも学問として評価されていたわけではない。戦前の知識人のおおくは、柳田国男に随筆家という評価を与えていたひともすくなくなかった。戦後、ようやく日本民俗学が再認識され、学者あるいは思想家としての柳田氏の評価もしだいにたかまってきた。[…]わたしの評論はその種の評価としては比較的はやいものに属するであろう」(『著作集』第一九巻)。

▼13 梅棹は、『海上の道』の書評のなかで次のように、柳田民俗学を評している。「筆者は、ゆるやかな学問のながれのうえに、悠然とのっている。解決をあせらないけれど、将来はいつかはとけるであろうという、おだやかなオプティミズムがある。この本のなかに、筆者自身が「先生」という敬称をつけている人物がふたりある。ひとりは、本居宣長先生であり、もうひとりは、新井白石である。このあたりに、筆者がのっている学問のながれの、巨大な流量と、あせりのない流速とをうかがうことができよう。学問の仕方というものをおしえられる本である。[…]民俗学は、一国

民俗学から、当然に比較民俗学へとつながってゆくべきものであろう。この本のなかにも、研究をさらにそとにむけて、ひろく太平洋の水域にひろげてゆくべし、とするつよい意志が、くりかえし表明されている。それこそは、今後この学問のながれを、あとからながれてゆくものの任務であろうが、これからは、流速は目だっておそくなるかもしれない。柳田民俗学の成果があまりにもブリリアントであるため、よけいそんな気がするのである」(「展開する日本人起源論——柳田国男『海上の道』」一九六一年、『著作集』第一九巻)。

▼14 梅棹は、二〇世紀は「西欧的原理の挫折、あるいは解体、変革」の世紀だったと述べている(「二十一世紀世界における京都」一九八四年、『著作集』第一七巻)。

▼15 共同討議形式の日本文化論は、『日本人の知恵』、『新・国学談』(後『現代の大和心』と改題)以降、『日本人の心』(梅棹、加藤秀俊、米山俊直、小松左京、一九六九年)、『日本人の生活空間』(梅棹、多田道太郎、上田篤、西川幸治、一九六一年)、『新・日本人の心』(梅棹、小松、谷泰、石毛直道、一九七二年)と続いていった。また梅棹は、国立民族博物館の特別研究として、「現代日本文化における伝統と変容」(一九八一—一九九〇年)を主宰し、柳田の『明治大正史 世相篇』の現代版を作る意図で、共同研究を行い、その成果を刊行していった(「現代日本文化における伝統と変容」『著作集』第一九巻)。その他に、『日本探検』(一九六〇年、『著作集』第七巻所収)という著作も注目される。これについて橋川文三は、次のように述べている。「これは従来の日本の学問史では、わずかに柳田民俗学が切りひらいた方法に近いが、そこから日本の思想、文明のインターナショナルな可能性に探り入ろうとする点において、やはり日本の学問における「新しい波」を暗示している」(『読売新聞』一九六〇年一二月八日)。また井上忠司は、「梅棹が「日本探検」シリーズを書くにあたって、文体の仕掛けのうえで(あるいはレトリックの点でも)いちばん大きな影響をうけているのは、あんがい柳田国男かもしれない。柳田は『明治大正史・世相篇』(一九三一年)で、日付のない歴史を試み、自まえの文章だけでつらぬきとおした。いま読んでも新鮮さをたもちつづけている秘訣を、梅棹はいちはやく見抜いていたにちがいないのである」(「梅棹日本学の先見性」『著作集』第七巻「コメント②」)と述べている。

▼16 ここで上山が取り上げているのは、今西の『ゴリラ』(一九六〇年、『全集』第七巻)、梅棹の『日本探検』(一九六〇年、前掲『著作集』第中巻)、川喜田の『日本文化探検』(一九七三年、『川喜田二郎著作集』第一二巻、中央公論社、一九九六年)である。

▼17 『新・国学談』の共著者でもあった歴史学者の上田正昭は、「「新・国学」をめざしての共同討議が、後年の梅原日本学へのひとつの素地を用意したのではないかと、ひそかに思われてならない」(「新しい日本学への道」『梅原猛著作集』

▼18 第二〇巻、月報一六、一九八三年一月、集英社）と述べている。

▼19 その番組の内容・成果は、望月信成・佐和隆研との共著『仏像――心とかたち』（NHK出版、一九六五年）にまとめられた。これが梅原の処女作である。

▼20 梅原には、現代イギリスの歴史家・トインビーの文明論の影響がある。この点は、今西・梅棹においても同様である。

梅原は、上山との対談において、「国学という言葉を嫌い、日本学という言葉を用いるのは、［…］国学の思想的狭さが都合が悪いということもありますね」（『日本学事始』一九七二年、『著作集』第二〇巻）と述べている。

▼21 梅原は、法隆寺を聖徳太子の鎮魂のための寺と論じ、怨霊史観の誕生と称された著書『隠された十字架』（一九七二年、『著作集』第一〇巻）には、柳田・折口からの無意識の示唆があったはずだとふり返り、次のように述べている。「和辻哲郎など以上に柳田国男、折口信夫を日本思想史のすぐれた先駆者としてわれわれは認めねばならぬであろう。彼らは、賀茂真淵などがつくり出した国学と、まったくちがった国学を創造した。それは、真淵の国学が合理主義的な文献学的国学であったのにたいし、彼らの国学は、非合理的な伝承を重んじる国学であるということである。［…］最近になって、やっと、彼らの方が、和辻などより、はるかにはっきりと、古代日本の実態を見ていたのであり、彼らの学が、自ら新国学と称しているように、真淵などの学問とちがった精神の上に立つ新しい学問であることがわかった。［…］ただ一つだけ、私が、彼らに批判めいたことがいえるとしたら、意識的あるいは無意識的に彼らの研究に働いている抑制についてである。彼らは、多くの神々を研究したが、記紀神話に現れたアマテラスやオオクニヌシについてはほとんどふれていない。［…］天皇の絶対性について、いささかの懐疑や批判も許されなかった時代である。［…］私は、柳田、折口学の発展は、彼ら二人の天才が、意識的、あるいは無意識的に、彼らの学問に付したブレーキを撤廃することによってのみ可能ではないかと思う。［…］とにかく、この二人の天才から教えられるのは今後であると私は思う」（『古典の発見』一九七三年、『著作集』第四巻）。

第8章

戦後保守思想に流れる「国学」の心

1　小林秀雄の認識論

前章では、新京都学派に流れる「国学」の水脈を辿った。その内実は、土着的ナショナリズムであった。

さて、同じ「国学」の流れは、同時代の湘南鎌倉の文学者にも流れていた。小林秀雄、福田恆存、江藤淳である。この三人は、進歩的知識人を批判し、保守的な思想を展開した点で同じ系統に属している。本章では、この三人の土着的ナショナリズムの展開を見よう。

まずは、最年長の小林秀雄である。小林は、一九〇二（明治三五）年に、東京に生まれ、東京帝国大学仏文科を卒業している。文芸批評家となった小林は、西欧の文学や芸術、日本の歴史や古典にかんする優れた批評作品を次々と生み出し、戦後最大の知性と称された。

さて、小林は、その批評という営みについて、次のように述べている。

僕の書くものはいつでも感動から始めました。（「講義「感想——本居宣長をめぐって」後の学生との対

話」、小林秀雄『学生との対話』文藝春秋、二〇一四）

人々は批評という言葉をきくと、すぐ判断とか理性とか冷眼とかいうことを考えるが、これと同時に、愛情だとか感動だとかいうものを、批評から大へん遠い処にあるものの様に考える、そういう風に考える人々は、批評というものに就いて何一つ知らない人々である。（「批評に就いて」『小林秀雄全集』［以下、『全集』］第三巻、新潮社）

つまり、対象についての客観的な論評ではなく、対象から受けた感動や気持ちについて論じること、そこに批評の主眼があるというのである。それは、小林が心酔する本居宣長が説いた「もののあはれを知る」という理念の実践と見ることができる。小林は、次のように述べている。

図8-1　小林秀雄

宣長さんは、〈もののあはれ〉について、〈知る〉と言っています。あはれを〈感じる〉のではないのですね。「あはれ、あはれ」と思うのは感情ですが、物の心を知ること、事の心を知ること、それが〈もののあはれ〉を知ることであると宣長さんは言っている。知ることは、認識ですね。

ある人間の生活でもいい、花でもいい、そういうものを見て、僕たちの感情が動く。でも、感情が動くだけではしょうがないのです。その意味合いを味わうことこそが大切であり、それが知るということなのです。（「講義「文学の雑感」後の学生との対話」、前掲『学生との対話』）

小林の批評家としての集大成は大著『本居宣長』である。小林は宣長のなかに自己の理想を見出していたのであろう。宣長といえば『古事記伝』を三五年かけて完成させた話が有名だが、小林は、宣長の学問を「愛する事と知る事とが、まったく同じ事であった様な学問」（「好き嫌い」『全集』第二三巻）と評している。宣長は、『古事記』や『源氏物語』から受けた感動の意味合いを探り、そこから分かったことを学問としてまとめたのである。

宣長や小林の心をもっとも動かしたもの、それは、合理的・科学的に説明のできない事柄であった。彼らは、そうした事柄のなかに、人間や人生の真実を見出したのである。

インテリは、理性を過信し、常に物事を合理的・科学的に説明しようとする。実際には、理屈で説明できないことが多く、また大事なことほど理屈で説明できないものなのだが、彼らは、説明したつもりになって、得意顔になっている。宣長の時代にも、そうした「物知り人」が跋扈した。宣長は、そうした彼らの「さかしら」をもっとも嫌った。小林も、戦後日本に蔓延する同類のインテリたちを嫌悪した。

そして、そうした傲慢なインテリたちとは対極的に、科学的合理主義では説明できない人間の生の諸相に眼を向ける人物に興味を示した。

小林がとくに関心を向けたのは、柳田國男であった。小林は、戦前に、創元社という出版社の顧問を務めていた。創元社には「創元叢書」というシリーズが存在したが、小林は、そのシリーズから、柳田國男の著作を次々と刊行する事業を展開した。それにより、柳田の名が読書人の間で広く知られるようになったと言われている。小林を良く知る編集者は、「小林にとつて、柳田國男への尊敬と愛着とには、また格別のものがあつた」（郡司勝義『小林秀雄の思ひ出』文春学藝ライブラリー、二〇一四）と指摘している。

小林が良く言及するのは、『遠野物語』や『山の人生』であった。この点は、前述の今西と共通している。この二冊はともに、山に暮す人々の不思議な話を聞き書きした作品であるが、柳田の意図について、小林は、次のように述べている。

『遠野物語』を書いた筆者の目的は、遠野の物語に心動かされたがままに、これを語ることによって、炭焼きの実話に反映している、その遠い先祖達の生活の中心部へ、責任をもって、読者を引き入れるにあった。（「信ずることと知ること」、前掲『学生の対話』、『全集』第一三巻）

「斯る話を聞き斯る処を見て来て後之を人に語りたがらざる者果たしてありや。其様な沈黙にして且つ慎み深き人は少なくとも自分の友人の中にはある事なし」と［柳田はその『山の人生』で］いう。明らかに問題は、話の真偽にはなく、その齎す感動にある。（同）

柳田は、山で生きる人々の姿のなかに、インテリの合理主義では割り切ることのできない人間の真実を見出した。そして、それを見出した感動をそのまま読者に伝えようとした——、と小林は言うのである。
それゆえ、柳田民俗学は「一つの学問だけれども、科学ではありません。科学の方法みたいな、あんな狭苦しい方法では、民俗学という学問はできない」（「講義　信ずることと知ること」、前掲『学生との対話』）と小林は言う。柳田の学問は、柳田の感受性に支えられているのである。

ところで、山人の生き様に感動するということは、自分の心のなかにも、古の山人の文化が受け継がれているということを意味するのではないか、と小林は、言う。

「我々の血の中に、若干の荒い山人の血を混じて居るかも知れぬということは、我々に取っては実に無限の興味であります」と「山人考」の文は結ばれている。[…]もし、己れの意識を超えた心の、限度の知れぬ拡がりを、そのまま素直に受け入れる用意さえあれば、山びとの魂が未だ其処に生きている事を信ぜざるを得ない、と［柳田は］はっきり言っているのです。（前掲「信ずることと知ること」）

小林は言う。「意識的なものの考え方が変わっても、意識できぬものの感じ方は容易には変わらない」。「お月見の晩に、伝統的な月の感じ方が、何処からともなく、ひょいと顔を出す。取るに足らぬ事ではない、私たちが確実に身体でつかんでいる文化とはそういうものだ」（「お月見」『全集』第二一巻）。

合理的意識は表層にすぎない。深層には無意識の心が存在する。感受性と言っても良い。それは、土着の文化によって形成されたものだ。小林は、宣長を引きながら、そうした土着的感受性こそが人間の生をその根底において方向づけていると説いている。

宣長さんは、『古事記』を深く読み、日本を愛したのだけれど、国粋主義者ではない。あの人は、僕たちの宿命を信じた人です。僕たちは宿命として、日本人に生まれてきたのです。僕も君たちも好んで日本人に生まれたんじゃない。誰かにそう定められたから、僕たちは日本人なのです。そうであるなら、その定めの通りに生きなければ、生きられやしないのです。たとえば、日本語を使わなければ僕たちの心持ちはどうしても表すことができないように生まれついている。これは定めなのです。

[…]

日本人は日本人の伝統というものの中に入って物を考え、行いをしないと、本当のことはできやしない、と宣長さんは考えた。伝統の中に入らなければ、本当の自分を知ることはできない、と考えたのだ。そして伝統の中に深く入っていくことが、そのまま普遍に向かって開くことだと承知していた。僕はそう思うな。[…]

君という人間は、この日本に生まれ、日本語を使っている人種なのだ。それは君にとって、非常に大事なコンディションだろ? そのコンディションを離れて、別の何かにすがっても立派なことはできないのだ。これは諸君、国粋主義とは違うぞ。[…] 君という人間が生まれた、その条件というものを君がはっきりと自覚して大切にする、ということなんだよ。(「講義「文学の雑感」後の学生との対話」一九七〇、前掲『学生との対話』)

小林は言う。「『古事記伝』〔宣長の著書〕を読んで、「あ、これならわかる」と僕は思ったんです。僕はキリスト教というのはわからない。僕がドストエフスキー論をとうとう駄目にしたのは、キリスト教がどうしてもわからなかったからです」（前掲「講義「文学の雑感」後の学生との対話」）。小林がもっとも長い期間取り組んだ対象は、スラブ・ロシアの作家、ドストエフスキーだった。しかし小林は、ついにドストエフスキーを理解することができなかった。確かな認識は、合理的意識だけでは得られないのである。身体的・感覚的に腑に落ちないと十分な認識とは言えない。日本人である小林は、ドストエフスキーを感覚的につかむことができなかったわけである。身体的感受性を方向づけているのは土着の文化である。日本人なら、日本文化である。日本人は、その自覚をもって、ものを考え、生きていくべきであろう。『古事記伝』も、『遠野物語』も、そして小林の作品も、そうした構えから生み出されたと言える。同様に、スラブ人はスラブ文化に根ざすべきだ。そうすれば、そこから、ドストエフスキーのような偉大な文学が生み出されるであろう。そして、そうした多様な土着的個性が人類文化を豊かにするであろう。

ところで、このように小林を見てくると、前述の今西との近さが浮かび上がってこよう。西欧人のダーウィンとは異なる、日本人らしい感性に根ざした進化論を打ち出した今西との共通性である。

実は二人は、同じ年齢でもあった。親分肌であったことも似ている。そして何より互いに通じ合うものを感じとっていた。小林は、こう述べている。

今西錦司という人の書いた「生物の世界」という本がよく読まれていて、面白いから読んでみるよう知人に推められた。読んだら、なかなか面白い。[…]今西さんは「生物の世界」の中で、「これは私の自画像である」と書いているんだ。近頃、そんな事を書く学者がいるのかなと思ったね。これは、今の科学ではない、私の科学――いや、私の学問だ、と言ってるんだ、私の学問がどこから出て来たかという、その源泉を書いた、とそう言うんだ。[…]これは面白い事を言う学者がいるなと思った。
(小林・今日出海「交友対談」『全集』第一三巻)

今西は、学問の根底には思想があり、思想を方向づけているのは土着的感受性だと考えていたが、小林は、そうした今西の考えを見抜き、共感したのであろう。今西も、こう返している。[1]

小林さんが私の『生物の世界』に感動してくださったように、これ[小林秀雄の著書『本居宣長』]を読めば、私もきっと小林さんに感動することだろう。どこかに触れ合うところがあるからこそ、知己となったのだから。(「小林さんと私」一九八三、『全集』第一三巻)

そういえば、超能力者のユリ・ゲラーが来日して、有名なフォーク折りを披露した際の反応も、軌を一にしていた。小林は言う。

今度のユリ・ゲラーの実験にしても、これを扱う新聞や雑誌を見ていますと、事実を事実として受けとる素直な心が、何と少いか、そちらの方が、むしろ私を驚かす。テレビでああいう事を見せられると、これに対し嘲笑的態度をとるか、スポーツを見て面白がるのと同じ態度をとるか、どちらかだ。

〔…〕今日の知識人達にとって、己の頭脳によって、と言うのは、現代の通念に従ってだが、理解できない声は、みんな調子が外れているのです。その点で、彼等は根底的な反省を欠いている、と言っていいでしょう。（前掲「信ずることと知ること」）

今西も言う。

このあいだユリ・ゲラーが来てフォークを折りよったやろ。あれをうちの孫の一人がやりよるねん（笑）。そしたら、そんなことせんときなさいと言うてみんなとめるやろ。そやから、みんなに言われて芽がとまってしまう。理屈に合わんことはすべて迷信や、インチキしておるんやろと、こうなってしまう。〔…〕科学でとり上げないものは実在しないということにはならんのですよ。（前掲今西・飯島衛『進化論――東と西』）

東西の知性の間には、共通のものが確かに流れていた。私は、それを「国学」の心と形容したい。

2　福田恆存の存在論

小林秀雄の後を追いながらも、独自の歩みを刻んだのが、福田恆存である。福田は、一九一二（大正元）年、東京に生まれ、東京帝国大学英文科を卒業している。その後、批評家、演劇人、翻訳家として幅広く活躍し、進歩的知識人に対峙する保守派の論客としても大きな注目を集めた。

福田については、進歩的知識人との論争において見せた鋭利な頭脳の印象から、理知・合理の人、と一般的に見なされがちである。

しかし福田は、むしろ、「備へ持て生れつるまゝの心」を支えとした人であった。

周知のように、「備へ持て生れつるまゝの心」を「真心」と呼び、それこそが日本人の生き方、つまり「道」の根本精神であると説いたのが、本居宣長であった（『玉勝間』『くず花』）。

福田には、宣長の思想と相似形をなしているところがある。

宣長は、これも周知のように、江戸の知識人、いやそれ以前の千数百年にわたる日本知識人の文那（漢国）への傾倒、言い換えれば、人情よりも理屈を重んじる「漢心」への心酔に違和感をもち、「大和心」即ち「真心」への復古・回帰を唱えた（『玉勝間』）。宣長は、「真ごゝろをつゝみかくしてかざらひていつはりするは漢のならはし」（『玉鉾百首』）と言い、自然体で、素直な、のびやかな心を日本人本来の心として称揚した。日本の知識人は、漢籍の影響で、「さかしら心」（利口ぶった心）に染まり得意になっているが、実に愚かなことだ、と宣長は嘆いた（『玉勝間』）。

昭和戦後の知識人に福田が抱いた嘆きも、それと同じものだった。彼らは、西欧の近代社会科学やマルクス主義理論を絶対の真理・正義と見なし、そこから国民・民衆を教化しようとした。その振る舞いを、「啓蒙」と称した。

福田は、そういう進歩的知識人を嫌い、彼らと対峙し

図8-2　福田恆存（撮影・高木茂男）

た。福田の支えは、「真心」だった。

進歩的知識人の核心を、福田は、その「おもひあがり」に見る。言い換えれば、真理を摑んでいる、何でも知っている、というその「さかしら」に見る。福田は、次のように言う。「私は「文化人」諸君にお願ひする。ひよつとしたら自分の考へはまちがひかもしれないぞといふ意識にたえず支へられながら、未来について語つてください」（「ふたゝび平和論者に送る」一九五〇、『福田恆存全集』（以下『全集』）第三巻、文藝春秋）、「新時代についてこられぬかれら［民衆］を、知識階級は軽蔑する。が、私はさういふ知識階級を軽蔑したい」（「文化とは何か」一九五四、『全集』同）。

福田が、信を置いたのはむしろ、民衆の「常識」であり、日本人の「真心」だった。福田は、言う。「昔から仕来りや掟を重んじ守る人はゐた。が、同時に、さういふものに縛られることを厭ひ、現状に不満を感じる人もゐたのである。ただどちらの場合も、さういふ自分をあまり意識してはゐなかつただけの話だ。最初の自己意識は、言ひかへれば自分を遮る障碍物の発見は、まづ現状不満派に生じたのである。革新派の方が最初に仕来りや掟のうちに、そしてそれを守る人たちのうちに、自分の「敵」を発見した。先に自己を意識し「敵」を発見した方が、自分と対象との関係を、世界や歴史の中で自分の果たす役割を、先んじて規定し説明しなければならない。［…］真理は自分の側にあることを証明してみせなければならない。かうして革新派の方が先にイデオロギーを必要とし、改革主義の発生を見るのである」（「私の保守主義観」一九五九、『全集』第五巻）。

進歩派は、理論を奉じる。しかし福田のような保守派は、「真心」と「常識」で生き、かつ、考える。「保守派は無智といはれようと、頑迷といはれようと、まず素直で正直であればよい」（同）

と福田は説く。

宣長も、言う。「惣じて何事も、實事にかけてはその議論理屈の如くにはゆかぬ物也」（『秘本玉くしげ・上』）、「人の智慧は、いかほどかしこくても限りありて、測り識がたきところは、測り識ことあたはざるものなれば、善しと思ひて為ることも、實には悪く、悪しゝと思ひて禁ずる事も、實には然らず、或は今善き事も、ゆく〳〵のためにあしく、今悪き事も、後のために善き道理などもあるを、人はえしらぬことも有て、すべて人の料簡にはおよびがたき事おほければ」（『玉くしげ』）。

「漢心」に支配された知識人たちは、「さとりがましき事」をいうが、みな「偽ごと」（『玉勝間』）ではないか。

福田の進歩派批判や偏向新聞報道批判も、宣長と同じ疑念に発している。

宣長は、『古事記』の神々の自然体の生き方に「道」を見た（『くず花』）。福田は、ハムレットの「自然なのびやかさ」（「人間・この劇的なるもの」一九五六、『全集』第三巻）を、好んだ。

「漢心」にとらわれたインテリは、自然体であることを警戒する。彼らには、意識がたえず見張っていなければ、人間・日本人は何をしでかすか解らぬといふ不信感がある。とくに、日本人への不信がある。それゆえ「漢心」に向かう。「漢心」から日本人を裁く。

福田は、進歩的知識人が敗戦後、「日本固有の文化共同体を破壊する作業に最も熱心に占領軍と協力した」ことを嘆く（「知識人の政治的活動」一九六五、『全集』第六巻）。どういう迷いであろうか、と。

宣長も、問う。「他の国のことにしたがふを、かしこきわざとして、皇国［わが国］のことにしたがふをば、つたなきわざとこころえためるは、皇国の学者の、あやしきくせ也」（『玉勝間』）、「その勝劣のさだなどは姑くさしおきて、まづよその事にのみかかづらひてわが内の国の事をしらざらんは、くちをしきわざならざらんや」（『宇比山踏』）。宣長の時代から遥か星霜を経た昭和の御代においても、福田は、同じ発言を繰り返さざるを得なかった。

他に自分より優越した民族や国家を認めないと安心できないらしい。いわゆる進歩的知識階級は、劣等感を心のよりどころとしているとしかおもわれません。ずいぶんひねくれています。なまの優越感のほうがまだましだ。（「自信をもとう」一九五五、『総特集・福田恆存』河出書房新社、二〇一五）

そもそも、自分が他人と較べて、劣っていようと優れていようと、自分は自分である。個人であれ、集団であれ、自己否定からは何も生まれない。自己を肯定する力が生きる力の基盤となる。福田は、言う。

日本人が日本を愛するのは、日本が他国より優れてをり正しい道を歩んで来たからではない。それは日本の歴史やその民族性が日本人にとって宿命だからである。（「西洋と日本」『東風西風』一九六六、『全集』第六巻）

それぞれの国にそれぞれの長所があり、それぞれの短所があり、そのいづれも国々固有の必然性にもとづいてゐるのであります。他国の短所にたいして挙国一致、めくじらたてて突つかかる必要もないし、また自分の国の短所についても、さう深刻にしよげかへることもないでせう。

個人のばあひと同様、一国の民族性についても短所はつねに長所に通じてをります。長所のいきすぎが短所になつて現れるだけのことです。さうおもつたら自分の短所にどつかと腰を据ゑたらいいのです。それが自信といふものではありますまいか。自分の得意な点に、そして得意な時代によりかかつて得た自信などは、真の自信とはいひがたい。そんなものはすぐ崩れるときがきます。ひとがなんといはうと、おれはおれだといふ自信、現代の日本にほしいものはそれです。(前掲「自信をもたう」)

こうした福田の主張は、日本人としての「宿命」の自覚を説く今西や小林の言説に通じるものだろう。また、日本を外国との比較によって外から見るのではなく、それ自体として内側から理解しようと試みる梅棹の「土着主義」とも共通していよう。

進歩的知識人は、日本の文化は、科学的合理性に欠けると言って、劣等感を抱く。そして、その裏返しとして、西欧の文化を崇める。しかし実は、西欧の土着文化も、非合理な側面をたくさんもっている。そもそも土着の文化は、それぞれの土地固有の美意識や趣味といった非合理なものの反映であって、非合理であるという理由で土着文化を否定するのであれば、世界のすべての土着文化が否定されてしまうであろう(前掲「文化とは何か」)。

文化理解だけではない。進歩的知識人は、その人間理解や社会理解においても、科学的合理主義を偏重しすぎている。いや、現代文明そのものが、そうした偏向に陥っている。

福田は、言う。人間もまた、合理性を超えた存在である。人間には、合理的意識ではとらえられぬ無意識の領域が存在している。それが、人間の生を意識の底で支え動かしているのである。したがって教育においても、ある程度は子どもに意識的に働きかけても良いのだろうが、その反面、その子どもの「無意識のもつ流動性を生き生きと保たしめる」ことも大事である。言い換えると、意識的な教育の限界に自覚的であるべきだ。しかし現代文明に影響された知識人たちは、「教育の力で社会や人間を変へうるなどといふ妄想」（「意識と無意識との間」一九五七、「教育・その本質」と改題して『全集』第四巻）を抱きがちである。こうした風潮に対して福田は、次のように異を唱えている。

個人のばあひと同様に、社会もまた有機体であつて、いかなる意識も計量しえぬ無意識の領域をもつてゐるといふことであります。が、「教育狂」は子供の心理が読み切れると思ひあがるばかりでなく、また社会の心理が読みきれると思ひこみやすいものです。かれらはなんでも知つてゐる、自分たちが目ざしてゐる社会がどんなものかを知つてをり、どうしたらそれが出来るかを知つてゐる。そして、そのためにはどういふ教育をほどこしたらいいかも知つてゐるのです。

だが、社会の無意識はもつと多くのことを知つてゐます。それは意識的な改革の想像できぬほどの大きな変革をもたらすのです。その生命力を殺してはならない。それは意識化された小さな目的のうちに閉ぢこめてしまつてはならぬのです。（前掲「意識と無意識との間」）

ちなみに、こうした福田の文明批判は、今西にもみられた。今西は、「アメリカ的に人間は教育しだいで、どうにでもなるというふうな考え方もある。これは恐ろしいですな」（今西・石田英一郎「人類の未来を語る」一九六六、前掲『今西錦司座談録』）と述べている。また、現代文明の基盤である西洋文明を「意識文明」と呼び、次のように論じている。

意識と無意識とのバランスが崩れてるんです。無意識の世界はやっぱりいまもある。[…]われわれはあんまり意識を尊重せなんだんやけど、西欧文明というのはすべてそこへ寄りかかってきたんや。学問から、生活から何からすべてそうです。これは僕は一時現象やと思う。いまの人間はみな意識過剰なんや。だからもっと精神を解放せないかん。（前掲「「自然学」の提唱に寄せて」）

精神を意識から解放すると、無意識の「直観」が働き始める。今西は、理性だけではなく、「直観」の力を再評価しなければならないと説いた。「すでにいろいろな危機の到来が叫ばれているけれども、もとをただせば、それは人類がこの直観ということを軽視しだしたことによるのではないだろうか」（前掲『今西錦司語録』）と論じている。

さて福田は、以上見たように、人間や社会のなかに、理知でとらえることのできない生命の自然発生的な働きを見出していた。それは、人智を超えた領域とも言えよう。人類は、そこに、超越的な存在の働きを見出してきた。福田は、次のように言う。

もっと謙虚に、人間にとっては不可知のものがあると考えた方がよい。[…]何かわれわれのうかがい知れないものがある。[…]われわれは、自分を押し出している背後の自然の目的というものを理解することはできないのです。それを、生意気にも、そういうものが分かると思ったら大間違いです。その何ものかの存在というのは、神と言おうと、天と言おうと、どういう言葉を使ってもいいけれども、そういうものは人間には分からないし、何のために自分を生ぜしめて動かしているのかということも分からない。（『人間の生き方、ものの考え方』文藝春秋、二〇一五）

私は巨視的にみれば絶望は絶対にしません。私は［…］何か人間を超えるものの大きな力、それを歴史となづけようが、自然となづけようが、神となづけようが、そういうものを信じておりますから、人間が絶滅する時には絶滅してもよろしいし、それは自然の意思であり神の意思であるからそういう点では非常にオプテミスティック［楽観的］である。（福田・香山健一「反近代について」一九六七、『福田恆存対談・座談集』第二巻、玉川大学出版部）

福田は、同じ文脈で、「全体」という言葉も使用している。「自然」「神」「全体」によって与えられた宿命を受け入れることで、自由な精神を手にすることができるというのが福田の思想であったが、それこそ、本居宣長が説いた「神道」論の要諦であったと言えよう。宣長は、言う。

この天地の内のあらゆることは、みなその神の御心より出でて、神のしたまふこと［…］（『石上私淑言』）

すべては神の定めなのであるから、「よろずの事はただ神の御はからひにうちまかせて、おのがさかしらを露まじへぬ」ことが肝要であり、「世中は、何事もみな神のしわざに候、是第一の安心に候」（『答問録』）、と宣長は説いている。わが身に起こることは、それが福であれ、禍であれ、「神のしわざ」として、安心して受け取れば良い。それが、生きる力となる。宣長思想は、そうした生き方をわれわれに示していると言えよう。

福田は、「私に一番近いのは神ながらの道」であり、「神ながらの道」（神道）の内実は「すなおな日本人の生活感情」だと述べている（福田・竹内好「現代的状況と知識人の責任」一九六五、前掲『福田恆存対談・座談集』第二巻）。それは、宣長が説いた「神道」の内実でもあろう。福田は、宣長の「国学」の系譜に位置づけ得る思想家なのである。

3 江藤淳の実践論

以上のように、第Ⅲ部で取り上げた思想家たちは、日本人としての自覚と誇りに生きた。彼らは、戦後の日本人のなかでは、異例であり、少数派であった。しかし、敗戦当初、おおくの日本人は、実は、彼らのように、誇り高き日本人であった。それがいつの間にか、日本人でありながら、日本を恥じ、日本を嫌うというタイプの人間が増えていった。

この間、一体、何が起こったのか。そこには、何か人為的な力が働いているのではないか、そして、日本人はそのことに気がつかないまま、戦後を生きてきたのではないか、このような問いに正面から取り組み、日本人に真の覚醒をもたらそうとしたのが、江藤淳であった。

江藤は、一九三二（昭和七）年、東京に生まれた。学生時代に夏目漱石論をひっさげて文学界に彗星のごとく登場した江藤は、以後、若手評論家の筆頭として、鮮やかな作

図8-3　江藤　淳

品を次々に生み出し、三〇代半ばで著作集を刊行するほどの活躍を見せた。

四〇代を迎え、評論家としてもっとも脂の乗り切った時期に、彼が取り組んだのは、アメリカに赴いて、対日占領政策にかんする文書を、図書館の片隅で、来る日も来る日も読み解くという地味な仕事であった。

戦後における日本人のセルフイメージの変容。その根本原因は、アメリカ占領軍GHQが敗戦後六年間にわたり遂行した占領政策にある、というのが江藤の直観であり、誇り高き日本人を取り戻すこと、それが江藤のたどり着いた評論家としての終極のテーマであった。

江藤が、占領史の研究に取り組む直接のきっかけとなったのは、本多秋五との間で交わされた「無条件降伏」論争であった。

本多を始め、戦後の日本人は、日本の降伏を「無条件降伏」と信じてきた。しかし、それは、信じ込まされたこと、ではないか、というのが江藤の主張であった。もちろん、信じ込ませたのは、アメリカ占領軍である。

終戦後、日本人は、負けはしたが、誇りは失っていなかった。日本国を守るために、国民は協力し、打って一丸となって、敗戦処理に臨む気概が、列島を包んでいた。

そして日本が受諾したポツダム宣言は、日本の降伏を「有条件降伏」と規定していた。日本は敗れはしたが国家主権を保持し、合意に基づく保障占領を受け入れることになっていた。「無条件降伏」したのは、日本国ではなく、日本国の「軍隊」である。これが、敗戦直後の日米双方の共通見解であった。

主権を死守した日本。当時日本は、国家として、それほどの力と存在感を、国際社会に示していたのである。

しかし、その国家としての強さが、日本の仇となった。いつの世も、脅威となる国家は頭を押さえつけておかなければならない、というのが国際政治の見えざる原理であろう。日本は強国ゆえに、弱体化させなければならない。国力の源泉である国民の誇りとアイデンティティを打ち砕かなければならない。

そこで、アメリカ大統領トルーマンは、思い切った作戦に出る。ポツダム宣言を反故同然にして、あたかも日本が「無条件降伏」をして国家主権を失ったかのような前提に立って、一方的な占領を強引に開始したのである。そのために、まず、メディア工作が行われた。新聞の論調は、アメリカ追随に一変した。

こうして、ポツダム宣言第一〇項「言論、宗教及び思想の自由並に基本的人権の尊重は確立せらるべし」という精神を傍若無人に蹂躙した占領政策が、法的根拠をもたないまま強行されていったのである。

アメリカに都合の良い政策が実行に移され、効果を上げるなかで、日本人は敗戦の真実を忘れ、忘れさせられて行った。

こうした見解を、その著作『忘れたことと忘れさせられたこと』（文藝春秋、一九七九）で開陳した江藤は、本格的に、占領政策の実態を調査研究するために、アメリカに飛び立つことになる。

それは、過去の問題ではなく、現在の問題であり、今後の日本の命運を左右する問題であった。

渡米にあたり小林秀雄のもとを訪れた。「そのとき、小林氏は、激しい語調で日本のマスコミの現状を批判した。一々もっともなことばかりであった。現に私は当時、日本のマスコミがどうしてこうなってしまったのか不審に思い、その根源を探るために米国に出かけ、占領史の資料をできるだけ広く渉猟したと思っていた」（武藤康史編「江藤淳年譜」、江藤淳『幼年時代』文藝春秋、一九九九）。

こうして江藤は、一九七九（昭和五四）年一〇月から翌一九八〇（昭和五五）年六月までの九カ月間、アメリカ・ワシントン市のウッドロウ・ウィルソン国際学術研究所に滞在し、膨大な占領関係文書の解読に没頭することになる。

その結果、次のことが明らかとなった。

アメリカ占領軍の「究極の目的は、いわば日本人にわれとわが眼を刳り貫かせ、肉眼のかわりにアメリカ製の義眼を嵌めこむことにあった」。

つまり、アメリカ・連合国を正義とし、日本を悪とするものの見方を日本人に植え付けようとしたのである。アメリカ・連合国はもともと平和と協調に生きてきた。しかるに日本は世界支配の野望を抱き軍国主義に走り、国際的に孤立した。好戦的な日本の「軍国主義者」こそが世界を混乱に陥れた悪の根源であり、実は日本の「国民」もまたその犠牲者なのだ。現在および将来の日本の苦難を招いたのは日本の「軍国主義者」であり、大都市への無差別爆撃も、広島・長崎への原爆投下も「軍国主義者」が悪かったから起った災厄である。アメリカ占領軍は、平和を愛好する日本「国民」の味方であり、日本人を悪の「軍国主義者」から救出する解放軍である。日本人は戦争の罪を自覚、反省し、解放軍が実施する「好戦的、専制的、強圧的」諸勢力の排除を目的とした「民主化」を積極的に受け入れることで初めて、まともな国になることができる。

このような歴史の真実と乖離した虚構の物語（フィクション）を列島の隅々にまで浸透させることで、日本を旧指導者層と一般「国民」とに内部分裂させ、日本「国民」を、アメリカ側に取り込み、以て、日本をアメリカの従属国家に変えること、そして日本を、自分では何も決められず、自分で決めることに怯えや不安すら抱く主体性のない無脊椎国家に作り替えること、それがアメリカ占領軍の目指したものだったのである。[2]

占領政策の目的は、「民主化」の名を借りた日本弱体化に存在したのである。それは、愛他的精神によるものではなく、アメリカの国益を中心に展開したと言える。

さて占領軍は、以上の目的を達成するために、ＣＣＤ（民間検閲支隊）による検閲を徹底的に実施した。

その範囲は、当時の主要メディアであった新聞、ラジオ、雑誌から、私信にまで及んだ。対象となったのは下記の三〇項目である。

（一）ＳＣＡＰ（連合国最高司令官）に対する批判
（二）東京裁判に対する批判
（三）ＳＣＡＰが日本国憲法を起草したことに対する批判
（四）検閲が存在することへの言及
（五）アメリカに対する批判

（六）ロシアに対する批判
（七）イギリスに対する批判
（八）朝鮮人に対する批判
（九）中国に対する批判
（十）他の連合国に対する批判
（十一）連合国一般に対する批判
（十二）満州における日本人取扱いに対する批判
（十三）連合国の戦前の政策に対する批判
（十四）第三次世界大戦への言及
（十五）ソ連対西側諸国の「冷戦」に関する言及
（十六）日本の戦争遂行および戦争中における行為を擁護する言論
（十七）神国日本の宣伝
（十八）軍国主義の宣伝
（十九）ナショナリズムの宣伝
（二十）大東亜共栄圏の宣伝
（二十一）その他の宣伝
（二十二）戦争犯罪人の正当化および擁護
（二十三）占領軍兵士と日本女性との交渉への言及
（二十四）闇市の状況への言及

（二十五）占領軍軍隊に対する批判
（二十六）飢餓の誇張
（二十七）暴力と不穏の行動の煽動
（二十八）虚偽の報道
（二十九）ＳＣＡＰまたは地方軍政部に対する不適切な言及
（三十）解禁されていない報道の公表

こうした項目に反する言論は、徹底的に封じられたのである。しかも、「（四）検閲が存在することへの言及」という項目からも分かるように、占領軍は、検閲が存在することを一般国民に気づかれないよう、記事の差し替えなどによって検閲の証跡を隠すことを、メディアに命じたのである。したがって国民は、それと気づかないまま、アメリカ占領軍に世論誘導されていった。

またその検閲も、最初は出版前の校正刷りを提出して許可を求めるという事前検閲の形をとっていたが、後には、完成した出版物を提出し検閲を受けるという事後検閲の形になったので、メディアは、不許可の際の商業的損害を回避するために、不許可になりそうな個所をあらかじめ削除するというかたちで、自己規制するようになっていった。そして、それが時間とともに習慣化し、占領が終わった後も、メディアの中に後遺症として定着していった。それは、その受け手である国民の内面に上記三〇項目がタブーとして刻まれていった過程でもある。

こうした検閲と同時並行で、ＣＩＥ（民間情報教育局）による宣伝・洗脳工作も推し進められた。

CIEは、WGIP（War Guilt Information Program：戦争についての罪悪感を日本人の心に植え付ける宣伝計画）を、各種媒体を用いて大規模に展開していった。全国の新聞に連載された『太平洋戦争史』やNHKラジオ番組『真相はこうだ』などはその代表的なものである。それにより、日本の軍国主義者は卑劣、悪辣の極みで、日本軍は世界でも稀に見るほど残虐非道であった、それと対極的にアメリカ・連合国軍は正義の軍隊である、という根拠のないイメージが国民に流布され、定着して行った。

そして、そうした仮構の二項対立図式をそのままもち込む形で、占領軍は、日本国憲法を起草し、「(三) SCAP（連合国最高司令官）が日本国憲法を起草したことに対する批判」を検閲によって封じた。また、それを封じたという事実そのものを、前述のように、「(四) 検閲が存在することへの言及」を禁じるという形で隠ぺいしたのである。言うまでもなく、占領軍が憲法を起草することは国際法（ハーグ協定）で禁じられている。こうして、占領が終了しても、引き続き、主権国家としての日本の手足を縛った戦後憲法が日本を拘束し、アメリカが日本を間接的に操作・支配し続けるという構図ができあがったのである。

それだけではない。そのような二項対立に基づいて日本の戦争犯罪を一方的に裁くことを目的とした極東国際軍事裁判、いわゆる東京裁判が、これまた国際法に違反するかたちで、執り行われたのである。江藤の言葉を、引こう。

つまり、極東国際軍事裁判は、それ自体が大仕掛けな「ウォー・ギルト・インフォメーション・プログラム」であったのみならず、日本人から自己の歴史と歴史への信頼を、将来ともに根こそぎ、「奪い」去ろうとする組織的かつ執拗な意図を潜ませていたのである。

そして「奪」おうとする者と、「名誉」を「擁護」し、「事実の歪曲や悪意ある批判に対抗」しようとする者とのあいだの必死の抗争が、市谷法廷ばかりではなく、占領下の日本の〔…〕いたるところで展開されていた〔…〕。

しかしまた、それと同じような抗争は、いまもなお依然として繰り返されているということもできる。それは、当時市谷法廷に代表を送っていなかった政権や国が、「奪」おうとする者の同じ役割を、将来にわたっていつでも果たし得るようなメカニズムが、占領中の宣伝計画の構造の中に仕掛けられていたためにほかならない。(『閉ざされた言語空間——占領軍の検閲と戦後日本』文藝春秋社、一九八九)

江藤は、大略、以上の事実と見解を、アメリカでの地道な調査の成果として、その著書『一九四六年憲法——その拘束』(文藝春秋、一九八〇)と『閉ざされた言語空間——占領軍の検閲と戦後日本』(文藝春秋、一九八九)にまとめている。この系列では、他に、戦後の日本文学に刻印された占領軍の検閲を例証した『落葉の掃き寄せ』(文藝春秋、一九八一)、戦後日本文学における自己検閲の問題を明るみに出した『自由と禁忌』(河出書房新社、一九八四)などの著書がある。▼3 というよりも、帰国後の江藤の著作は、そのいずれもが、陰に陽に、この主題を根底に持っているといえよう。

江藤の言う、「「奪」おうとする者と、「名誉」を「擁護」し、「事実の歪曲や悪意ある批判に対抗」しようとする者とのあいだの必死の抗争」。それは、そのまま、戦後における進歩的知識人と保守知識人の対立に置き換えることができよう。進歩派の知識人やメディアは、アメリカ占領軍の捏造した日本イメージの流布に加担し、それに反論を唱えるものに対して「検閲官」のような役割を果たした。戦後日本において言論の自由とは、占領軍のプロパガンダと合致する進歩的言論の自由を意味したのである。[4]

この章で取り上げた小林や福田は、そうした言語空間に一貫して異を唱えた保守知識人の代表格であるが、戦後日本の「閉ざされた言語空間」の成り立ちを実証的に解明し、進歩的知識人と対峙するだけではなく、彼らの依って立つ基盤であるアメリカの占領政策の呪縛とも対峙し、そこから脱却しなければ、日本の主権国家としての再興はない、と主張し続けた江藤淳の功績は極めて大きいと言わざるを得ないであろう。

上山春平は、占領が終わって一〇年ほどたった時点で、次のように嘆いている。[5]

占領軍の示した『太平洋戦争』史観によれば、民主主義的な連合国（米・英・ソ・仏など）は平和愛好的で、ファシズム的な枢軸諸国（日・独・伊など）は好戦的であり、第二次大戦は枢軸諸国の一方的犯罪行為である、ということになります。こうした手前勝手な幼児的な戦争解釈を、占領時代のやむをえざるおつきあいとしてかりに採用するというのならわからぬこともないのですが、いちおう独立を回復してから十年あまりにもなる今日まで後生大事にかかえこんでいるというのは、なんとも理解しがたい現象のように思われます。（「大東亜戦争と憲法九条」一九六二、前掲『上山春平著作集』第三巻）

前章で見た今西や梅棹、梅原もまた、占領政策の呪縛をものともせず、悠然たる姿勢で、自由闊達に、日本的なるものの価値を説いた。アメリカ占領軍も、彼らのような日本の土壌にしっかりと根を生やした知性には、太刀打ちできなかったのだ。

しかし、進歩派は、占領軍の仕掛けた罠に嵌り込んでしまった。日本人としての自覚や誇り、責任を放棄して、日本を叩けば良識ある知識人と評価されるという戦後の自虐的な言語空間に媚び、それによって利得を得ようとした多くの進歩的知識人とメディアは、今日、その恥を自覚すべきであろう。

いずれにせよ、占領軍と進歩派の作り出した偏向的な言語空間の中で自己形成してきた戦後世代が社会の中堅を占め始めた頃から、日本の言語空間はますます「閉ざされ」、アメリカが望んだ通りの無脊椎国家として、「日本人から自己の歴史と歴史への信頼を、将来ともに根こそぎ、「奪い」去ろうとする組織的かつ執拗な意図」をもった外国勢力の脅威にさらされるに至ったのである。

もちろん江藤は、反米思想を扇動しているのではない。彼は、日本人に覚醒を求めているのである。日本の歴史を回復し、日本人としての自由と日本国家の主権を取り戻し、以て真の形で自立することを説いているのである。

江藤が、そのような提唱を成し得たのは、彼が真の文学者だったからであろう。江藤は、こう述べている。

> 文学の営みとは、制度の、しかも錯覚に支えられた制度の内部に、自己を馴致することはあり得ないからである。

それは、「備へ持て生れつるま丶の心」（本居宣長『くず花』）のみを支えとして、いつも制度を超えようとし、そのことによって時代を超えようとする。（前掲『自由と禁忌』）

江藤は、日本の文学者として、「裏声」ではなく「地声」で歌うことを希求したといえよう。まさに国学の精神に生きたのである。

註

▼1 英米文学者で文芸評論家の佐伯彰一が、その『神道の心』（日本教文社、一九八九年）で指摘するように、小林が最後に行き着いたのが「本居宣長であったことの意味は、没後に出たおびただしい数の小林論も一向に手をふれようとしなかった」。佐伯は、その原因を、「戦後のわが国における神道に対する反発と偏見」に見出している。戦後日本。それは、「漢心」、「さかしら」が広がりを見せた時代。宣長も、国学も、神道も、新時代によって克服されるべき反動的思想であった。佐伯は言う。「さて、宣長も小林さんも、ただひたすら桜がお好きだったのだが、その源をたぐってゆくと、やはり「やまと心」、つまり神道に行きつかざるを得ない。「春ごとにほふ桜の花見ても神のあやしきめぐみをぞおもふ」、また「さてもみな神のめぐみのはつ桜一枝はまづ折てたむけむ」といった宣長の桜賛歌をよめば、これらはそのまま神道信仰の告白と受けとってよい。神道は原始宗教で、素朴なアニミズム、茫漠たる多神教にすぎないと言いつのる批判者がある。なるほど、そうかも知れない。しかし桜花の美しさを通して、神とつながり、通じ合う心情を軽んじ、侮蔑しようという人こそ頑迷な不感症の独善家ではないのか。」

▼2 GHQでマッカーサーの政治顧問付補佐官だったアメリカの元外交官ジョン・エマーソンの証言によると、軍国主義者と一般国民（人民）を区別する手法はもともと中国共産党が日本人捕虜の洗脳工作に用いたもので、そのベースは毛沢東の「二分法」理論にある（『産経新聞』二〇一五年六月八日）。

▼3 石原慎太郎との共著『断固「NO」と言える日本』（光文社、一九九一年）や『日米戦争は終わっていない』（ネスコ・文藝春秋、一九八六年）なども重要であろう。江藤以降の研究としては、高橋史朗『日本が二度と立ち上がれな

いようにアメリカが占領期に行ったこと』（致知出版社、二〇一四年）、同『検証・戦後教育——日本人も知らなかった戦後五十年の原点』（広池学園出版部、一九九五年）、山本武利『GHQの検閲・諜報・宣伝工作』（岩波現代全書、二〇一三年）、関野道夫『日本人を狂わせた洗脳工作——いまなお続く占領軍の心理作戦』（自由社ブックレット、二〇一五年）などがある。また西尾幹二『GHQ焚書図書開封』（徳間書店、二〇〇八年）がGHQによる焚書の実態を明らかにした。同書はシリーズ化され、二〇一五年現在、一〇巻まで刊行されている。

▼4　この間の事情については、竹内洋『「革新」幻想の戦後史』上・下（中公文庫、二〇一五年）を参照されたい。

▼5　もっとも上山は江藤とは異なり、護憲の立場を表明していた。

図書案内

＊文庫・新書・選書等を中心に、比較的近刊で入手しやすく、参照しやすいものを厳選した。

苅部　直・片岡　龍（編）『日本思想史ハンドブック』新書館、二〇〇八年

「日本とはなにか」「思想史とはなにか」という重厚なテーマに貫かれているが、一項目が二～四頁というテーマ別構成となっていて読みやすい。巻末ブックガイドは学術書から一般書まで計六四冊を網羅しており、充実している。

原　武史『〈出雲〉という思想――近代日本の抹殺された神々』講談社学術文庫、二〇〇一年

国学を母胎とし、興隆した復古神道は、明治になると一時は新政府に採用されたが、国家神道が確立する過程において「伊勢」が勝利し、「出雲」は「国体」、近代天皇制に反する思想として抹殺されていく。もう一つの神道の「敗者」の思想史を描く。

田中康二『本居宣長――文学と思想の巨人』中公新書、二〇一四年

江戸時代の国学者・本居宣長に関する最新の評伝。宣長の業績は、思想史と文学史の二つの分野にまたがっているが、本書はその両面を踏まえて、宣長学の全体像を明らかにしている。

前田　勉『江戸の読書会——会読の思想史』平凡社選書、二〇一二年

江戸時代、藩校や私塾でさかんに行われた学問スタイル・会読（読書会）。会読に見られる自立性、対等性、自由討論の精神が、明治維新の成立や自由民権運動に大きな影響を及ぼしたことを論じている。

茂木貞純『日本語と神道——日本語を遡れば神道がわかる』講談社、二〇〇三年

私たちがふだん何気なく使っている日本語のなかには神道に由来する言葉が数多く存在する。本書は、たべもの、やま、さくら、みず、にわ、いち、まち、いのちなど七〇余りの言葉の語源をひもとき、そこに現れた神道の考え方を分かりやすく説明している。

石川公彌子『〈弱さ〉と〈抵抗〉の近代国学——戦時下の柳田國男、保田與重郎、折口信夫』講談社選書メチエ、二〇〇九年

柳田國男、折口信夫、保田與重郎による「近代国学」は、昭和期においては総力戦体制を批判し、「弱い」個人による共同体形成を擁護した。本書は一次文献を引用しつつ、戦時下における「近代国学」の展開を論じたものである。

参考文献

序　章（星山京子）

＊平田篤胤の著作に関しては、とくに記さない限り『新修平田篤胤全集』名著出版、一九七六〜一九八一年から引用した。また旧字体は適宜、新字体に改めた。

＊

伊藤裕『大壑平田篤胤傳』錦正社、一九七三年
井上光貞・永原慶二・小島幸多・大久保利謙編『幕藩体制の展開と動揺（下）』山川出版、一九九六年
岩田隆『本居宣長の生涯』以文社、一九九九年
『うひ山ふみ　鈴屋答問録』岩波文庫、一九三四年
「歌意考」、『近世神道論　前期国学（日本思想大系三九）』岩波書店、一九七二年
川崎市民ミュージアム編『二十一世紀の本居宣長』朝日新聞社、二〇〇四年
相良亨『本居宣長』講談社学術文庫、二〇一一年
城福勇『本居宣長』吉川弘文館、一九八〇年
田尻祐一郎『江戸の思想史――人物・方法・連環』中公新書、二〇一一年
田中康二『本居宣長』中公新書、二〇一四年
『玉勝間（上・下）』岩波文庫、一九三四年
「直毘霊」、『本居宣長集（日本の思想一五）』筑摩書房、一九六九年
中澤伸弘『やさしく読む国学』戎光祥出版、二〇〇六年
西山松之助編『江戸町人の研究』吉川弘文館、一九七四年
「邇飛麻那微」、『近世神道論　前期国学（日本思想大系三九）』岩波書店、一九七二年
ノスコ、ピーター『江戸社会と国学』ぺりかん社、一九九九年
「萬葉代匠記」、『契沖全集　第七巻』岩波書店、一九七四年
源了圓『徳川思想小史』中公新書、一九七三年
本山幸彦『本居宣長』清水書院、一九七八年
「大壑君御一代略記」、『国学者伝記集成』名著刊行会、一九七八年

第Ⅰ部　江戸のグローバル化と日本（星山京子）

青木豊『和鏡の文化史』刀水書房、一九九二年
朝倉有子『北方史と近世社会』清文堂、一九九九年
鮎澤信太郎「洋学による平田篤胤の地理思想」、『地理学史の研究』愛日書院、一九四八年
有馬成甫『一貫斎国友藤兵衛伝』武蔵野書院、一九三二年
生田美智子「江戸時代のロシアイメージ――大黒屋光太夫とラクスマン遣日使節団」、『ロシア・東欧研究』八、二〇〇四年
池田清彦『科学とオカルト』講談社学術文庫、二〇〇七年
石川謙『江戸時代までの学校に関する史的研究法の発達』講談社、一九六〇年
板垣英治「「スロイス方聚」スロイスの調剤処方箋」、『北陸医史』三四：一八―二五、二〇一二年二月
市立長浜城歴史博物館編『江戸時代の科学技術』サンライズ出版、二〇〇三年
伊東多三郎『近世史の研究』吉川弘文館、一九八二年
井上勲編『開国と幕末の動乱（日本の時代史二〇）』吉川弘文館、二〇〇四年
揖斐高『江戸の文人サロン――知識人と芸術家たち』吉川弘文館、二〇〇九年
「伊吹能舎先生著撰書目」、『平田篤胤の著述目録』皇學館大學、一九七六年
ウォーカー、D・P『ルネサンスの魔術思想』田口清一訳、ちくま学芸文庫、二〇〇四年
岡村敬二『江戸の蔵書家たち』講談社選書メチエ、一九九九年
小沢文子「寺社奉行考」、児玉幸多先生古稀記念会編『幕府制度史の研究』吉川弘文館、一九八三年
落合重信『近世国学者による図書館設立運動』神戸学術出版、一九七五年
「かぐしま日記」「二度の鹿嶋立」、『国立歴史民俗博物館研究報告』一二二、二〇〇五年三月
金子務「国友一貫斎――機器製作の天才鉄砲師」、『女たちの戦国古城』歴史読本七八三、二〇〇五年二月
「気吹舎書簡集」、渡辺金造『平田篤胤研究』鳳出版、一九七八年
黒川盛隆「松の下草」、『続日本随筆大成（八）』吉川弘文館、一九八〇年
国文学研究資料館史料館編『幕府奏者番と情報管理』名著出版、二〇〇三年
『古事記』角川文庫、一九九二年
小林章夫『コーヒー・ハウス』講談社学術文庫、二〇〇〇年
小林章夫『パブ・大英帝国の社交場』講談社現代新書、一九九二年
小松左京他『先駆（歴史の群像一一）』集英社、一九八五年

佐野正巳『国学と蘭学』雄山閣、一九七三年
島崎藤村『夜明け前』新潮社、一九五四年
小説家主人「しりうごと」、『日本随筆大成　新装版（三期一一）』吉川弘文館、一九九五年
「神童憑談略記」、『新修平田篤胤全集　第九巻』名著出版、一九七六年
鈴木俊幸『江戸の読書熱』平凡社、二〇〇六年
「赤夷伝略」「平田篤胤関係資料」資料番号　箱一―一九―六、国立歴史民俗博物館
「大壑君御一代略記」、『平田篤胤　伴信友　大国隆正（日本思想大系五〇）』岩波書店、一九七三年
「大壑平先生著撰書目」、谷省吾『平田篤胤の著述目録』皇學館大學、一九七六年
田原嗣郎『平田篤胤』吉川弘文館、一九六三年
角山榮・川北稔『路地裏の大英帝国』平凡社、二〇〇一年
キーン、ドナルド『日本人の西洋発見』中央公論社、一九六八年
トビ、ロナルド「近世期の「日本図」と「日本」の境界」、黒田日出男他『地図と絵図の政治文化史』東京大学出版会、二〇〇一年
仁科吉介「幕末の情報ターミナル」、『知のネットワークの先覚者　平田篤胤（別冊太陽）』平凡社、二〇〇四年
服部敏良「平田篤胤の医学」、『江戸時代医学史の研究』吉川弘文館、一九七八年
林屋辰三郎編『化政文化の研究』岩波書店、一九七六年
平川新『開国への道（全集日本の歴史一二）』小学館、二〇〇八年
ホイジンガ『ホモ・ルーデンス』高橋英夫訳、中公文庫、一九七三年
星山京子「新たな知性の誕生――平田篤胤考察」、『日本思想史学』二六、一九九四年九月
星山京子「天狗小僧と江戸の好奇心」、『日本教育史往来』一八三、二〇〇九年一二月
星山京子「平田篤胤の思想形成とロシア危機」、『人文論集』四一―二、二〇〇六年三月
宮地正人「幕末平田国学と政治情報」、田中彰編『近代国家への志向（日本の近世一八）』中央公論社、一九九四年
村野豊『国友一貫斎考案の井戸掘り機』きまぐれ工房、二〇一三年
森銑三「屋代弘賢」、『森銑三著作集　第七巻』中央公論社、一九七四年
守屋毅「近世の町人と遊芸」、『歴史公論　五九』一九八〇年一〇月
山崎正和『社交する人間』中公文庫、二〇〇六年
吉田光邦『錬金術』中公新書、一九六三年

第Ⅱ部　近代国学の諸相（石川公彌子）

＊柳田國男、保田與重郎、折口信夫の引用はそれぞれ、『柳田國男全集』（伊藤幹治・後藤総一郎編集、筑摩書房、一九九七年―）、『保田與重郎全集』（第一出版センター編、講談社、一九八五―八七年）、『折口信夫全集』（折口信夫全集刊行会、中央公論社、一九九七年―）、『折口信夫全集ノート編』（折口博士記念古代研究所編、中央公論社、一九七〇―七四年）により、引用は（初出タイトル、初出年、全集巻数：全集頁数）で示した。また傍点は原則として削除し、旧字体は新字体で表記し、踊り字は書き起こし、著者による引用は［　］、中略は［…］で示した。

＊

葦津珍彦『葦津珍彦選集　第一巻』神社新報社、一九九八年
雨宮昭一『戦時戦後体制論』岩波書店、一九九七年
池田彌三郎『私製・折口信夫年表』一九六一年、『池田彌三郎著作集　第七巻』角川書店、一九七九年
石井満『新渡戸稲造伝』関谷書店、一九三四年
石川公彌子「神道」、米原謙編『政治概念の歴史的展開　第九巻』晃洋書房、二〇一六年刊行予定
井上寿一『日中戦争下の日本』講談社選書メチエ、二〇〇七年
岩田重則「戦争のフォークロア」、成田龍一等編『岩波講座アジア・太平洋戦争　第六巻』岩波書店、二〇〇六年
岩田重則『「お墓」の誕生―死者祭祀の民俗誌』岩波新書、二〇〇六年
岩本通弥「血縁幻想の病理―近代家族と親子心中」、岩本通弥・倉石忠彦・小林忠雄編『都市民俗学へのいざないⅠ　混沌と生成』雄山閣、一九八八年
岩本通弥「『死に場所』と覚悟」、岩本通弥編『民俗学の冒険④　覚悟と生き方』ちくま新書、一九九九年
上田賢治『神道神学』神社新報社、一九九〇年
牛島軍平「ひとり語り」、前川幸雄編『ここにも一人門弟子が』フェニックス出版、一九七八年
有働裕『「源氏物語」と戦争―戦時下の教育と古典文学』インパクト出版会、二〇〇二年
岡野弘彦『折口信夫伝―その思想と学問』中央公論新社、二〇〇〇年
大阪高等学校七十周年記念祭・事業委員会編『旧制大阪高等学校史』大阪高等学校同窓会、一九九一年
大塚英志『公民の民俗学』作品社、二〇〇七年
大貫恵美子『ねじ曲げられた桜』岩波書店、二〇〇三年
折口信夫他「神道と仏教」一九四八年、『悠久』四号
筧克彦『神ながらの道』内務省神社局、一九二六年

加藤勘十「立候補ノ御挨拶」、『加藤勘十の事ども』金剛出版、一九八〇年
金井景子「『前線』と『銃後』のジェンダー編成をめぐって――投稿雑誌『兵隊』とリーフレット『輝ク』を中心に」、テッサ・モーリス―スズキ等編『岩波講座アジア・太平洋戦争動員・抵抗・翼賛』岩波書店、二〇〇六年
鹿野政直『戦前・「家」の思想』創文社、一九八三年
川田稔『柳田国男の思想史的研究』未来社、一九八五年
川村邦光『巫女の民俗学　〈女の力〉の近代』青弓社、一九九一年
菊池理夫『現代のコミュニタリアニズムと「第三の道」』風行社、二〇〇四年
喜田貞吉「中天皇考」一九一五年、『喜田貞吉著作集　第三巻』平凡社、一九八一年
九鬼周造「情緒の系図」一九三八年、『九鬼周造全集　第四巻』岩波書店、一九八一年
栗原彬『やさしさのゆくえ』ちくま学芸文庫、一九九四年
小林秀雄『本居宣長』一九七七年、『小林秀雄全集　第一四巻』新潮社、二〇〇二年
斎藤純一「批判的公共性の可能性をめぐって」、小野紀明ほか『モダーンとポスト・モダーン』木鐸社、一九九二年
斎藤茂吉『童馬漫語』一九一九年、『斎藤茂吉全集　第九巻』岩波書店、一九七三年
島薗進『国家神道と日本人』岩波新書、二〇一〇年
シュミット、カール『政治的ロマン主義　新装版』大久保和郎訳、みすず書房、一九九七年
神社新報社編『神道指令と戦後の神道』神社新報社、一九七一年
季武嘉也『選挙違反の歴史　ウラからみた日本の一〇〇年』吉川弘文館、二〇〇七年
杉村章三郎「公民・公民権」、末弘厳太郎・田中耕太郎編『法律学辞典　第二巻』岩波書店、一九三五年
鈴木大拙『日本的霊性』一九四四年、『日本の霊性化』一九四七年、『鈴木大拙全集　第八巻』岩波書店、一九六八年
鈴木裕子『新版　フェミニズムと戦争　婦人運動家の戦争協力』マルジュ社、一九九七年
高松宮宣仁「神社界に対する高松宮さまの御感想」、『神社新報』第三四号
竹内整一『日本人は「やさしい」のか――日本精神史入門』ちくま新書、一九九七年
谷崎潤一郎「藤壺――『賢木』の巻補遺」一九四九年、『谷崎潤一郎全集　第二三巻』中央公論社、一九六九年
千葉徳爾『民俗学のこころ』弘文堂、一九七八年
千葉徳爾『柳田國男を読む』東京堂出版、一九九一年
戸板康二『折口信夫坐談』中公文庫、一九七八年
鳥越皓之『柳田民俗学のフィロソフィー』東京大学出版会、二〇〇二年
永田鉄山「国防に関する欧州戦の教訓」、『中等学校地理歴史教員協議会議事乃講演速記録　第四回』出版社不明、一九二〇年

芳賀登『民衆概念の歴史的変遷』雄山閣、一九八四年
橋川文三『日本浪曼派批判序説』一九六〇年、増補版『橋川文三著作集　第一巻』筑摩書房、二〇〇一年
原武史『〈出雲〉という思想――近代日本の抹殺された神々』講談社学術文庫、二〇〇一年
原武史「能登・久留米・出雲」、『折口信夫全集　月報三九』二〇〇一年
原武史『「昭和天皇実録」を読む』岩波新書、二〇一五年
坂野潤治『昭和史の決定的瞬間』ちくま新書、二〇〇四年
藤井貞文『明治国学発生史の研究』吉川弘文館、一九七七年
藤井隆至『柳田國男　経世済民の学　経済・倫理・教育』名古屋大学出版会、一九九五年
藤田大誠『近代国学の研究』至文堂、二〇〇七年
前川幸雄編『ここにも一人門弟子が』フェニックス出版、一九七八年
丸山眞男「福澤に於ける『実学』の転回」一九四七年、『丸山眞男集　第三巻』岩波書店、一九九五年
丸山眞男「軍国主義者の精神形態」一九四九年、『丸山眞男集　第四巻』岩波書店、一九九五年
丸山眞男「戦争責任論の盲点」一九五六年、『丸山眞男集　第六巻』岩波書店、一九九五年
丸山眞男「一九六六年度　日本政治思想史講義」、『丸山眞男講義録　第六冊』東京大学出版会、二〇〇〇年
丸山眞男ほか「日本人の道徳」一九五二年、『丸山眞男座談　2』岩波書店、一九九八年
三木清「青年に就いて」一九三六年、『三木清全集　第一三巻』岩波書店、一九六七年
三木清「ヒューマニズムの現代的意義」一九三六年、『三木清全集　第一三巻』岩波書店、一九六七年
宮地正人『日露戦後政治史の研究』東京大学出版会、一九七三年
矢野敬一「『郷土食』からの問い――昭和戦前期における地方と農村女性への視線――」、筑波大学民俗学研究室編『都市と境界の民俗』吉川弘文館、二〇〇一年
米津千之『呼びかけ　日本の道念』ホーム社、二〇〇二年
渡辺和靖『保田與重郎研究』ぺりかん社、二〇〇四年

第Ⅲ部　戦後「国学」精神の一系譜（川久保　剛）

『今西錦司全集増補版』全一三巻、講談社、一九九三〜一九九四年
『梅棹忠夫著作集』全二二巻、中央公論社、一九八九〜一九九四年
『梅原猛著作集（第一期）』全二〇巻、集英社、一九八一〜一九八三年
『小林秀雄全集』全一四巻、別巻二巻、補巻三巻、新潮社、二〇〇二〜二〇一〇年

『福田恆存全集』全八巻、文藝春秋、一九八七～一九八八年
『福田恆存評論集』全二〇巻、別巻、麗澤大学出版会、二〇〇七～二〇一一年
『福田恆存対談・座談集』全七巻、玉川大学出版部、二〇一一～二〇一二年
福田恆存『保守とは何か』浜崎洋介編、文春学藝ライブラリー、二〇一三年
福田恆存『国家とは何か』浜崎洋介編、文春学藝ライブラリー、二〇一四年
福田恆存『人間とは何か』浜崎洋介編、文春学藝ライブラリー、二〇一六年
＊

井口時男「日本民俗学は「文学」である」、『民俗学がわかる（アエラＭＯＯＫ）』朝日新聞社、一九九七年
石原慎太郎・江藤淳『断固「ＮＯ」と言える日本』光文社、一九九一年
伊藤幹治『柳田国男と梅棹忠夫――自前の学問を求めて』岩波書店、二〇一一年
稲垣武『「悪魔祓い」の戦後史』文春文庫、一九九七年
猪木武徳・小松和彦・白幡洋三郎・瀧井一博編『新・日本学誕生　国際日本文化研究センターの２５年』角川学芸出版、二〇一二年
今西錦司『岐路に立つ自然と人類――「今西自然学」と山あるき（うみかわうみ別冊）』アーツアンドクラフツ、二〇一四年
上山春平「日本の思想」、「今西錦司の『生物の世界』」、「今西錦司の歴史思想（一・二・三）」、「今西錦司の「自然学の提唱」について」、「今西錦司の生物社会学の世界」、「『今西進化論批判の旅』の筆者への手紙」、『上山春平著作集　第九巻』法藏館、一九九五年
上山春平「大東亜戦争の遺産――不戦国家の理念」、『上山春平著作集　第三巻』法藏館、一九九五年
江藤淳『崩壊からの創造』勁草書房、一九六九年
江藤淳『日米戦争は終わっていない』ネスコ・文藝春秋、一九八六年
江藤淳『忘れたことと忘れさせられたこと』文春文庫、一九九六年
江藤淳『一九四六年憲法――その拘束その他』文春文庫、一九九五年、※『落葉の掃き寄せ』との合本
江藤淳『閉ざされた言語空間――占領軍の検閲と戦後日本』文春文庫、一九九四年
江藤淳『自由と禁忌』河出文庫、一九九一年
江藤淳『幼年時代』文藝春秋、一九九九年
河合隼雄『学問の冒険』岩波現代文庫、二〇一二年
川喜田二郎『日本文化探検』一九七三年、『川喜田二郎著作集　第一二巻』中央公論社、一九九六年
川喜田二郎監修『今西錦司――その人と思想』ぺりかん社、一九八九年

河出書房新社編『文芸別冊・梅棹忠夫──地球時代の知の巨人』二〇一一年
河出書房新社編『総特集・福田恆存──人間・この劇的なるもの』二〇一五年
郡司勝義『小林秀雄の思い出』文春学藝ライブラリー、二〇一四年
国立民族学博物館編『梅棹忠夫──知的先覚者の軌跡』財団法人千里文化財団、二〇一一年
斎藤清明『今西錦司伝──「すみわけ」から自然学へ』ミネルヴァ書房、二〇一四年
佐伯啓思『学問の力』NTT出版、二〇〇六年
相良亨『本居宣長』東京大学出版社、一九七八年
柴山哲也『新京都学派　知のフロンティアに挑んだ学者たち』平凡社新書、二〇一四年
新潮社編『人生の鍛錬──小林秀雄の言葉』新潮新書、二〇〇七年
ストーカー、ナンシー・K『出口王仁三郎──帝国の時代のカリスマ』原書房、二〇〇九年
施光恒『英語化は愚民化──日本の国力が地に落ちる』集英社新書、二〇一五年
関野通夫『日本人を狂わせた洗脳工作──いまなお続く占領軍の心理作戦』自由社ブックレット、二〇一五年
高橋史朗『検証戦後教育──日本人も知らなかった戦後五十年の原点』広池学園出版部、一九九五年
高橋史朗『日本が二度と立ち上れないようにアメリカが占領期に行ったこと』致知出版社、二〇一四年
竹内整一『「かなしみ」の哲学──日本精神史の源を探る』NHKブックス、二〇〇九年
竹内洋『「革新」幻想の戦後史』中公文庫、二〇一五年
鶴見太郎『民俗学の熱き日々　柳田国男とその後継者たち』中公新書、二〇〇四年
中野剛志『考えるヒントで考える』幻戯書房、二〇一〇年
西尾幹二『GHQ焚書図書開封』徳間書店、二〇〇八年
ハイエク、F・A、今西錦司『自然・人類・文明』NHKブックス、二〇一四年
本田靖春『評伝今西錦司』岩波現代文庫、二〇一二年
松原正毅「遊行する思索者──今西錦司の軌跡」、今西錦司『生物の世界ほか』中公クラシックス、二〇〇二年
本居宣長『くず花』、『本居宣長全集　第八巻』筑摩書房、一九七二年
本居宣長『玉勝間』、『本居宣長全集　第一巻』筑摩書房、一九六八年
本居宣長『玉鉾百首』、『本居宣長全集　第一八巻』筑摩書房、一九七三年
本居宣長『玉くしげ』、『本居宣長全集　第八巻』筑摩書房、一九七二年
本居宣長『秘本玉くしげ（上）』、『本居宣長全集　第八巻』筑摩書房、一九七二年
『柳田国男全集　新装版　第二巻』筑摩書房、一九九七年

『柳田国男全集　新装版　第三巻』筑摩書房、一九九七年
『柳田国男全集　新装版　第一六巻』筑摩書房、一九九九年
山本武利『ＧＨＱの検閲・諜報・宣伝工作』岩波現代全書、二〇一三年
山本紀夫『梅棹忠夫――「知の探検家」の思想と生涯』中公新書、二〇一二年
「特集・没後１０年いま蘇る江藤淳の「遺言」」、『ＳＡＰＩＯ』小学館、二〇〇九年七月八日号

や　行

ら・わ　行

た　行

な　行

は　行

ま　行

人名索引

川久保　剛　（かわくぼ・つよし）
昭和 49 年、福井県生まれ。上智大学卒業。現在、麗澤大学外国語学部准教授。専攻は日本思想史。著書に『福田恆存——人間は弱い』（ミネルヴァ書房、2012 年）、『総特集・福田恆存——人間・この劇的なるもの』（共著、河出書房新社、2015 年）、『日本思想史ハンドブック』（共著、苅部直・片岡龍編、新書館、2008 年）など。

星山　京子　（ほしやま・きょうこ）
昭和 43 年、東京都生まれ。国際基督教大学大学院比較文化研究科博士後期課程修了、博士（学術）。現在、兵庫県立大学経済学部准教授。専攻は日本思想史。著書に『徳川後期の攘夷思想と「西洋」』（風間書房、2003 年）、論文に「近年の国学研究」（『日本思想史学』39 号、2007 年）、「後期水戸学と「近代」」（『大航海』67 号、2008 年）など。

石川　公彌子　（いしかわ・くみこ）
昭和 51 年、東京都生まれ。東京大学大学院法学政治学研究科博士課程修了、博士（法学）。東京大学大学院人文社会研究科 G-COE「死生学の展開と組織化」特任研究員、日本学術振興会特別研究員などを経て、現在、駒澤大学、明治学院大学、愛知県立大学ほか非常勤講師。専門は日本政治思想史、政治学、死生学。著書に『〈弱さ〉と〈抵抗〉の「近代国学」——戦時下の柳田國男、保田與重郎、折口信夫』（講談社選書メチエ、2009 年）など。

叢書　新文明学 3
方法としての国学——江戸後期・近代・戦後

2016 年 4 月 20 日　初版第 1 刷発行

著　者　川久保　剛
　　　　星山　京子
　　　　石川　公彌子
発行者　木村　哲也

定価はカバーに表示　　印刷　シナノ印刷／製本　川島製本

発行所　株式会社　北樹出版
〒153-0061 東京都目黒区中目黒 1-2-6
電話（03）3715-1525（代表）FAX（03）5720-1488

ISBN978-4-7793-0495-8（落丁・乱丁の場合はお取り替え致します）